HD역사스페셜 5

실리인가 이상인가, 근대를 향한 역사의 선택

HD역사스페셜 5

실리인가 이상인가, 근대를 향한 역사의 선택

KBS HD역사스페셜 원작 | 박기현 해저

효형출판

국립중앙도서관 출판시도서목록(CIP)

HD역사스페셜. 5, 실리인가 이상인가, 근대를 향한 역사의 선택
/ 원작: KBS HD역사스페셜 ; 해저: 박기현. — 파주 : 효형출판,
2007
  p. ;   cm

색인수록
ISBN 978-89-5872-038-6 04910 : ₩8800
ISBN 978-89-5872-019-5(세트)

911.05-KDC4
951.902-DDC21   CIP2007000275

머리말

좌절된 개혁, 하지만 실패는 아니다

2006년 가을, 우리나라 교양 다큐멘터리 역사에 새로운 획을 그은 KBS 〈HD역사스페셜〉이 대단원의 막을 내렸다. 프로그램이 방영되는 동안 숱한 화제를 만들며 실험적 해석을 시도했고, 고고학적 접근과 탐험, 컴퓨터 시뮬레이션을 통한 영상 재현으로 역사에 대한 전 국민의 관심을 높여주었다. 이번에 선보이는 《HD역사스페셜 5》는 주로 조선 중·후기의 역사적 사건과 인물을 현대의 시각으로 파헤쳐 새롭게 조명한다.

임진왜란 당시 왜 조선군이 그토록 맥없이 무너졌는지, 정유재란의 피해 상황은 얼마나 참혹했는지를 일본군 종군승려인 게이넨의 《조선일일기》와 함께 살펴보았다. 정부군의 연전연패에도 불구하고 전선을 승기로 돌려놓은 조선 의병의 쾌거는 육·해군 모두 민초의 피와 땀 덕분이었다. 이후 조선과 일본의 국교는 단절되었지만, 무역은 쓰시마 섬과 왜관을 통해 계속되었다. 상호 필요에 따른 최소한의 거래였지만, 왜관을 통해 한반도의 정보가 새나가고 보안은 허물어져갔다. 왜관이 수행했던 비밀스런 임무는 과연 어떤 것들이었는지 그 진실을 파헤쳤다.

의적 임꺽정. 오늘날 우리가 아는 그의 이미지는 사실 홍명희의 소설 《임꺽정》과 TV 드라마에 의해 가공된 면이 있다. 소설이 쓰인 일제강점기의 상황과 임꺽정이 활동하던 조선 중기의 역사 기록을 비교하면서 임꺽정이 의적으로 변신하게 된 배경과 역사적 진실의 간극을 좁혀보았다.

최근 해외로 반출된 문화재에 대한 관심이 뜨거워지고 있다. 이런 상황에서 지난 2005년과 2006년에 각각 국내로 돌아온 북관대첩비와 《조선왕조실록》의 반환 의미를 짚어보았다. 일본 제국주의의 야욕으로 일그러진 우리 역사를 복원한다는 점에서 반드시 한번 되짚어볼 만한 기획이다. 실상을 추적해보니 역시 역사 왜곡, 유적 훼손의 범위와 그 심각성은 이루 말로 다 할 수 없을 정도였다.

조광조에게 사약을 내린 중종은 나름대로 하고 싶은 변명이 많을 터이다. 중종에게 조광조는 어떤 신하였을까? 조광조가 생각한 군주론을, 그보다 200년 앞서 간 정도전의 개혁과 비교하면서 임금의 자격과 자질에 대해 생각해보는 기회를 마련했다.

정조의 죽음은 조선의 역사에서 진한 아쉬움이 남는 대목이다. 정조는 개혁을 끝내지 못한 채 의문의 죽음을 맞는다. '정조 독살설'의 사실 여부를 현대 한의학의 힘을 빌려 더듬어 재구성해보았다. 안팎으로 적을 가득 안고 있었던 정조. 그의 죽음을 새로운 각도에서 접근했다.

병자호란의 상처로 피폐한 조선의 국토, 약해진 국력은 좀처럼 힘을 얻지 못했다. 갑갑하고 암울한 시기의 조선 지식인들에게 박지원의 《열하일기》는 한줄기 소나기 같은 청량감을 던져주었다. 《열하일기》를 통해 연암이 들려주고 싶었던 가슴 벅찬 이야기는 무엇이었을까? 국경 너머 옛 고구려 영토와 유적을 만나 조국애를 느끼고 청나라와 서양의 새로운 문물에 눈떠가는 조선 지식인의 여행기를 2장에 걸쳐 소개했다.

흥선대원군, 석파 이하응은 정말 고집 센 쇄국주의자인가? 과연 그 때문에 조선의 멸망이 앞당겨졌는가? 역사의 진실에 좀 더 객관적으로 다가가기 위해 당대의 정황을 들여다보고 서구인의 시각에도 서보았다.

서원 철폐의 의미와 절대 왕권의 부활을 꿈꾸던 그의 숨은 뜻을 조금이나마 짐작할 수 있다. 유길준의 《서유견문》이야말로 조선 관료와 지식인이 배우고 눈 떠야 할 '개혁 교과서'였다. 쇠락의 길에 접어든 조국을 되돌려보겠다고 몸부림친 한 지식인의 고뇌와 좌절을 심층 해부했다.

통치 이념이자 문화적 이데올로기로 조선 사회에 내면화된 성리학은, 근대로 가기까지 이상과 실리 사이의 선택에 큰 영향을 끼쳤다. 성리학적 이상을 나타낸 지도는 이미 너무나 변해버린 길과 지형 탓에 쓸모를 잃었는지 모른다. 기득권층은 늘 개혁에 반발하는 법. 따라서 개혁 세력은 이를 잠재울 여론을 형성하고 정당한 리더십, 제도와 인재 그리고 철저한 도덕성을 갖춰야 한다. 혁명보다 어려운 게 개혁이라 하지 않던가. 불행히도 개혁을 열망했던 조광조와 정조, 흥선대원군 등에게는 무언가가 부족했다. 단, 성공할 수 없는데도 개혁은 끊임없이 시도되었고, 그 좌절이 밑거름되어 인류의 삶은 조금씩 나아졌음을 잊어서는 안 된다.

지난 역사를 통해 진실을 배우고 교훈을 얻지 못하는 민족은 미래가 없다. 어설픈 대중주의populism가 아니라 이성적이고 합리적인 역사 되짚어보기를 통해 건강한 미래를 꿈꾸길 희망한다. 우리의 장래는 독자 여러분에게 달려있다. 조선 위정자의 실패와 지배층의 도덕적 해이를 다시는 되풀이하지 않기 위해서라도, 역사를 제대로 공부할 필요가 있다. 부디 우리 역사를 외면하지 말고 사랑하는 독자가 되기를 간절히 소망한다. 좋은 책을 재미있게 쓸 수 있는 기회를 준 효형출판에 감사드린다. 아들 채환이에게 이 책을 선물한다.

2007년 새해를 열며
박기현

차례

일러두기

1. 고고학 용어는 중·고등학교 《국사》 교과서, 국립국어원의 《국어 순화 자료집》, 《표준국어대사전》에 따라 표기했다. 널리 알려진 한자어가 있는 경우, 대괄호 안에 한자를 썼다. (예) 널무덤〔土壙墓〕.
2. 한자, 원어, 설명 등은 소괄호를 쓰지 않고 내용 옆에 작은 글씨로 표기했다.
3. 외국의 인명, 지명의 표기는 외래어 표기법에 의거했다.
4. 중국 인명은 과거인과 현대인을 구분하여 과거인은 종전의 한자음대로, 현대인은 중국어 표기법에 따라 적었다.
5. 중국의 역사 지명으로 현재 쓰이지 않는 것은 우리 한자음대로 하고, 현재 지명과 같은 것은 중국어 표기법을 따랐다.
6. 중국 및 일본의 지명 가운데 우리 한자음으로 읽는 관용이 있는 것은 이를 허용했다.
7. 도판은 KBS 〈HD역사스페셜〉의 방송 영상을 KBS미디어에서 제공받았다. 그 외의 도판은 저작권자를 명시했다.

01 개혁의 횃불 조광조,
불꽃으로 지다

임명 이틀 만에 선배 관리의 파직을 요구한 조광조,
그의 유례없는 초고속 승진의 배경은 무엇인가?
기득권 해체를 통해 온 백성이 잘사는 나라를 꿈꾼
개혁의 파트너에게 중종은 결국 사약을 내리는데….
동방사현東方四賢인 그의 개혁은 정말 실패했을까?

사약을 두 사발 마시던 날

한 나라의 운명은 어떤 지도자를 만나느냐에 달렸다. 간국지기幹國之器.
국가를 다스릴 기량이 있음을 뜻하는 말이다. 이렇게 중요한 제왕의 기
량이 조선 중기를 짊어지고 가야 할 중종(中宗, 조선 11대 왕, 1488~1544,
재위 1506~1544)에게는 너무도 부족했으니. 이는 조선의 불행이었다. 준
비 안 된 왕을 준비된 제왕으로 바꿔보려던 조광조(趙光祖, 1482~1519)의
충심은 중종 스스로 일으킨 친위 쿠데타(기묘사화己卯士禍)에 가로막히고
말았다.

　1519년 11월 15일 밤, 중종은 대사헌大司憲 조광조를 체포하라는 명을
내려 역사상 유래 없는 한밤중의 숙청극을 벌였다. 조선을 이상 사회로
만들고자 했던 개혁가 조광조. 조선 최대의 개혁 프로젝트에 제동이 걸
렸다. 공 들여 추진한 개혁이 물거품이 되는 순간이었다. 조광조의 이상
은 그저 꿈에 불과한 것이었을까?

조선 시대 최상위 교육기관 성균관. 국가의 중요한 사안마다 성균관 유생들은 상소를 올려 공론을 주도하는 등 예비 관리 집단으로서 역할을 톡톡히 했다.

1519년 12월 16일, 전라남도 화순군 능주에 유배된 조광조에게 사약을 내리라는 중종의 전교가 떨어졌다. 의금부도사義禁府都事 유엄柳渰이 사사賜死의 명을 받들고 나흘 후 능주에 이르러 조광조와 만난다.

조광조 (도저히 받아들이기 힘들다는 표정) 나는 참으로 죄인이오. 그런데 죽으라는 명만 있고 죽어야 하는 이유는 없소?

유엄 그게… 여기 사사하라는 전교 한 장뿐이오.

조광조 (갑갑한 심정으로) 그래도 내가 명색이 대사헌까지 지낸 위인인데, 어찌 다만 종이 한 장을 금부도사에게 부쳐서 죽이려 하는 것이오? 금부도사의 말이 아니었다면 이 일을 믿을 수 없을 뻔하였소.

유엄 거… 참… 나도 할 말이 없소이다.

조광조 그럼 한번 물어봅시다. 지금 조정에 누가 정승이 되었소? 그리고 심정沈貞이 지금 어느 벼슬에 있소?

유엄 남곤南袞을, 의정부 좌의정左議政으로, 이유청李惟淸을 우의정右議

政으로, 정광필鄭光弼을 영중추부사領中樞府事로, 김전金詮을 판중
추부사判中樞府事로, 심정을 이조판서로······.

조광조 그만하면 되었소. 그렇다면 내 죽음은 틀림없소. (긴 한숨을 내쉬
고는) 그렇다면 조정에선 우리(사림)를 어떻게 말하고 있소?

유엄 왕망王莽의 일에 비해서 말하는 것 같습니다.

조광조 하하하. 정말 웃기는구려. 왕망은 사사로운 일을 위해서 주군을
독살한 자요. (하늘을 처다보고서는) 죽으라는 명이 계신데도 한
참 동안 지체하는 것은 옳지 않은 일이겠지만, 오늘 안으로만 떠
나면 되지 않겠소? 내가 글을 써서 집에 보내 조처할 일도 있으
니, 처치가 끝나고 나서 왕명을 집행함이 어떻겠소?

유엄 (잠시 망설이다가) 그러시오.

조광조가 곧 들어가 조용히 마음에 가득한 회포를 글로 옮겨놓았다.

임금을 어버이처럼 사랑하였고	愛君如愛父
나라를 내 집처럼 근심하였네	憂國如憂家
해가 아랫세상을 굽어보니	自日臨下土
충정을 밝게 비추리	昭昭照丹衷

—〈절명시絶命詩〉

조광조는 거느린 사람들에게 이르기를 "내가 죽거든 관을 얇게 만들고
두껍게 하지 말아라. 먼 길을 가기 어렵다." 하였다. 드디어 여러 번 내려
서 독하게 만든 술을 가져다가 많이 마시고 약을 받아 마시니, 이 말을 들
은 사람들이 다 눈물을 흘렸다. 한 시대를 풍미했던 개혁의 선도자는 끝까
지 왕에게 충성하며 목숨을 끊었다.

그는 과연 사약을 받을 만큼 중
죄를 저지른 것일까?

전라남도 화순에 복원된 적려유허지. 귀양지
에서도 조광조는 오로지 왕의 부름을 기다렸
지만, 그토록 기다리던 왕은 끝내 죽으라는
명을 보냈다.

준비 안 된 임금과 준비된 신하

1506년 9월 2일, 궁궐이 포위되었다.
연산군의 폭정과 탄압에 불만을 품
은 대신 성희안(成希顔, 1461~1513),
박원종(朴元宗, 1467~1510), 유순정
(柳順汀, 1459~1512)은 무사들을 규
합해 왕의 측근을 살해한 후 궁으로
진격한다. 그들은 연산군을 폐위하고 배다른 동생인 진성대군을 새 왕으
로 추대했다. 신하들이 무력으로 폭군을 몰아내고 내세운 반정反正의 수
혜자, 그가 조선의 11대 임금 중종이다.

반정 당시 스물네 살이던 조광조는 성리학을 공부하는 선비였다. 개
국공신 조온趙溫의 후손이었던 조광조는 벼슬에 나아가지 않은 채 학문
에 몰두했다. 무오사화戊午士禍로 유배중이던 김굉필(金宏弼, 1454~1504)
에게 성리학을 배운 신진 학자는 실천을 강조하는 성리학의 도학정치론
에 감화되었다. 아버지가 세상을 떠나자 조광조는 무덤 밑에 초당을 짓
고 삼년상을 치르면서 학문을 닦았다. 많은 백성이 성리학을 멀리하고
있었지만 조광조는 '미친 사람'이라는 말을 들으면서까지 성리학 공부
에 매진했다. 스물아홉 되던 해(1510년) 조광조는 드디어 초시初試인 진
사시에 장원으로 급제해 성균관에 입학한다. 그리고 5년 후, 임금이 직
접 시행하던 문과 시험인 알성시謁聖試에 응시한다.

이 자리에서 조광조는 준비된 학식과 경륜을 임금 앞에 마음껏 쏟아

냈다. 중종은 옛 성인이 보여준 이상 정치를 실현하기 위해서는 어떻게 해야 할지를 물었고, 정답을 외우고 들어온 학생처럼 조광조는 막힘 없이 술술 해법을 제시했다.

"임금이 마음으로 백성을 감화해야 하며, 대신을 믿고 함께 국사를 처리할 때 성군이 될 수 있습니다."

이른바 군신협력론이랄까. 조광조의 답안은 중종의 마음을 사로잡았다. 재위 5년, 아무 준비 없이 왕위에 오른 임금은 밤낮없이 아는 체하며 자신을 무시하던 공신들에게 질릴 만큼 질려있었다. 임금의 마음을 알아주고 공신들을 견제해줄 인물을 찾던 중종에게 조광조는 안성맞춤의 대안이었다. 왕은 알성 문과에 급제한 조광조를 성균관 전적典籍으로 삼았다가 3개월 후 언관言官인 사간원司諫院 정언正言에 임명했다.

"대간 전원을 파직하옵소서!"

그러나 사간원 말단직에 제수된 조광조가 곧이어 조정에 평지풍파를 일으킬 것이라고 짐작하는 이는 아무도 없었다. 이런 와중에 사간원 관리 조광조의 출셋길이 활짝 열리는 사건이 일어난다.

중종 10년인 1515년. 중종의 계비인 장경왕후章敬王后 윤씨가 세상을 떠난다. 이 소식이 전라도까지 전해지자 순창군수 김정金淨과 담양부사 박상朴祥, 무안현감 유옥柳沃이 순창군 강천산 계곡에 은밀히 모인다. 김정은 중종 2년 문과에서 장원하여 신임을 얻은 인재였고, 박상도 같은 시험에서 급제하여 임금에게 사슴가죽을 한 장씩 선물 받은 사연이 있어, 서로 뜻을 모으기 쉬운 동지들이었다. 훗날 조광조의 정치적 성장을 도울 이들은 왕에게 상소를 올려 억울하게 폐위된 중종의 원비, 단경왕후端敬王后 신씨를 복위할 것을 청했다.

"신씨 부인은 폐위할 만한 까닭이 있음을 듣지 못하였음에도 전하께서 폐위하신 것은 과연 무슨 명분이옵니까? 반정 당시에 박원종·유순정·성희안 등이 이미 신수근을 제거하고는, 왕비가 곧 그 소출이므로 그 아비를 죽이고, 그 조정에 서면 뒷날 후환이 있을까 염려하여, 바르지 못하게 자신을 보전하려는 사사로움을 위하여 폐위시켜 내보내자는 모의를 꾸몄으니, 이는 진실로 까닭도 없고 또 명분도 없는 일이옵니다."
—박상과 김정, 《중종실록》 22권, 중종 10년 8월 8일.

　　단경왕후 신씨는 연산군의 처남인 신수근愼守勤의 딸이다. 중종을 왕위에 추대한 공신들은 반정 직후 왕비를 폐할 것을 강력하게 주장했는데, 왕비가 죄인의 딸이므로 국모로 마땅치 않다는 이유였다. 신수근은 반정에 가담하라는 박원종의 제안을 거절했다가 반정 직후 살해되었으니, 단경왕후가 비록 중종의 비였지만, 반정공신들에게는 언젠가 아버지를 죽인 자신들에게 복수할 수 있는 인물이기에 반드시 제거해야 할 대상이었다. 중종으로서는 아무 잘못 없는 아내를 내쫓아야 할 형편이었다. 결국 반정이 일어난 지 1주일 만에 단경왕후는 폐위되어 쫓겨나고 말았다.

　　1510년 박원종이 사망하고 5년 후 단경왕후 대신 왕비가 되었던 장경왕후가 세상을 떠나자 김정과 박상이 이 문제를 재차 거론한다. 죄도 없는 조강지처를 내쫓는 것은 유교 윤리에도 맞지 않을 뿐더러 신하가 임금을 위협해 왕비를 강제로 쫓아낸 사건은 있을 수 없다고 비판했다. 임금의 가려운 데를 긁어준 이 사건은 유교 윤리의 문제를 넘어서 사림과

전라북도 순창군 강천산 계곡의 삼인대三印臺 비각(왼쪽)과 비문에 새겨진 신씨 부인(단경왕후)(오른쪽)이라는 한자. 삼인대는 김정, 박상, 유옥 등 세 사람이 단경왕후의 복위를 위해 소나무 가지에 각각 관인官印을 걸어놓고 상소를 올리기로 맹세했다 하여 숙종 때 세웠다.

훈구 세력의 대결구도로 번져갔다.

이들은 왕비의 폐출을 주도했던 반정공신의 행동을 비판함으로써 그들의 정당성을 깎아내리는 한편, 사림의 세력을 결집해서 훈구파에게 대항할 힘을 모으는 계기를 마련했다.

그러나 공신들로 가득 찬 조정은 훈구 세력의 손을 들어준다. 대간大諫들은 상소를 올린 두 사람을 심문한 뒤 유배한다. 그런데 언관직에 제수된 지 불과 이틀 된 조광조가 이에 반발하여 대간 전원을 파직하라는 상소를 올린다.

"대간이 된 자는 언로를 잘 열어놓은 뒤에야 그 직분을 다해냈다고 할 수 있사옵니다. 김정 등에 대하여 재상宰相이 혹 죄주기를 청하더라도 대간은 그들을 구제하여 풀어주어서 언로를 넓혀야 할 터인데, 도리어 언로를 훼손하여 스스로 그 본분을 잃었으니, 신臣이 정언의 한 사람으로서 어찌 도리를 잃은 대간과 함께 일을 하겠사옵니까? 서로 용납할 수 없으니 대사간과 대사헌을 파직하여 다시 언로를 여소서."
— 《중종실록》 23권, 중종 10년 11월 22일.

20

조광조의 목숨을 건 배짱이 돋보이는 사건이었다. 옳은 말을 한 신하를 벌 주라는 대간들과는 같이 일 못하겠으니 그들을 파직하지 않으면 그만두겠다고 사표를 낸 것이다. 사간원 말단 관리가 올린 대간 전원의 파직 요청은 조정을 들쑤시고 큰 소동을 불러일으켰다. 끝내 박상과 김정은 귀양을 가고 말았지만, 몇 달에 걸친 논쟁 결과 사헌부와 사간원의 대간은 전원 교체된다. 이 사건으로 일약 조광조는 전국에서 화제의 인물이 되었다.

초고속 승진, 정국을 장악하다

중종으로서는 속으로 웃을 일이었다. 내놓고 내색은 못했지만 기를 쓰고 임금을 우습게 여기던 대간들을 모조리 쫓아냈으니, 그 공은 조광조의 몫이었다. 중종이 조광조를 아예 내놓고 총애하는 것도 당연지사였다.

과거에서 장원 급제하면 종6품 관리가 된다. 이후 고위 관료인 정3품 당상관이 되는 데는 아무리 뛰어나도 보통 10년 이상이 걸렸다. 그런데 조광조는 사간원, 사헌부, 홍문관弘文館, 승정원承政院 등 왕을 가까이에서 보필하는 요직을 거치며 승진에 승진을 거듭해 조정에 들어간 지 단 3년 만에 종2품 사헌부 대사헌의 자리에 올랐다.

세자로 책봉된 왕자는 군주의 재목으로 키우기 위해 철저하게 훈육된다. 많은 대신과 만나고 교육받으면서 정치와 경제, 임금과 신하의 관계에 대해서도 눈을 뜬 세자는 심복이 될 만한 신하를 미리 점찍어둔다. 왕위에 오른 후에는 이런 측근들이 왕을 보필하고 든든한 후원 세력이 되기 마련이다. 그러나 중종은 쿠데

1515년부터 1518년까지 조광조에게 제수된 관직명.

관직명	품계
성균관 전적	종6품
사간원 정언	정6품
홍문관 부교리	종5품
홍문관 응교	정4품
승정원 동부승지	정3품
홍문관 부제학	정3품
사헌부 대사헌	종2품

타 세력에 업혀서 왕이 되었기 때문에 반정공신들이 후원 세력이 되지 못하고 불안한 견제 세력으로 자리 잡았다. 중종은 왕이었으나 왕 노릇을 못했다.

심지어 중종은 조회가 끝나면 반정 3공신들이 나갈 때까지 서있을 정도로 그들의 권세에 눌려있었다고 한다. 그러다가 재위 8년(1513년), 성희안을 마지막으로 반정 3공신이 모두 사망하면서 중종은 기를 펴기 시작했다. 공신 세력이 약화될 조짐을 보이자 중종은 새로운 인재를 뽑을 것을 명했는데, 그렇게 등용된 이들이 사림파였다.

향리에서 학문 연구에 주력하던 사림 세력이 조정에 대거 진출한다. 중종 대에 등용된 사림파는 100명 이상으로 이들은 대부분 언론 기능을 담당하던 사간원, 사헌부, 홍문관 등 삼사三司에 포진했다. 당시 삼사의 인사 점유율을 보면 사림파는 중종 12년부터 그 수가 급증해 중종 14년에는 홍문관의 84퍼센트, 사헌부와 사간원의 60퍼센트 이상이 사림 출신으로 채워졌다.

훈구파 일색이었던 중종 초기 정치 세력의 판도가 뒤집어지면서 주도권은 점점 사림이 잡아간다. 물론 그 중심에 조광조가 있었다. 조광조와 사림파는 훈구 세력을 압박하고 힘을 키우기 위해 인재등용 제도를 개혁하는 데 뜻을 모은다.

이들이 생각해낸 것은 현량과賢良科. 시험으로만 인재를 뽑는 과거제를 탈피해, 추천 받은 인재를 대상으로 시험을 보게 해서 검증하는 제도다. 요즘 고위 공무원이나 공사公社 사장 자리 등에 행정고시 출신이 아닌 민간 전문가를 초빙하는 개방형 공무원 임용제와 비슷하달까. 이렇게 요직에 등용된 신진 사림은 고위직 관리로 빠르게 성장했다.

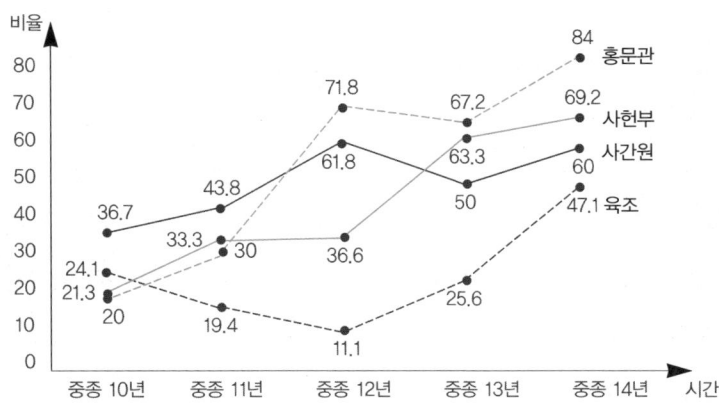

사림의 인사 점유율. 조광조의 등장 이후, 중종은 공신 세력을 대체할 새로운 인재를 뽑을 것을 명했다. 조광조의 제안으로 현량과가 도입된 이후 사림파의 비중은 점점 늘어났다.

가뭄도 지진도 임금이 부덕한 탓

사림파가 개혁을 위한 약진을 시작하고 조광조의 입김이 거세지면서 임금이 신하들을 불러 강론하는 경연經筵에서 중종에 대한 노골적인 압박이 시작되었다.

신하1 나라는 작은데 벼슬아치는 많아 하는 일 없이 녹을 먹는 자가 많사옵니다.

조광조 각 기관에서 한 가지 일을 두세 사람이 함께 맡아보니, 병으로 나오지 않는 날이 한 달을 넘는 자는 마땅히 파직해야 함에도 자리를 보전하는 일까지 있사옵니다.

신하2 흉년까지 들어 쌀이 부족하니 꼭 필요하지 않은 자는 자리를 내놓도록 해야 하옵니다.

중종 관직의 수는 《경국대전經國大典》에서 정하고 있으니 내 함부로 고칠 수 없지 않겠소. 다만 이제부터 긴급하지 않은 벼슬은 자리가 비더라도 채우지 않는 방법은 있겠소.

조광조 파직당한 관리가 재임용되는 것도 막아야 하옵니다. 인물이 없다 보니 문제가 있는 줄 뻔히 알면서도 다시 쓰고 있사옵니다.

중종 사람을 쓰는 일이 중요하긴 하나 그 인물을 죄다 잘 알 수 없으니, 자연히 실수를 하는 것 아니겠소.

조광조 전하께서 인물의 현명함을 파악하시고 관리를 교체할 때 대신들에게 물으시면 그런 실수는 없을 것이옵니다.

이쯤 하면 누가 왕이고 누가 신하인지 구분하기 어려울 정도다. '경연'이라면 대부분 왕을 교육하는 제도로 알고 있지만, 사실 대신들이 왕에게 정책을 제안하고 협의하는 자리이기도 했다. 조광조는 경연을 통해 국가의 중대사를 결정하는 데 깊숙이 관여하면서 조정에서 목소리를 높여갔다. 그러다 보니 왕은 자연히 초라해질 수밖에 없었다.

경연은 원래 학문을 토론하는 성격을 띠고 있었지만 정치 현안에 대한 이야기나 앞으로 국정에서 중요하게 해야 할 일, 또 왕으로서의 처신 등 상당히 민감한 사안까지도 논의되는 자리였기 때문에 대단히 중요했다. 그래서 필요한 경우에는 아침, 점심, 저녁의 조강朝講, 주강晝講, 석강夕講뿐 아니라 밤에도 경연관을 불러 토론하는 야대夜對까지 열었다.

조광조는 특히 경연을 강조해, 이 자리에서 계속 중종을 압박해갔다. 왕도 교육을 받지 않으면 제대로 왕 역할을 할 수 없다는 것이 당시 사림의 생각이었다. 특히 중종은 나이가 들어 왕이 된 사람이었기 때문에 교육에 대한 필요성은 더욱 절실했다. 그러나 중종은 서서히 지쳐갔다.

18세기 말에 조선 시대의 야사野史를 모아 펴낸 《연려실기술燃藜室記述》에는 당시 중종이 경연을 어떻게 생각했는지도 실려있을 정도였다. 쉴 새 없이 자신을 몰아 부치는 조광조에 대한 중종의 불만은 점점 쌓여갔다. 경연은 회를 거듭할수록 강도가 세졌고, 오가는 대화도 거침이 없

"조정에 인물이 부족하다는 걱정이 있으니 이것은 괴이한 일이옵니다. 한 시대의 인물을 신이 감히 모두 알 수는 없으나 어찌 반드시 없다고 할 수 있겠사옵니까? 국가가 사람을 선택하는 길이 극히 협소하기 때문에 많이 막히고 있으니, 전조銓曹에서 사람 쓰는 것을 책망하기도 어렵사옵니다. 대신과 시종으로 하여금 분명히 그 천망을 의논하여 재행才行이 쓸 만한 사람을 얻을 수는 없겠사옵니까?"
—이자李耔의 간언, 《중종실록》 32권, 중종 13년 3월 11일.

었다. 경연관들은 왕에 대한 조언뿐 아니라 잘못에 대해서도 신랄하게 비판했다. 조광조는 천재지변이 없는 해가 없다며 이는 하늘의 뜻에 닿으려는 임금의 정성이 부족한 것이라고 따지는가 하면, 이런 재앙은 하늘이 임금의 부덕을 꾸짖고 훈계하기 위한 것이니 지난 잘못을 반성하고 덕을 쌓는 일에 더욱 매진하라는 주문까지 할 정도였다.

경연은 고려 왕조 때부터 전통으로 내려온 제도였지만, 임금에게는 상당히 부담스러운 일이었기에 태종은 경연이 왕권을 속박하는 제도란 이유로 등한시했고, 세조와 연산군은 이를 폐지하기까지 했다. 중종에게 경연에 대한 심정을 한번 물어보자.

기자 경연을 무척 자주 하신 것 같은데 하루에 몇 번이나 하셨습니까?
중종 아침, 낮, 저녁 심지어 밤까지 하루에 네 번이나 한 적도 있소.
기자 그 정도면 상당히 피곤하셨겠군요.
중종 오후쯤 되면 하품이 나오고 졸음이 쏟아지는데 내가 먼저 끝내자

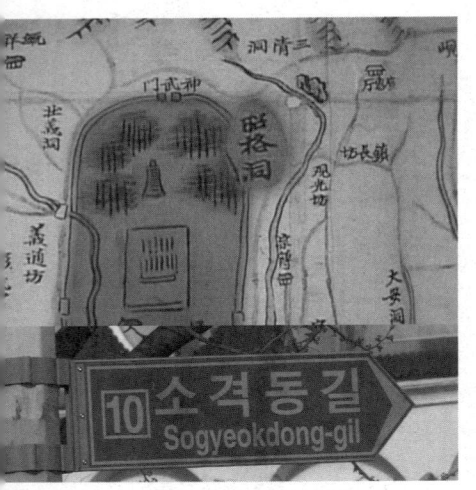

고 할 수도 없고 정말 괴로웠소. 그뿐이 아니오. 명색이 왕인데, 여러 대신들 앞에서 내가 부덕하고 학문이 부족하다며 몰아세우니 어찌 곤욕스럽지 않겠소? 게다가 지진이 일어나는 것도 내 탓, 관리가 잘못한 것도 내 탓이라며 모든 일을 대신과 의논하라 하니 어떤 때는 너무 심하다는 생각이 들기도 했소.

나라에서 도교의 제사를 주관하기 위해 세운 소격서는 경복궁 옆에 있었다. 지금도 종로구에 '소격동'이란 지명으로 남아 있다.

그러나 조광조의 생각은 달랐다. 중종에게 성군聖君이 되기 위한 교육을 시켜야 조선을 개혁할 수 있다고 믿었다. 사실 조선은 연산군 대의 폭정을 겪은 후라 왕이 변하지 않고서는 개혁을 이끌어갈 수가 없기도 했다. 성리학자 조광조는 조선을 성리학에서 말하는 이상 사회로 개혁하고자 했다. 그는 위로는 훈구 세력을, 아래로는 지방의 수령 세력을 견제하면서 정치와 사회 전반에 걸쳐서 광범위한 개혁을 펼쳐갔다.

한 예로 조선 개국 때부터 설치된 소격서昭格署를 폐지하라고 밀어붙였다. 소격서는 조선 태조 때 경복궁 바로 옆에 건립되어 임진왜란까지 200년 동안 도교의 행사를 주관한 곳이다. 그러니 성리학자인 조광조가 이를 용납할 리 없었다. 조광조는 상소를 올려 소격서 폐지를 건의했다. 중종은 개국 때부터 해온 일을 폐지하라는 건의를 받아들이지 않았다. 조광조가 다섯 번, 홍문관에서는 일곱 번이나 소격서 철폐 상소를 올렸다. 조광조는 심지어 사직서까지 제출하면서 왕에게 맞섰다. 사태가 이에 이르자 결국 중종은 소격서 철폐를 명했지만, 조광조를 부담스럽게

숙제하는 왕, 과외 받는 왕자

조선의 왕세자는 하루 세 번, 대신들에게 교육을 받았다. 교재는 《천자문》부터 역사책, 《소학》, 유교 경전에 이르기까지 다양했다. 대신들은 세자의 나이에 맞게 교과 과정을 짰고 여름과 겨울에는 방학도 있었다. 서연書筵은 세자한 사람을 위한 궁 안의 작은 학교였다. 말하자면 왕립 아카데미라고나 할까?

〈회강반차도會講班次圖〉. 세자의 학습 정도를 점검하는 모습을 담은 그림이다.

왕 또한 서연을 꾸준히 참관할 만큼 세자에 대한 교육은 중요했다. 후계자인 왕세자 교육이 철저히 이뤄져야 왕이 되었을 때 정치와 학문을 잘할 수 있고 성군이 될 수 있다고 판단했기 때문에 정례 교육을 실시한 것이다. 또 보양청輔養廳이나 강학청講學廳 같은 세자 보육기구를 만들었다.

매월 1일과 15일에는 배운 내용을 서연관 앞에서 복습하는 회강會講이 열렸다. 회강에는 세자를 가르치는 스승이 모두 참석해 학습 정도를 점검했다. 강의를 전담하는 관원만 열 명. 영의정과 우의정이 총 책임을 맡았다. 목표에 미달하면, 야간 자율학습은 기본이고 엄청난 양의 숙제도 내주었다고 한다. 세자들은 이 교육 과정을 통과해야 성군이 될 수 있었다.

세자뿐이 아니었다. 조선의 왕들은 임금이 된 후에도 끊임없이 학문과 교양을 갈고 닦아 성군이 될 것을 요구받았다.

임금은 대신들과 함께 하루 네 번 경연에 참석했다. 경연에서 대신들은 왕에게 사서삼경이나 주자의 《근사록近思錄》과 같은 경서를 강독하며 성리학 이념을 강조했다. 강론이 끝나면 국가의 중요 현안을 협의했다.

여기게 되었다. 이 일로 물 샐 틈 없는 듯했던 중종과 조광조의 관계에 처음으로 균열이 생기고 말았다.

당대의 대학자 김굉필의 제자로 실천을 강조하는 도학을 공부한 조광조는 성리학 윤리가 향촌 사회 구석구석에서도 실행되기를 원했다. 바로 향약鄕約이었다. 좋은 일은 권장하고, 잘못은 고쳐주며, 예의를 지켜 사귀고, 어려울 때 서로 돕는 《주자증손여씨향약》(주자가 《여씨향약》을 높이 평가하여 증보한 것)을 전국에 유포했다. 향약은 지방 수령과 연대하여 지방 경제를 해치는 훈구 세력의 비리가 농민과 지방 사회의 부담으로 전가되는 것을 막는 안전장치이기도 했다. 그러나 훈구파 대신들은 벼랑 끝으로 몰리는 심각한 위기를 느꼈다. 조선의 지방사회를 개혁해줄 이 프로그램이 훈구파의 권위와 지방 돈줄을 막는 견제구가 되자 조광조에게 부메랑이 되어 돌아오기 시작했다.

거침없는 개혁, 훈구의 심장을 노리다

조광조의 개혁은 백성들이 골고루 잘 사는 사회를 만들려는 것으로, 훈구파의 기득권 해체는 불가피했다. 토지 개혁이 이루어졌다. 조광조는 토지를 모두 나라에 속하게 하고 국가가 농민들에게 균등하게 빌려주는 균전법均田法과 토지 소유 상한선을 정해 특정인에게 토지가 편향되지 않도록 하는 한전제限田制를 시행하자고 강력히 주장했다.

훈구파의 재정적 타격이 불 보듯 뻔한 일이었으니 이는 훈구파의 심장에 비수를 꽂는 필살수였다. 임금의 총애를 등에 업은 조광조의 위세에 눌려 지금까지 참아온 훈구파도 더는 못 참겠다며 들고 일어났다. 갈등은 곧 사림과 훈구의 급격한 대립 구도로 확대되었다. 하지만 조광조는 굴하지 않았다. 1519년에는 훈구파에게 결정적인 타격을 주는 개혁안

"무릇 공신을 중히 여기면 공을 탐내고 사사로운 이익을 탐내어 임금을 죽이고 나라를 빼앗는 일이 다 여기서 말미암으니 임금이 나라를 잘 다스리려면 먼저 사사로운 이익의 근원을 막아야 합니다."
—조광조와 이성동, 《중종실록》 37권, 중종 14년 10월 을유.

을 내놓았다. 정국공신(반정공신)에 임명된 117명 가운데 상당수가 공을 세우지 않고도 공신에 추대되었다며 문제를 제기한다. 부당하게 공신이 된 자들을 숙청할 것도 요구했다. 조정이 발칵 뒤집어졌다.

중종반정 3공신 가운데 박원종은 큰 연못과 정자가 있는 집에서 매일 수많은 기생을 불러 음주가무를 즐길 정도로 사치를 했다고 한다. 문제는 이들 공신들이 지나치게 많았고 상당수가 재상에게 뇌물을 바쳐 공신 자격을 얻었다는 데 있다. 공신 30여 명은 정국공신의 자식이나 형제, 사촌, 사돈 등 친족집단이었다. 심지어 공신 가운데는 폐위된 연산군이 총애하던 관리도 있었다. 이 밖에도 반정 경축식에 참가해서 어부지리로 공신록에 이름을 올리거나 재상의 위세로 책봉되는 등 그 폐단이 심각했다.

부정한 방법으로 공신이 된 사람이 지나치게 많아 국고의 낭비일 뿐 아니라 개혁에도 걸림돌이 된다고 판단한 조광조와 사림은 이들을 공신록에서 삭제하자고 주장했다. 이번 기회에 공신들의 힘을 조정에서 완전히 거세해야 한다는 의도는 확연했다.

중종 14년 10월, 마침내 조광조와 사림은 상소를 올려 위훈삭제僞勳削除, 즉 부당하게 공신에 책봉된 자들을 삭제하자고 청한다. 중종은 난처했다. 그 자신이 반정의 혜택으로 보위에 오른 임금이었기 때문이다. 자칫 자신의 정체성이 흐려지는 일이 될 수 있었다. 왕은 망설였지만 사림의 기세는 꺾이지 않았다. 조광조 일파는 이때 이미 정국의 주도권을 쥐고 있었고 왕에게는 거부할 명분이 없었다. 결국 전체 정국공신의 70퍼센트에 해당하는 76명이 공신록에서 삭제된다. 사안 자체로만 보면 사림의 승리였다. 조광조는 명실상부 조정에서 가장 영향력 있는 인물로, 왕조차도 함부로 넘볼 수 없는 입지를 굳힌 듯했다.

그러나 위훈삭제는 조정에 엄청난 후폭풍을 몰고 왔다. 더 이상 당할수 없다고 생각한 훈구파의 대반격이 시작되었다. 이들은 은밀하게 움직였다. 노회한 훈구파들은 입소문 작전을 전개했다. 과녁은 조광조 때문에 불안해하고 우왕좌왕하는 중종의 자존심이었다.

위훈삭제 직후, 궁 안에는 이상한 나뭇잎이 나타났다. 벌레가 파먹은 자리에 글씨가 새겨진 나뭇잎이었다. 이 가운데 '주초위왕走肖爲王'이라는 글씨가 뚜렷이 나타난 것이 중종에게 전달되었다. '주走'자와 '초肖'자를 합하면 '조趙'가 된다. 즉 조씨가 왕이 된다는 뜻이다. 조씨라면 조광조를 말하는 것으로, 조광조가 왕이 된다니 중종에게는 대단한 충격을 주었을 게다. 그러나 침착하게 한번만 더 생각하면 누군가 꿀로 글씨를 쓰고 벌레가 그 꿀을 따라 파먹은 나뭇잎이라는 것을 금방 알아차렸을 텐데 중종은 그렇지 않았다. 이미 자신의 자존심을 건드렸다는 치기가 그의 사리판단을 흐려놓았다. '주초위왕' 사건은 훈구파 대반격의 신호

한번 공신은 영원한 공신

공신이란 공이 있는 신하라는 뜻이다. 그래서 이들에게 은혜를 입은 왕이 선물로 대대로 물려줄 수 있는 토지와 벼슬을 내렸다. 공신이 되면 작호는 물론, 토지와 노비, 자손이 과거 없이 관직에 진출할 수 있는 음서隆敍, 심지어 범죄를 저질렀을 경우에도 죄가 감해지는 특권까지 가졌다. 조선은 공신 제도 때문에 망했다는 비판을 받았을 만큼 공신 제도의 남용은 많은 문제를 불러일으켰다. 조선 개국 때부터 성종까지 374명, 중종 때 다시 117명의 공신이 남발되었다.

일등 공신의 경우, 그 혜택은 상상을 초월해 자신은 물론, 자식에게도 벼슬을 3단계나 높여주었다. 또한 병사와 노비, 땅과 귀금속 등의 하사품도 내렸다. 공신은 후손 대대로 안정적인 생활을 보장받았다. 특히 반정에 가담해 공신이 된 이는 호화로운 생활을 하며 부와 권력을 누렸다.

수양대군을 왕위에 올려놓기 위한 계유정난癸酉靖難의 공신들도 많은 혜택을 입었다. 수양대군 자신에게는 식읍 1000호와 식실봉食實封 500호, 밭 500결, 노비 300구, 보너스로 해마다 600석의 쌀과 금 25냥, 은 100냥 등 상금이 내려졌다. 한명회, 정인지 등 다른 일등 공신에게는 논밭 200결과 노비 25구, 시종 7명, 병졸 10명이 내려졌고 부모와 처는 관작을 내렸고, 직계 아들은 3계급을 올려 벼슬을 내렸다. 아들이 없으면 조카와 사위를 2계급 올려주었다. 이등과 삼등 공신에게도 각각 논밭 150결과 100결이 주어지고 노비 등을 등급에 따라 배분했다. 공신 제도에 들어간 농토만 6550결로 국가 재정이 휘청거릴 정도였다.

탄이었다. 위훈삭제 이후 조광조와 사림 세력에 대한 반격을 노리던 훈구파는 마침내 왕을 앞세워 친위 쿠데타(기묘사화)를 벌였다.

중종의 역습, 과격하고 세련되지 못한

중종은 왕권을 압도할 정도로 커져가는 조광조의 세력에 위협을 느꼈다. 조광조가 공신을 견제해주기를 바란 것은 사실이지만, 도가 지나치다고 생각했다. 세월이 흐르면 조광조 일파는 대신의 지위에 이를 것이고, 그럴 경우에 왕권에 대한 위협 세력으로 성장할 것이 우려되었다. 무례하기 그지없는 공신들의 입김에서 벗어나나 했더니 이번에는 더 심하게 밀어붙이는 조광조와 사림파라니…….

결국 중종은 훈구 대신들에게 한 장의 밀서密書를 내린다. 조광조 일파가 이후에 자신을 노릴 것이니 대신들이 그를 먼저 없앤 후에 자신에게 알리라는 내용이었다. 어떤 임금도 신료 한 사람을 처단하려고, 한밤중에, 그것도 절차를 거치지 않고, 정치 운영 과정에 있지 않은 인물들을 동원해서 처단하지는 않았다. 유래를 찾아볼 수 없는 일이었다. 이는 왕의 친위 쿠데타였다.

1519년(중종 14년) 11월 15일 밤, 경복궁의 신무문神武門이 열리면서 사건은 시작되었다. 위훈삭제가 단행된 지 불과 사흘 만의 일이었다. 그날 밤, 홍경주洪景舟와 남곤, 심정은 훈구파 대신들을 궁으로 불러들이고 어명을 전했다. "대사헌 조광조와 그의 측근들을 압송하라" 다음날 새벽, 조광조의 집에 의금부 병사가 들이닥쳤다. 조광조는 그 길로 끌려가 의금부에 투옥되었다.

역사상 전례없는 이 기습 쿠데타가 내건 조광조의 죄명은 붕당죄朋黨罪였다. 조광조와 그 일파가 권력 있는 자리를 차지하고 사사롭게 행동했다는 것이다. 조광조는 능주綾州, 곧 지금의 전라남도 화순으로 유배되었다. 조광조는 왕이 마음을 돌이키기를 매일 간절히 기다렸지만, 왕은 끝내 그를 배신했다. 12월 16일, 왕은 조광조에게 사약을 보냈다.

조광조의 몰락(기묘사화)이 시작된 신무문. 경복궁의 북문인 이곳은 2006년 12월에야 일반에 공개되었다.

그의 나이 불과 서른여덟이었다. 조광조 일파는 순전히 명분 하나로 구세력과 대항하다가 주저앉고 말았다. 이 사건의 배후에 중종의 시기와 질투가 있음은 두말할 필요도 없을 것이다. 《중종실록》에서 이 일을 기록한 사관은 이 사건을 두고 중종을 엄하게 꾸짖었다.

"대간이 조광조의 무리를 논하되 마치 물이 더욱 깊어가듯이 아직 드러나지 않았던 일을 날마다 드러내어 사사賜死하기에 이르렀다. 임금이 즉위한 뒤로는 대간이 사람의 죄를 논하여 가혹하게 벌주려 하여도 임금이 반드시 되풀이 심문하고 죄를 공평하게 다루어 함부로 죽인 자가 없었다. 그런데 이번에는 대간이 조광조를 더 죄주자는 청을 하지 않았는데 문득 이런 분부를 하였으니, 시의時議의 실재가 무엇인지를 짐작해서 이렇게 분부하게 된 것이 아니겠는가? 전일에 좌우에서 가까이 모시고 하루에 세 번씩 뵈었으니 (임금과 조광조가) 정이 부자처럼 아주 가까울 터인데, 하루 아침에 변이 일어나자 용서 없이 엄하게 다스렸고 죽인 것도 이제 임금의 결단에서 나왔다. 조금도 가엾고 불쌍히 여기는 마음이 없으니, 두터이 사랑하던 일에 비하면 마치

두 임금에게서 나온 일 같다."
—《중종실록》37권, 중종 14년 12월 16일.

 조광조는 개혁에는 철저했지만 개인적으로는 그 성품이 온화하고 조용하여 하인들까지도 모두 정성으로 대접하였으며, 분개하는 말을 한 적이 없었기에 사람들이 그를 다 공경하고 아끼며 죽음 후에도 안타까워했다. 그래서 중종 재위 중에 이미 임금을 나무라는 상소가 올라왔다. 공손하지만 솔직하게 중종을 꾸짖는 상소문이었다.

 홍문관 부제학 송세형宋世珩 등이 상소를 올렸다.
 "국가의 성쇠는 선비의 기개가 높은가 낮은가에 달렸고, 선비의 기개란 임금의 좋음과 싫음에 달렸사옵니다. (……) 지난날(기묘사화) 전하께서 날로 새로워지는 덕을 가지고 국운을 중흥시키실 적에 밤낮으로 선정을 도모하시어, 10여 년 동안 어진 이 구하기를 목마른 사람이 물을 구하듯이 하셨사옵니다. 그래서 한두 신료들이(조광조와 김정 등을 가리킨다) 일생에 훌륭한 때를 만났기에 으레 옛 사람을 사모하였던 것이옵니다. 그러나 역량과 학문을 다 이루지 못하였기에, 비록 선善을 좋아하는 마음이 있기는 하였지만 (그 방식이) 낯설기만 하고 현실과 맞지 않는 병폐가 없지는 않았사옵니다. (……)
 전하께서 평소에 그들의 과격함이 싫으셨다면 억제하였어야 할 것이옵고, 그들의 요란함이 싫으셨다면 진정시켰어야 할 것이온데, 그들의 능력을 빌리시고, 특별히 잘 대해주시기만 하고 일찍이 억제하고 진정시키는 일을 하지 않으시다가 좌절시킨 것은 도에 지나쳐 모자란 일이었사옵니다."
—《중종실록》102권, 중종 39년 4월 7일.

송세형 등은 조광조 일파를 제대로 관리하지 못한 것은 임금이 처신을 잘못한 연유라고 밝히고 있다. 중종 자신도 이를 시인하고 애석해했다는 기록도 보이지만 이미 때늦은 후회였다. 조선의 성군 세종은 자신의 잘못을 질책하는 황희黃喜와 허조許稠를 결코 나무라지 않았다. 중종의 그릇이 조광조를 받아들이기에는 너무 작았을까?

스러지지 않은 개혁의 불꽃

일찍이 조선 개국 초기 삼봉 정도전(三峰 鄭道傳, 1342~1398)이 조광조와 비슷한 개혁을 시도한 적이 있었으나 역시 실패로 돌아갔다. 조선이 새로운 시대를 준비할 좋은 기회를 두 번이나 놓친 셈이었다. 두 사람이 121년의 세월을 넘어 저승에서 상봉했다.

삼봉 정암, 먼 길 오시느라 수고 많았네. 날세, 삼봉. 정도전일세.

정암 (눈물을 글썽이며) 대감, 대감! (말을 잇지 못하고 눈물만 흘린다.)

삼봉 그래 어떤가. 한 나라를 경영해보니 어떠하던가?

정암 예. 참으로 답답하고 속이 터져서 화병이 날 지경이었습니다. 준비 안 된 임금과 이기주의로 똘똘 뭉친 훈구파의 탐욕이 결국 저를, 조선을 죽이고 말았습니다.

삼봉 알지 알아. 그런데 자네는 너무 서둘렀어. 자넨 젊은 시절의 나를 너무 닮았거든…….

정암 예, 대감. 그러나 반드시 해내고 싶었습니다. 조선은 변해야 합니다. 대감께서도 개혁을 위해 목숨을 걸지 않으셨습니까?

삼봉 그래. 우린 그런 면에서 참 비슷했던 듯하이. 내가 살던 시절도 격변의 시기였지. 백성의 살림살이는 도탄에 빠지고 불교는 도가 넘쳐 백성을 괴롭혔고, 사상과 정치가 극심한 혼란에 빠졌었지.

정암 저는 제왕이야말로 제대로 준비된 군주라야 한다고 생각했습니다. 군주는 덕德을 배양해야 하며 그 덕은 '경敬'과 '인仁'에 바탕해 나옵니다. 군주가 경의 자세를 지닐 때 아랫 사람들은 분발하게 되며 일을 공평무사公平無私하게 처리하지 않겠습니까? 또한 군주는 인의 자세를 지녀 백성을 사랑하고 아끼어 인의의 도를 행해야 한다는 것이 제 생각이었습니다.

삼봉 그것이 자네의 군주론이로군 그래. 나는 군주도 중요하지만 제도에 문제가 있다고 생각했어. 민본정치民本政治가 인정仁政이라는 게 내 생각이었지. 정치는 하늘을 대신하는 것이라야 하네. 그래서 군주는 백성을 하늘처럼 대해야 한다는 것이 내 소신이었지. 그러나 군주들은 어떤가? 하나같이 군림하려고만 들지. 나는 군주가 허기虛器라고 생각해서 대신이 정치 전면에 나서는 신권정치론臣權政治論을 폈다네. 제도로 신하들의 정치권력을 정비하려 했지. 반면에 자네는 군주론을 너무 중시하여 지나치게 임금을 옥죄다가 버림을 받은 게야. 임금들의 재목材木은 자네 생각만큼 크지 않다네.

정암 예, 대감. 지나고 보니 그 말씀도 맞는 듯합니다. 하지만 임금께서 조금만 더 참으시고 개혁을 추진하셨더라면 조선 사회가 더 나은 나라로 발전할 수 있었을 텐데⋯⋯. 너무도 안타깝사옵니다.

삼봉 자네가 너무 젊은 탓이야. 조금만 더 배우고 경륜을 더 쌓았더라면, 자네가 조금만 더 나이를 먹었더라면, 흐르는 물은 앞을 다투지 않는 법인데 말일세. 너무 서둘렀단 말일세. 조금만 참았더라면 세상은 얼마든지 달라질 수 있었어. 그것이 안타까운 일이로다.

정암 대감!!

성리학을 국가 지배이념으로 삼고 신료들의 권한이 왕권을 제약해야 한다고 생각한 점에서 개국 초기 조선의 틀을 디자인한 정도전(왼쪽)과 도학정치에 기반해 개혁을 펼친 조광조(오른쪽)는 닮은 꼴이었다.

　퇴계 이황李滉은 조광조의 개혁이 중도에 하차한 데 대해 "뜻은 높았으나 정세 전반을 파악하지 않고 무리하게 개혁을 추진한 점"과 "개혁의 소용돌이 속에서 정치적 타협을 이루지 못한 점"을 실패 원인으로 지적했다. 이이李珥는 조광조가 현철하고 뛰어난 재능을 가졌음에도 학문이 무르익기 전에 정치 일선에 나가 좌초한 사실을 안타까워했다.

　만약 그가 정도전만큼만 연륜이 있었다면 개혁은 계속되지 않았을까. 조광조는 조선 사회의 급격한 변화와 개혁을 유도하다가 실패하고 말았다. 그가 죽고 난 후 조선의 개혁은 후퇴했다. 위훈삭제는 취소되었고, 소격서는 부활했으며 현량과 또한 폐지되었다. 그러나 그가 이룬 개혁의 불씨는 꺼지지 않았다. 조광조의 개혁 정신만은 높게 평가되어 이후 사림이 정치 세력의 중심이 되는 데 지대한 영향을 끼쳤다.

　선조宣祖 시대에 이르러서 후배 사림에 의해 영의정으로 추대되며 그의 명예는 회복되었다. 그가 조정에 있을 때는 조정의 고관이 지방의 정

경기도 용인시 수지에 자리한 심곡서원. 1650년에 창건, 사액된 이 서원에는 조광조의 위패가 모셔져 있다.

치를 범할 수가 없었고, 지방의 관리도 스스로 조심하니 백성들 사이에 근심이 없어지고 조정에도 뇌물을 쓰는 자가 없어졌는데 사화가 일어나면서 청렴함과 절개가 따라 무너지니 조정은 재물의 때가 끼고 지방도 그 바람을 타서 이를 데가 없게 되었다.

조광조는 비록 실패했으나 스스로 자신이 내세운 원칙을 어긴 적이 없고 부정부패와 손잡지도 않았다. 스스로 완벽한 도덕성을 앞세우고, 시종일관 성리학이 조선 왕조의 지배이념으로 자리 잡아야 한다고 주장했기에 실각한 직후부터 그를 기리고 사모하여 조광조 복권 운동이 일어났고 이후 성리학이 조선 사회의 주류를 이루는 계기를 마련했다는 점은 기억할 만하다.

조광조가 죽고 난 후 그의 학풍은 이황과 이이에게 이어져 조선 성리학 발전의 밑거름이 되었다. 그의 정치 인생은 단 4년이었지만, 그가 남긴 개혁의 정신은 지금도 살아있다. 폭정으로 무너진 조선 사회를 바꾸려했던 조광조, 그는 열정으로 살다 간 조선의 개혁가였다.

02 임꺽정, 조선의 로빈 후드인가

황해도부터 한성까지 신출귀몰하던 임꺽정.
백정은 도적이 되고, 잔인한 살인자, 무자비한 약탈자,
힘없는 백성을 대신해 탐관오리를 징벌한 의적,
부패한 지배층에 온몸으로 저항한 민중의 영웅…
이 모든 것은 갈대밭 때문이었다.

거꾸로 나왔어도 세상을 올바르게 살아야

16세기 중반 황해도 지역은 무법천지였다고 해도 과언이 아니다. 마을을 약탈하고 관아를 습격하고 공권력에 거침없이 저항하는 무리들이 황해도 전역을 휩쓸고 다녔다. 조선을 공포로 몰아넣었던 도적 떼가 바로 임꺽정패였다.

그들은 어떤 집단이었을까? 그들을 이끈 임꺽정(일명 임거정林巨正, 임거질정林居叱正, ?~1562)은 또한 어떤 인물이었을까? 벽초 홍명희(碧初 洪命熹, 1888~1968)가 쓴 대로 그는 의적義賊이었을까? 아니면 의적을 가장한 도적에 불과했을까? 그것도 아니라면 수탈과 핍박을 일삼은 관료들을 징벌하고 정권을 바꿔보려고 일어선 민란 세력이었을까?

임꺽정은 도대체 어떻게 생겼길래 조선 정부군이 그 하나를 당해내지 못하고 벌벌 떨었을까? 역사 기록에 그의 생김새를 알 수 있는 내용은 거의 없다. 우리는 대개 TV 드라마에 나온 탤런트 얼굴이나 만화 주인공

강원도 철원군에 있는 고석정 주변의 계곡. 철원 팔경 중 하나로 조선 명종 때 임꺽정의 활동 무대로도 유명하다. 고석정 건너편에는 임꺽정 부대가 쌓았다고 전하는 석성의 흔적이 남아있다.

의 용모를 생각하기 마련이라 이미 임꺽정은 머릿속에 허상의 인물로 자리 잡고 있는 셈이다.

그런데 최근 북한 황해북도 장풍군 덕적리 심복동 산골에서 임꺽정의 모습을 부조로 새겨넣은 바위그림이 발견되었다고 북한의 홍보잡지 《금수강산》이 소개해서 관심을 모았다. 북한 웹사이트 '내나라'에 따르면 이 조각상은 받침대 위에 맨발로 선 자세로 높이는 2.14미터고 어깨의 너비는 0.8미터다. 머리에 모자를 쓰고 몸에는 발목까지 내려오는 도포 같은 옷을 걸쳤으며 허리에는 띠를 두른 임꺽정 조각은 둥글넓적한 얼굴에 약간 째진 듯한 두 눈과 두툼한 입술, 넓은 코와 수북이 자란 콧수염을 한 모습이다.

장풍군 지역이 임꺽정이 활동한 중요 거점 중 하나였으니 도적단의 두령이던 임꺽정을 형상한 조각이 발견되는 것이 그리 이상한 일도 아니

임꺽정의 첫 행적을 확인할 수 있는 양주시 불곡산 자락에 임꺽정이 태어나고 자란 집터가 있다. 건물은 없고 비석(왼쪽)만 세웠다. 임꺽정이 어린시절 뛰어놀았다고 알려진 불곡산 제2봉우리는 '임꺽정봉'(오른쪽)이라고 불린다.

다. 여하튼 임꺽정이 풍채가 대단히 좋고 인상이 다부지며 힘깨나 쓰게 생긴 인물이었음은 짐작이 간다.

임꺽정의 첫 행적이 확인되는 곳은 경기도 양주다. 임꺽정의 고향이라 알려진 양주에는 그의 흔적이 곳곳에 남아있다. 마을 뒷산에는 임꺽정 우물이라고 전해오는 옹달샘이 있고 주민들 사이에서는 임꺽정에 관한 수많은 이야기들이 오랜 세월 사실처럼 전해왔다.

모든 짐승이나 동물은 태어날 때 머리부터 나와야 하는데, 임꺽정은 유별나게 다리부터 나왔다. 임꺽정 어머니는 "니가 거꾸로 나왔더라도 세상을 올바르고 정직하게 살아라"라는 마음으로 '꺽정이'란 이름을 지어주었다 한다. 임꺽정이 태어나고 자란 집터에는 생가 보존비가 세워지고, 그가 어린 시절 뛰어놀았다는 불곡산 제2봉우리는 '임꺽정봉'이라 불릴 정도로 임꺽정은 양주의 자랑거리다.

도적단 괴수, 황해도를 접수하다

임꺽정의 이름이 세간에 오르내리며 역사의 전면에 등장한 것은 명종 4년, 1559년이었다. 《명종실록》에 기록된 그의 이름은 '임거질정'인데, 황해도에서 도적 떼를 이끌고 대낮에도 살인과 약탈을 일삼는 인물로 그려졌다. 그의 행적을 보고 받은 조정은 충격에 휩싸였다.

> "지난날 임꺽정을 추적할 즈음에 장교의 말을 듣지 않고 군사 20여 명만을 주어 초라하고 서툴게 움직이다가 장교가 살해되었는가 하면, (장교 이억근李億根은 일찍이 도적 수십 명을 잡은 적이 있었다. 이때 본부가 신계新溪의 첩보를 받고 군사를 동원하여 적을 포위하였는데, 이억근이 군사를 거느리고 가서 새벽을 이용하여 적진에 들어갔다가 화살 일곱 대를 맞고 죽었다) 바로 뒤를 이어 적을 끝까지 추격하지 않았다가 끝내 적들이 멋대로 날뛰게 하였으니, 매우 놀라운 일이옵니다."
> —《명종실록》 25권, 명종 14년 3월 27일.

이미 조정에서는 임꺽정의 실체를 다 알고 있었다는 이야기다. 이억근이란 장교가 전사한 사건은 《명종실록》에 다시금 등장한다.

> 삼정승이 검상檢詳을 시켜 아뢰었다.
> "개성부의 포도관捕盜官 이억근은 평상시 도적을 추적하여 체포하는 일에 힘을 다하였기에, 도적들의 미움을 사고 말았사옵니다. 그러다가 임꺽정을 추적하여 체포할 즈음에 뭇 도적의 표적이 되어 죽음을 당하였는데, 그 참혹한 죽음을 가련타 할 것이옵니다. 나랏일을 하다가 순직한 것이니 은혜를 내리지 않을 수 없으며, 함께 죽은 아랫사람도 본부本府를 시켜 방문하게 하여 함께 특전을 주어야 마땅하옵니

(왼쪽) 시간이 지나면서 임꺽정의 활동 무대는 점점 넓어졌다. 황해도에서 평안도로, 강원도에서 경기도로 옮겨 다니며 출몰하다가 급기야 한성에도 나타났다.
(오른쪽) 임꺽정패의 약탈 활동 반경이 넓어지고 그 수법도 조직적으로 변하게 되었다. 이에 조정이 황해도 거리에 붙여 임꺽정의 목에 엄청난 포상을 제시한 포고문의 복원 영상.

다. 또 황해도 각 지방의 아전과 백성 가운데 도적을 고하여 체포하게 한 자도 도적들의 복수로 죽임을 당하였으니 모두 지극히 참혹하옵니다. 감사를 시켜 낱낱이 찾아내어 따로 표창하옵소서.

또 듣건대, 한 백성이 도적의 무리를 고발한 적이 있었는데, 하루는 들에 나가 나무를 하다가 도적들에게 붙잡혀 적들이 살해하려 하였다 하옵니다. 그 아들이 산 위에 있다가 바라보고는 달려와서 적들에게 말하기를 '너희들을 고발한 것은 나지 아버지가 아니니, 아버지를 대신하여 죽기를 바란다' 하였다 하옵니다. 적들이 곧 그 아비를 놓아주고 그 아들을 결박하여 마을에 도착하여 밥을 짓게 하고는 둥그렇게 둘러앉아 배를 갈라 죽이고 갔다고 하옵니다. 이 사람은 나라를 위하여 적을 고발했을 뿐 아니라 그 아비를 위하여 대신 죽고 아비는 면하게 하였으니, 그의 충성과 효도가 지극히 아름답다 하지 않을 수 없사옵니다. 황해도 감사에게 찾아내어 포상하옵소서." 하니, 상께서 그 말대로 하라고 답하였다.
—《명종실록》 25권, 명종 14년 4월 21일.

관군은 임꺽정 때문에 상당히 골머리를 앓았다. 이 시기 임꺽정은 황해도 고을 수령들이 자체 병력으로는 진압하지 못할 정도로 세력이 막강해졌다. 급기야 조정은 긴급 대책을 마련할 수밖에 없었다. 즉시 도적떼를 상대로 전쟁을 선포하고 황해도 일원의 지방 수령을 모두 무관으로 교체했다. 하지만 임꺽정은 관아를 습격하고 토벌에 나선 포도관까지 살해하며 공권력에 정면으로 저항했다.

임꺽정의 난亂은 조선 건국 이후 최초·최대 규모로 최장 기간에 걸친 조직적인 저항이었다. 또 이들이 활동을 전개하면서 소상인, 수공업자, 농민, 아전 등의 광범위한 호응을 받아서 세가 점점 커졌기 때문에 나라에서는 위기 의식을 느낄 수밖에 없었다. 곧 조정은 거센 반격에 나섰다. 1559년 3월 임꺽정을 반역의 괴수로 규정하고 황해도 일원의 주요 거리마다 특별 포고문을 내걸어 임꺽정 도적단을 소탕하기 위한 관·민 합동 작전에 돌입했다.

포고문에는 백성들의 도움을 받기 위해 엄청난 포상을 제시했다. 도적을 잡는 이에게는 신분 상승의 기회를 주고 압수한 도적의 재산을 지급하며, 임꺽정을 잡는 수령은 정3품 이상인 당상관堂上官으로 승진시킨다는 내용이었다.

그러나 1년여를 지나도 별 소득이 없자 명종 15년 11월에는 선전관宣傳官 정수익을 황해도에 급파해 중앙정부 차원에서 본격 토벌 작전을 시작했다. 황해도에 도착한 중앙군은 봉산과 평산 등 다섯 고을의 관군과 합류하여 대규모 토벌에 나섰다. 동원된 병력은 500여 명. 1560년 평산군 마산리에서 토벌군은 임꺽정 부대를 포위했다. 맹렬한 추격을 받은

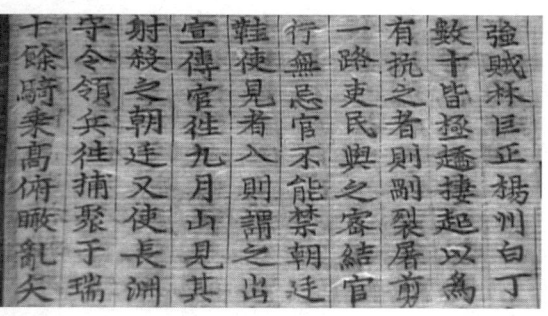
임꺽정 부대의 규모를 알려주는 《남판윤유사南判尹遺事》.

임꺽정 부대는 깊은 산속으로 도주했다. 토벌군은 멋모르고 뒤를 쫓았다. 하지만 그것은 임꺽정 부대가 쳐놓은 함정이었다. 계곡 위쪽에 매복한 임꺽정 부대의 게릴라 전술에 토벌군은 속수무책으로 당할 수밖에 없었다. 결과는 토벌군의 참패였다.

500여 명의 토벌군을 상대로 승리를 거둔 임꺽정 부대. 과연 그 규모는 어느 정도였을까? 훗날 임꺽정을 체포하게 되는 한성부 판윤判尹 남치근南致勤의 행적을 담은 《남판윤유사南判尹遺事》에서 그 규모를 엿볼 수 있다. 당시 반군들이 기병만 해도 60기, 60여 명이 말을 타고 지나갔다든가, 또 4~5개 군의 연합 부대가 결코 반군들을 진압하지 못했다는 기록으로 그들의 병력 수준을 짐작할 수 있다. 말을 60필 정도 보유했다는 것은 중무장한 병력이라는 뜻이다. 또 4~5개 군의 관군 500여 명이 연합을 해서도 쉽게 제압하지 못했음을 보면 반군들이 그와 비슷하거나 오히려 수가 더 많았다는 말이다.

대규모 부대로 늘어난 임꺽정의 도적단은 체계를 갖추고 움직였다. 관군이 토벌에 나서면, 어느새 정보를 입수해 숨어버리거나 역습을 가해 공권력을 무기력하게 만들어버렸다. 임꺽정의 활동 무대는 갈수록 넓어졌다. 황해도에서 평안도로, 강원도와 경기도로 옮겨 다니며 종횡무진 출몰했다. 급기야는 한성에까지 나타나 조정을 위협했다. 명종이 무관인 남치근을 한성판윤에 임명하고, 직접 도성문의 경비를 강화하라고 지시한 것은 이런 탓이었다. 서울시장에 육군 장성을 앉혀놓은 형상인 비상체제를 취했으니 그만큼 상황이 악화일로였다는 방증이다.

임꺽정이 토벌군과 전면전을 전개한 3년 동안 임꺽정의 본거지 황해도는 공권력이 마비된 무법 지대에 가까웠다. 백성들이 도적만 무서워하고 국가가 있는 것은 알지 못한다고 《명종실록》에 기록되었을 정도로, 임꺽정 부대는 16세기 조선을 뒤흔든 반란 집단이었다.

기록에 나타난 임꺽정의 행적은 실로 대담하다. 관아를 습격하고 관리를 살해했으며 대낮에도 살인과 약탈을 일삼았다. 당황한 정부가 포상금을 내걸자 차마 웃지못할 사건까지 벌어졌다. 의금부로 가짜 임꺽정이 잡혀오는 상황이 속출했다. 그들 가운데는 나무 하러 산에 갔다가 영문도 모르고 붙잡혀 관아까지 압송되어 모진 고문을 견디지 못하고 억지로 임꺽정이라는 자백을 한 이도 있었다. 이는 실제로 《명종실록》에 기록된 일이다. 공을 세우려는 고을 수령과 토벌군들이 가짜 임꺽정을 잡아 올리는 사건은 이후에도 몇 차례나 되풀이되었다. 당시 조정에서 얼마나 임꺽정을 잡고 싶어했는지 알 수 있는 대목이다. 또 한편으로는 임꺽정을 흉내 낸 모방 범죄도 그만큼 발생한 듯싶다.

갈대밭을 빼앗긴 백성들

임꺽정은 왜 도적이 되었을까? 임꺽정이 도적 활동을 시작한 곳은 황해도 봉산鳳山이다. 황해도 지역은 다른 지역보다 세금이 열배나 많았다고 한다. 자연히 먹고 살기에도 벅찬 양민과 천민들은 갈대밭을 생계 수단으로 삼았다. 봉산 일대는 갯벌 지대라 갈대만 무성하고 농토는 척박했다. 농사가 안 되니 임꺽정과 처지가 비슷한 백성들은 갈대로 울타리도 만들고 빗자루도 만들어 살림에 보탰다. 백정이던 임꺽정 역시 도적이 되기 전에는 갈대로 삿갓이나 그릇 등을 엮어 생계를 유지했다.

그런데 1563년 《명종실록》에 놀라운 기록이 등장한다. 권세가들이

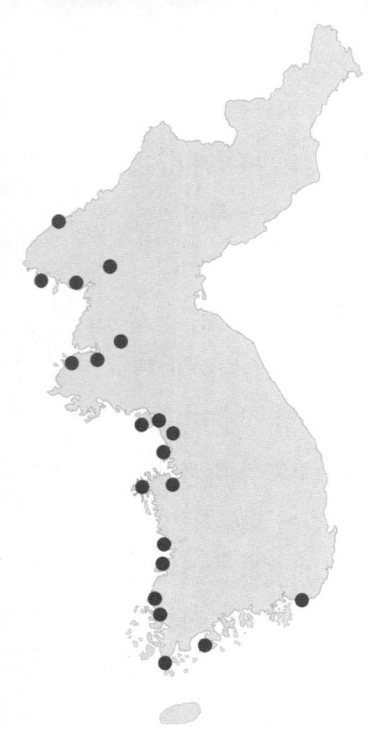

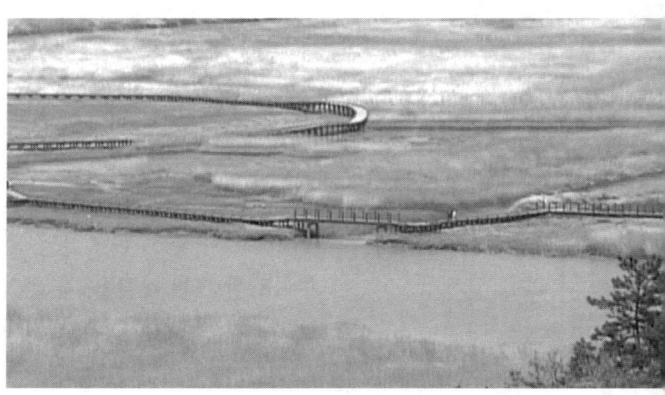

(왼쪽) 조선 시대 간척지 개발 현황. 조선 중기 14세기부터 시작된 간척 열풍은 권세가들의 배만 불려주었다.
(오른쪽) 고흥반도와 여수반도에 둘러싸인 순천만의 갈대밭이 장관을 이룬다. 임꺽정이 살던 시대 황해도 바닷가에도 이런 갈대밭이 있었다. 갈대밭은 토지가 없는 백성에게 생계 밑천이 되어주었다.

갈대밭을 빼앗아 사유지로 만들고 백성들에게 갈대를 팔고 있다는 내용이다. 본인들이 무상으로 갈대를 채취해 갓이나 삿자리(갈대를 엮어서 만든 자리)를 짜서 시장에 내다 파는 데 비해 백성들에게 제값을 주고 갈대를 샀을 때 원가가 훨씬 높았기 때문이었다. 따라서 백성들이 취하는 이익은 전보다 크게 줄었다.

분노한 봉산 백성들이 조정에 상소문을 올렸지만 아무 소용이 없었다. 남지도 않는 장사를 한다고 나서봐야 양반들 배나 불려주는 꼴만 되풀이되었다. 결국 삶터를 빼앗긴 임꺽정은 뜻을 같이하는 사람들과 산으로 들어가 도적이 될 수밖에 없었다. 이에 대한 분노와 공감대가 임꺽정을 중심으로 반反정부 활동이 활발히 일어나는 계기가 되었다.

국가 소유의 공유지이던 갈대밭이 어떻게 사유지로 바뀌었을까? 그 배경에는 조선의 토지 정책 변화가 있다. 인구가 늘어나기 시작한 15세기에 시비법(비료법)과 제초법 등 새로운 농법이 개발되고 수리 시설이 발달하는 등 농업 기술이 눈에 띄게 발전하면서 간척지 개발이 활발하게 이뤄졌다. 그리고 무엇보다 간척에 성공하면 간척지에 대한 소유권을 인정해주기 때문에 권세가들은 앞 다투어 간척지 개발에 나섰다.

특히 16세기, 임꺽정이 살던 시대는 권세가들의 간척지 개발이 가장 활발하던 때다. 14세기 말 경기도에서 시작된 간척지 사업은 삼남三南을 거쳐 16세기 중반에 이르면 평안도와 황해도에서 활발히 이루어진다.

《명종실록》에 따르면 공권력까지 동원해서 황해도 간척을 주도한 사람은 명종의 외삼촌 윤원형(尹元衡, ?~1565)이다. 연안부사 이숙남은 윤원형에게 연줄을 대서 백성들을 강제 징발해 평산과 해주를 잇는 제방을 쌓고 간척해 자기 것으로 취했다.

사실 백성들은 권세가들에게 끌려 다니느라 자신을 위한 간척 사업에 조금도 몸을 빼낼 여유가 없었다. 심지어 양반들은 백성들의 토지를 빼앗는 일도 서슴지 않았다. 간척 사업을 통해 권세가들이 마구잡이로 토지를

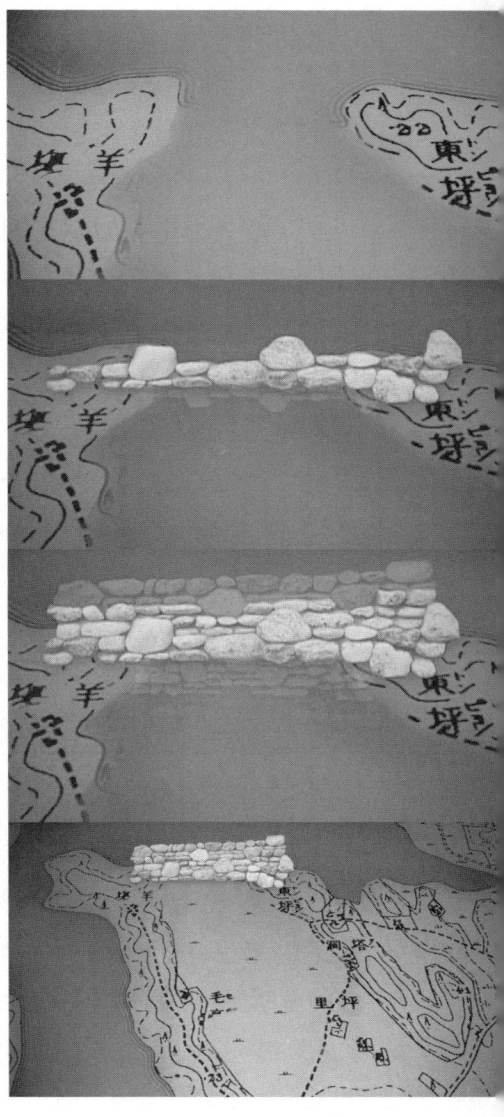

조선 시대 간척지 개발 과정. 갯벌의 흙과 돌을 이용하여 제방을 쌓으면 바다는 농토로 바뀌었다.

확장해 대지주로 성장하는 동안 땅을 빼앗긴 농민들은 먹고살기 위해 지주 밑으로 들어가 소작농으로 전락하고 말았다.

임꺽정의 삶터였던 봉산의 갈대밭도 권세가들이 그렇게 제 것으로 만들었다. 갈대밭은 임꺽정을 도적질로 내몬 빌미이자 16세기 조선 사회가 안고 있던 모순의 상징이었다.

수탈계급의 세 얼굴—양반지주, 문정왕후, 상인

조선 사회와 백성을 나락으로 몰고 간 범인들을 꼽으라 하면 권문세가와 문정왕후, 상인으로 이루어진 수탈계급을 빼놓을 수 없다.

조선 초기에는 농민이 경작하는 모든 토지를 나라에서 관리하는 공전公田 제도로 토지 정책을 운영했다. 그런데 점차 인구가 늘어나자 나라에서는 농토를 넓히려고 개간을 장려한다. 힘깨나 쓰는 양반들이 이 정책을 이용하여 앞 다투어 토지 확장에 나섰다. 우리가 알고 있는 '양반지주'는 바로 이 시기에 생긴 말이다. 땅이란 땅이 대부분 권세가와 일부 양반의 차지가 되면서 양반들은 소작료로 국가에서 받던 토지 이용대가의 다섯 배인 수확물의 절반을 받았다.

양반들 위에서 한술 더 뜬 이들도 있었다. 바로 명종의 어머니 문정왕후文定王后였다. 명종이 왕위에 있지만 모든 실권實權은 대비인 문정왕후에게 있었다. 문정왕후는 열두 살 어린 나이로 보위에 오른 아들 명종 대신 수렴청정이란 명목으로 윤원형과 같은 외척을 거느리며, 20여 년간 척신戚臣 정치를 주도한 절대 권력자였다.

명종 대에 왕실 재정을 관리하고 맡아보던 기관인 내수사內需司의 기능과 권한이 대폭 강화된다. 원래는 5품의 관청인데, 내수사 당상인을 정2품으로 승격해 임금에게 직통으로 보고하는 권한을 주었다. 나아가

경기도 양주의 회암사 터. 《명종실록》은 '붉은 비단으로 깃발을 만들고 황금으로 수레를 꾸몄다' 라고 문정왕후의 호화 불사에 대해 전한다.

형옥刑獄을 설치하고 국가기관에서 다뤄야 할 죄인의 취조와 심문까지 행하는 무소불위의 권력기관이 되었다.

《명종실록》에는 내수사가 백성들의 땅을 빼앗은 사례가 수없이 등장한다. 왕실이 정부를 업고 백성의 피와 땀을 착취한 것이다. 내수사의 땅이 늘어날수록 왕실은 부자가 되었지만 백성들이 세금을 낼 수 없으니 국가 재정은 줄어들고 나라 살림은 엉망진창이 되어갔다.

황해도를 비롯해 바다를 접한 지역에서의 피해는 말로 하기 어려웠다. 《명종실록》8년 기록을 보면, 공주와 왕자의 가문에서 바다의 어전(漁箭, 물고기를 잡는 그물 장치)까지도 모두 등기부를 만들어서 소유권을 주장했다. 심지어 망망대해까지도 마음대로 차지하고는, 어선이 바다에서 돌아오면 항구에서 기다리다가 자기 바다에서 고기를 잡았다고 공갈을 쳐서 탈취했다. 이 때문에 5~6년 전부터 어상漁商이 다니지 못하여 생선과 소금값이 매우 높아져서 성안의 사람들이 생선을 먹지 못했다. 실로 봉이 김선달을 뺨칠 왕족들의 행패였다.

상인들도 국가 재정과 백성을 파탄으로 몰고 가는 데 빠지지 않았다. 백성들이 나라에 공물을 바치는 방납防納 제도를 교묘히 이용해 폭리를

조선 중기 권세가와 양반지주가 얼마나 호화로운 생활을 했는지 '부의 상징' 이라 할 쌍가마가 유행했다.

취했다. 본래 공물은 고을 수령이 거둬들여 나라에 바쳤다. 그런데 권세가를 등에 업은 상인들이 수령 대신 일을 했다. 먼저 공물을 조정에 납품한 다음, 백성들에게 그 값을 수백 배로 부풀려 챙겼다. 평안도 상인의 경우, 담비가죽 한 장을 대신 납부하는 대가로 면포 600필正을 받아 시가의 열 배가 넘는 폭리를 취하고 있었다.

양반지주와 상인, 내수사 때문에 명종 때는 20년 전 26만 석이던 토지세 수입이 10만 석으로 급감했다. 관리들의 녹봉祿俸조차 제대로 지급하지 못하는 만성 적자赤字 상황이었다. 특히 흉년이나 수해 등의 재해 상황에서는 관료들에게 녹봉을 못 주는 상황이 비일비재하였다. 녹을 받지 못한 관리들은 자연히 자신의 권력을 이용해서 방납 제도를 통한 수탈 구조에 빠져들었다. 이렇게 유출된 국가의 재산은 권세가와 지주들의 사치 생활에 쓰였다. 최고급 중국 비단이 대량으로 수입되고 2품 이상의

담비가죽 옷은 상인들이 방납 제도를 악용해 백성들로부터 폭리를 취한 사례다.

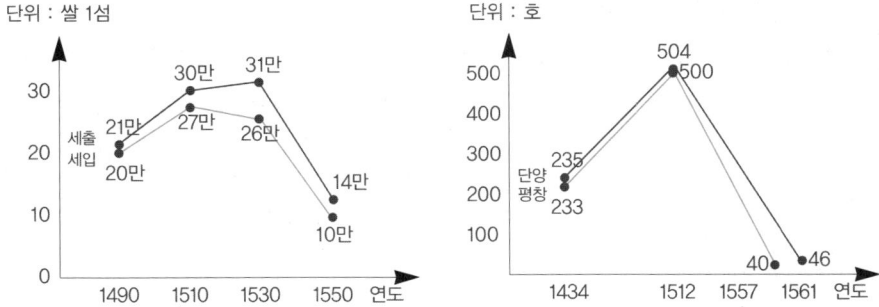

16세기 조선의 국가 경상비 수입 · 지출 변동 추이(왼쪽)와 단양 · 평창의 인구변화(오른쪽). 파탄에 이른 국가 재정과 농민들의 유랑으로 인한 인구 변화를 한눈에 알 수 있다.

관리에게만 허락된 쌍가마가 유행 상품이 되었다.

왕실도 호화 불사佛事를 일삼았다. 문정왕후가 대대적인 중창重創을 벌였던 경기도 양주 회암사의 불사에 들어간 자금은 내수사에서 백성들의 땅을 빼앗으며 비정상적인 방법으로 축적한 백성들의 피와 땀이었다.

모든 것을 빼앗긴 백성들은 굶어죽지 않으려고 자진해서 내수사의 노비로 들어가기도 하고, 유랑민으로 떠돌다 산으로 들어가 도적이 되기도 했다.

총체적 국가 위기였다. 명종 집권 중반에 이르면 이미 국가 운영 기능이 마비되었다고 생각해도 좋을 정도로 상황이 악화되었다. 그 단적인 사례가 평창과 단양에서 나타난 농민층의 몰락이다. 단양과 평창을 대상으로 한 호구戶口 조사 기록을 보면, 500여 호까지 늘어났던 인구가 1561년 임꺽정이 살던 시대에 이르면, 40여 호로 급격히 줄어들었다. 유민화가 소극적 현상이라면 임꺽정의 난과 같은 대규모의 농민 반란으로 나타난 적극적 저항도 있었다. 그럼에도 국가는 이런 상황에 대처할 능력이 거의 없었다. '나라가 무너져간다, 망한다' 라는 이야기가 곳곳에서 나왔다.

《명종실록》에 실린 대규모 도적 사건만 해도 40여 건으로 한성에서 용인을 거쳐 경상도까지 전국 규모로 확산되었다. 당시 상황을 잘 보여주는 상소문이 있다. 1560년 5월 함경도 관찰사 정응두의 장계狀啓다.

"빈궁한 백성들은 나물을 캐 먹고 있으나 그래도 먹고살 수가 없어서 약한 자는 몰래 도둑질을 하고, 강한 자는 살인을 저지르나이다. 밥을 가지고 가는 사람을 보고 목을 졸라 죽이고 뺏아먹은 자까지 있나이다."
—《명종실록》26권, 명종 15년 5월 27일.

《명종실록》에는 한성의 장통방長通坊에 출현한 임꺽정이 추격하던 관군과 격투를 벌이던 끝에 관군 장교를 살해하고 도주했다는 기록이 나온다. 임꺽정은 왜 한성까지 출현했을까. 임꺽정의 모습이 관군에게 포착된 장통방은 청계천 장통교長通橋 부근이다. 장통교는 현재 서울 종로구 관철동과 중구 장교동을 이어주는 다리다. 장통방 일대는 주로 궁궐, 관아, 도성 백성들에게 생활 필수품을 조달하는 육의전(六矣廛, 태종 때 설치)으로 유명한 시전市廛 거리가 크게 발달되었던 곳이다. 당시 장통방은 한성에 들어오는 물건을 모두 볼 수 있는 곳이라는 말이 있을 정도로 최대 상업중심지였다. 이곳에서는 여러 가지 곡물이나 비단, 포목, 머리에 쓰는 관자, 철물, 신발, 비파琵琶까지 다양한 물품들이 거래되는 장시場市가 열렸다.

그러고 보면 물건을 사고파는 사람들로 붐비는 장통방은 임꺽정이 장물을 손쉽게 처분할 수 있는 장소인 셈이다. 장시는 도적들에게 중요한 경제적 기반이었다. 그런데 장시는 임꺽정에게만 중요한 공간은 아니었다. 권세가와 지주들에게도 더 큰 이익을 창출해주는 공간으로 이용되었다. 이에 조정에서는 장시를 금지하자는 논의가 제기되기도 했다.

조선 소작농의 1년 살림

기록을 토대로 조선 시대 한 소작농의 1년 가계부를 살펴보았다. 50마지기를 경작하는 한 소작농은 한 해 농사를 지어 50석의 곡식을 수확했다. 한 석은 벼 두 가마니다.

섬이란 농촌에서 오래전부터 사용해오던 척관법尺貫法에 따른 것으로 한 섬은 열 말, 즉 100되다. 가마니의 무게는 벼로 할지 쌀로 할지에 따라 그 무게가 달라진다. 껍질을

소작료 25석	전세 7석
	부세 8석
	종자용 5석
	5석

조선 시대 소작농의 1년 가계부.

벗기지 않은 벼를 방앗간에서 도정搗精하면 72퍼센트 정도로 무게가 줄어든다. 그래서 벼 한 가마니는 100킬로그램으로 계산하고 쌀 한 가마니는 80킬로그램으로 계산하는 것이다. 그러니 한 석은 벼 200킬로그램, 쌀로 따지면 144킬로그램이 된다. '천석千石꾼', '만석萬石꾼'이라는 말은 추수 때 천 석, 만 석의 쌀을 거둬들이는 부자라는 뜻으로 천석꾼만 되어도 1년에 벼 20만 킬로그램을 수확하는 부자였다.

그런데 50마지기를 생산하는 이 소작농은 1년에 겨우 50석, 즉 10톤 정도의 쌀을 생산해서 소작료로 25석, 5톤을 내면 수확량의 절반이 달아난다. 그리고 또 국가에 일곱 석을 세금으로 내야 한다. 빌려 쓴 환곡과 생필품을 구입하는 데 또 여덟 석을 써야 한다. 또 다음해 농사지을 종자로 다섯 석을 남겨두고 나니, 한해 식량으로 돌아가는 곡식은 겨우 다섯 석뿐이었다. 다섯 석을 쌀로 찧으면 그나마 72퍼센트만 남는다. 농민 가족 다섯 명이 1년 동안 먹고살려면 필요한 식량이 17석이었다고 하니 결국은 1년 농사를 지어봐야 12석이나 모자라는 셈이었다. 양반지주들은 이러한 농민들의 처지를 이용하여 곡식을 빌려주고 비싼 이자를 받아 재산을 늘려갔다.

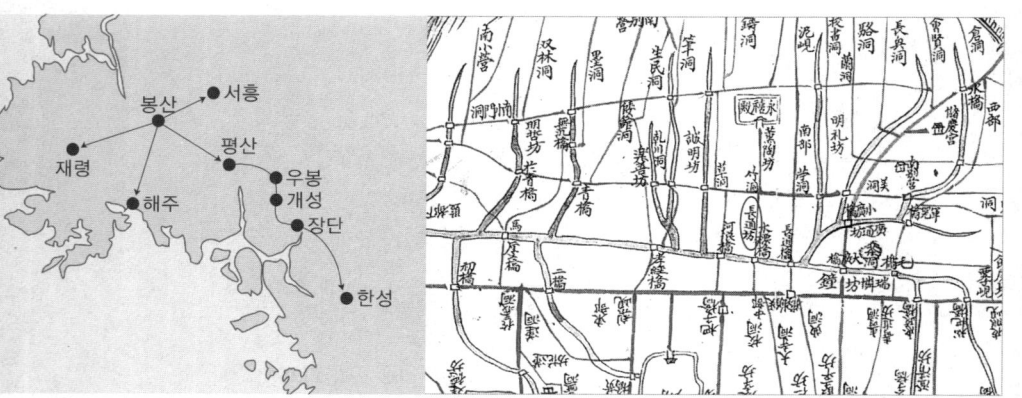

(왼쪽) 임꺽정 부대의 활동은 당시 상품 유통 경제와 밀접한 관련을 가지고 전개되었다. 특히 한성의 장시는 임꺽정 조직원들의 집회나 연락의 장소이자 장물을 처리하는 장소로 적극적으로 활용되었다. (오른쪽) 한성의 장통방은 청계천 장통교 부근이다. 장통교는 청계천을 복개할 때 없어졌다가 2005년 청계천복원으로 새로 건설되었다.

"백성들이 장사에만 치중하고 도적들이 번성하니 장시를 금하면 도적을 없앨 수 있사옵니다"라는 장시 반대론과 "흉년이 들었으니 장시를 금하면 백성이 괴롭사옵니다"라는 옹호론이 부딪혔다. 하지만 장시를 중심으로 하는 유통 경제의 발달은 돌이킬 수 없는 흐름이었고, 장시는 양반 권세가들에게도 꼭 필요한 공간이었다.

임꺽정이 출몰하던 명종 대에 쌀값이 갑자기 폭등했다. 성종 때 면포 다섯 필에 거래하던 쌀 한 섬이 조금씩 오르더니 급기야 명종 때는 면포 300필로 폭등했다. 쌀값이 폭등한 이유 역시 《명종실록》에 나와있다. 상인들이 한성으로 들어오는 곡물 운송선을 가로막고 모두 사들여 매점매석을 해서 공급을 차단시키고 쌀값을 폭등시킨 뒤 엄청난 폭리를 취했기 때문이다.

하지만 단속은 이뤄지지 않았다. 쌀값을 울려 얻은 이익의 상당 부분이 권세가들의 주머니로 들어갔기 때문이다. 이처럼 권세가들과 결탁한 일부 상인들이 한성의 유통 경제를 장악했다. 양반 권세가들이 상인과 결탁하고 도적 역시 상인과 결탁하여 서로 등을 치고 있었으니 장시는 힘없는 일반 백성만 갈수록 손해를 보는 공간이 되고 말았다.

임꺽정 역시 이런 장시를 적극 이용해 황해도에서 약탈한 재물을 개성 장시에 내다 파는 방법으로 관군을 따돌리고 군사를 움직일 자금을 확보했다. 《명종실록》에 등장하는 임꺽정의 주요 활동무대를 보면 주로 황해도에서 한성으로 이어지는 16세기 상업의 거점지역임을 알 수 있다.

"나는 조선의 로빈 후드"

부정한 방법으로 모은 부자들의 재산을 훔치고, 부패한 관리들의 재산을 빼앗아 가난한 사람들에게 나눠주는 도적. 우리는 이런 도적을 의적이라 부른다. 영국 셔우드Sherwood 숲에 로빈 후드Robin Hood가 있다면 한반도 청석골에 임꺽정이 있었다.

로빈 후드는 중세 영국을 무대로 활동한 전설적인 의적이다. 문학작품으로 전승되는 로빈 후드의 활약을 보면, 백성을 괴롭히는 봉건 지배층과 맞서 싸워서 빼앗긴 재산과 짓밟힌 정의를 백성들에게 되돌려준 영웅으로 추앙받았다. 조선 전기를 대표하는 임꺽정 역시 우리에게는 로빈 후드와 같은 의적으로 알려져왔다.

《임꺽정》은 벽초 홍명희의 대작으로, 장대한 분량의 역사소설이다. 이 소설에 나오는 주인공 임꺽정과 그의 수하들은 탐관오리를 징벌하고, 양민의 재산을 수탈하는 양반이나 관료의 보물과 양식, 봉물짐 등을 빼앗아 백성에게 나눠주는 의적의 전형으로 묘사되었다.

그렇다면 소설이나 드라마 밖의 임꺽정, 역사가 전하는 그의 실제 모습은 어떠했을까? 임꺽정은 과연 의적이었을까? 로빈 후드와 임꺽정. 그들이 우연찮게 저승에서 만난다면 이런 대화를 나누지 않을까?

로빈 후드 (있는 대로 점잔을 빼며) 임꺽정. 조선 사람들이 당신을 의적이
라 한다는데 내가 보기에는 당신을 의적이라고 부르기에는 뭔
가 부족한 것 같소.

임꺽정 왜 갑자기 남의 나라 역사에 뛰어 들어 감 놔라 배 놔라 하고
난리요? 내 자랑 같아서 말하긴 뭣하지만 백성들이 다 나를 의
적이라고 하는데 어째서 당신이 아니라는 게요? (분통을 터뜨
리며 눈알을 부라린다.)

로빈 후드 진정 의적이란 백성과 나라에 대한 우국충정이 있어야 하는
게요. 적어도 의적 활동 때문에 백성이 피해를 입고 억울한 죽
음을 당해서는 안 되는 것이고 정당치 못하게 획득한 왕권이
나 지배권에 도전하는 명분이 있어야 의적이라 할 수 있단 말
이오. 당신네 왕은 부정한 방법으로 왕이 된 것도 아니잖소?
그걸 엎으려 하면 그야 역모 세력이지 의적이라고 할 수는 없
지 않소? 또 당신은 처음부터 의적을 표방하고 나선 것도 아니
고 목숨을 연명하기 위해 도적질을 시작하지 않았소? 그러다
가 의적 흉내를 낸 것 아니겠소?

임꺽정 (분을 참지 못하고) 거 무슨 남을 참소讒訴하는 해코지요? 그런
명예훼손을 하다니……. 영길리국(英吉利國, 잉글랜드의 한자 이
름)은 신사의 나라라던데 당신이 말하는 걸 들어보면 전혀 아
니로군. 내 알기로는 당신도 그렇게 의롭지만은 않았다던데,
무지한 백성들이 당신을 무턱대고 추앙하는 거 아니오?

로빈 후드 글쎄… 그건 역사가 말하는 거요. 나에 대해서는 워낙 여러 기
록이 있다 보니 이런저런 말이 많긴 하지만 대부분 내가 의적

하층 귀족이었던 로빈 후드는 스스로 수탈된 민중의 본거지인 셔우드 숲으로 들어감으로써 민중을 대표하는 의적이 되었다.

이었다는 데 의견이 일치하오. 하지만 당신은 정부 공식자료나 민간 사료에서 그냥 도적에 불과하다고 기록하고 있지 않소? 당신을 의적으로 만든 건 홍명희라는 작가의 상상력이란 말이오.

임꺽정   허구 좋아하네. 내가 살던 황해도를 당신이 가보지 않아서 그런 망발妄發을 쏟아놓는 게요. 백성들의 참담하고 억울한 삶을 보았다면 결코 당신은 내 앞에서 그런 입바른 소리를 할 수 없을 것이오. (짙게 팬 주름 위로 눈물이 주르륵 흘러내린다.) 그래! 한편으로 당신 말이 맞소. 그러나 그건 우리처럼 천한 백성들에겐 마지막 몸부림이었소. 이래도 죽고 저래도 죽을 바에야 '꿈틀'이라도 하고 보자. 그런 절박한 마음이었소. 물러설 곳이 없기에 열악한 병력과 군비軍備로 정부군을 몇 번이나 이겨냈고, 그 와중에 못살고 굶주리던 백성들에게 얼마간이나마 식량이나 보물을 나눠줄 수 있었소. 누가 우리에게 돌을 던지겠소?

로빈 후드   하지만 《조선왕조실록》이나 《기재잡기奇齋雜記》 같은 기록을 보면 당신들은 양민도 엄청나게 죽였고 백성들의 피해도 많았소. 전쟁 중이니까 어쩔 수는 없다 해도 의적이라면 마땅히 백성부터 보호해야 하지 않소? 내가 알기로는 당신네 도적들 가운데 홍길동이란 분은 진짜 의적이었다고 하던데…….

임꺽정   홍길동도 의적이지만 거의 꾸며낸 영웅이오. 그에 비하면 나는 실존 인물이오. 당신이 좋아하는 그 정부기록이란 것을 과연 얼마나 믿을 수 있겠소? 역사는 승자들, 권력자들의 기록일 뿐이라 나에 대해선 죄다 나쁜 소리밖에 써댈 게 더 있겠소. (한숨을 쉬며) 일부 백성들이 피해를 본 건 사실이오. 그러나 우리는 힘겨운 전쟁 중이었소. 역사는 승자 편에서 기록되기 마련이오. 내가 철저하게 도적으로 몰린 건 왕이나 정부 관료들이 나를 도적으로 몰지 않으면 자신들의 수탈과 부정이 드러날까 염려하여 입막음을 한 탓이오. 우리가 정권을 바꿀 정도로 힘이 있었다면 우리에 대한 평가는 180도 달려졌을 것이오. 당신은 정말 백성들 편만 들고 다녔소? 정말 의적답게만 살아왔다고 하늘을 두고 맹세할 수 있소? 셔우드 숲에서 억울하게 해를 입은 양민이 없었다고 정말 확언하오?

로빈 후드   (머뭇거리며) 그, 그거야… 100퍼센트 장담이야 못하지. 전쟁이란 그런 거니까. 그래도 백성들이 마음으로 나를 따른 건 사실이오. 하긴 당신도 그랬다고 하더군. 일반 백성들이야 자기들을 괴롭히는 왕족이나 권세가들을 혼내주기만 해도 좋아하

기 마련이니까. 그런 면에서 우리 두 사람은 정부를 상당히 골
탕 먹였지, 아마? 하하하, 그런 면에선 비슷한 점이 많은 것 같
소. 괜한 입씨름을 했구려.

탐관오리를 응징하는 이, 영웅이 되리라

그동안 우리가 만나온 의적 임꺽정의 모습은 벽초 홍명희가 그린 역사소
설을 통해 본 것이다. 홍명희는 3·1운동으로 투옥되었다 풀려난 뒤, 역
사소설《임꺽정》을 구상했다고 한다. 한 일간지에 연재되기 시작한 홍명
희의《임꺽정》은 식민지 백성들에게 새로운 희망을 제시했다.

임꺽정은 일제강점기 식민지의 슬픈 독자들이 가진 염원과 대리만족
이 가슴에서 가슴으로 전해지며 자연스레 분출된 의적 이미지가 상징적
으로 부여된 인물이었다. 이렇게 볼 때 임꺽정은 일제에 항거하기를 바
라는 홍명희의 작가적 저항심이 작품 속에 반영된 것으로 실존했던 역사
인물 임꺽정이 의적이었다고 확증하기는 어렵다.

특히 임꺽정을 의적이 아니라고 주장하는 근거는 그가 지극히 감정
을 앞세운 원수 갚기와 개인적인 욕망에 집착했다는 점이다. 구체적으로
살펴보면 첫째, 소설과 달리《명종실록》에서는 그가 의적이었다는 흔적
을 어디에서도 찾을 수가 없다. 권세가들에 의한 수탈에 대한 보복의 성
격도 있었지만 백성들을 걱정하는 의미에서 정권에 도전한 것은 아니었
다. 임꺽정을 공격한 수령을 처단하거나 붙잡힌 부하들을 구출하는 것
이 주된 목표였다. 임꺽정은 전형적인 도적이었다.《명종실록》곳곳에
백성을 약탈하고 관청을 습격한 내용이 남아있다.

둘째, 홍명희의 소설에 나오는 부분도 의적이라고 단정하기 어렵다.
부하들을 산채에 버려두고 한성에 머물면서 기생과 정을 맺는다거나 첩

을 두고 향락을 누리는 장면은 소설 속이지만 의적으로 비치지 않는다. 개인의 치부致富를 앞세운 도적일 수밖에 없음을 작가 홍명희도 작품 속에서 냉철하게 그려냈다.

셋째, 홍명희의 작품에는 홍길동이나 전우치 같은 의적에게 보내준 백성들의 환호와 갈채, 구제와 도움의 손길 같은 내용이 별로 보이지 않는다. 오히려 어떤 부분에서는 백성을 무자비하게 공격하는 장면도 나타난다.

사실 역사 기록만으로 보면 임꺽정은 도적이었다. 당시 관가의 여러 재산을 약탈한다든가, 일부 민가까지도 침입을 했고 또 많은 살상 행위까지 했기 때문이다. 하지만 관이라든가 척신은 당시에 누구라도 그렇게 저항해보고 싶었던 모순의 대상이었다. 어떤 측면에서 보면 임꺽정은 당시 농민들의 바람을 시원하게 해소해주었기 때문에 실제로 도적임에도 일부 백성들에게는 상당한 동경과 선망의 대상이 되었다.

박동량朴東亮의 《기재잡기》는 경기에서 해서(황해도) 지역에 이르는 백성들이 도적패와 가까워서 관에서 체포하려 해도 먼저 알아차렸다고 기록하고 있다. 백성들은 임꺽정이 도적이든 의적이든 간에 자신들을 괴롭히는 탐관오리들을 대신 공격해준다는 사실만으로도 감사한 형편이었던 듯싶다.

3년의 쫓고 쫓기는 추격 속에서도 조정의 권력자들과 맞서 싸우던 임꺽정. 정부군의 조직적이고 철저한 압박에 밀려 드디어 수세에 몰리기 시작했다. 1562년 남치근이 이끄는 토벌군은 임꺽정의 산채를 포위해 들어갔다. 치열한 공방과 몇 번에 걸친 승리에도 불구하고 탈출로는 결국 봉쇄되었고 더 이상 달아날 곳이 없었던 임꺽정은 체포되고 만다. 혹시 있을지 모를 구출 시도를 염려해 임꺽정은 15일 만에 급하게 처형되었다. 하지만 백성들의 마음속에서 임꺽정은 죽지 않았다.

미완의 명작을 남긴 벽초

우리 근대 소설사에 한 획을 그은 《임꺽정》은 벽초 홍명희가 41세 되던 1928년 11월 21일부터 《조선일보》에 연재한 대하 역사소설이다. 이 연재소설은 우여곡절을 꽤 겪고 나서야 독자들에게 다가올 수 있었다. 홍명희는 신간회 부회장으로 1929년의 광주학생운동에 대한 민중대회 개최 사건으로 구속되면서 12월 26일로 연재를 중단했다가, 1932년 12월 1일자로 연재를 재개하였고 1935년 2월 24일에 '화적편 청석골' 장을 마지막으로 발표했다.

홍명희는 1888년 충북 괴산읍 인산리에서 사형제의 맏이로 태어났다. 부친 홍범식은 금산군수로 있다가 한일병합의 비보를 듣고 자결한 순국열사였다. 홍명희는 명성황후의 일족인 민영만의 딸과 결혼하여 가문을 이었다. 어려서는 한학을 배웠고, 14세에 상경한 뒤 중교의숙에서 학업을 쌓았다. 18세에 도쿄로 유학을 떠나 정치보다는 문학에 관심을 쏟았고, 특히 러시아 문학에 관심을 가져 도스토예프스키의 작품을 탐닉했다. 그 시절 이광수, 최남선, 문일평 등과 교분를 맺었고 잡지 《소년》에 원고를 싣는 등 활발한 문학 활동을 펼쳤다. 그는 사회 구조를 이분법으로 보았다. 수탈당하는 조선 백성과 일제 식민자를 대립 구조로 설정하여 소설을 썼다.

부친상을 마친 홍명희는 상해로 가 6년간 독립운동을 벌였고 귀국 후에는 3·1운동과 때를 맞추어 괴산에서 독립만세 시위를 주도하다가 1년 6개월의 옥고를 치렀다. 1945년 8·15 광복과 함께 좌익 문학단체인 조선문학가동맹의 위원장으로 추대된 홍명희는 1947년에는 민족독립당을 창당, 1948년 4월 10일 평양에서 개최된 남북연석회의에 참가하였다가 그곳에 남았다. 이후 북한의 부수상과 조국평화통일위원회 위원장, 북한 체육회장 등을 지내다가 1968년 3월 5일 81세를 일기로 세상을 떠났다.

지배층의 수탈에 맞서 저항한 희망의 상징으로 살아오고 있었다. 부정과 부패를 막을 수 있는 사회 시스템이 작동하지 않을 때, 순박한 백성들이 어떻게 바뀔 수 있는지, 온몸으로 보여주고 깨우쳐준 인물이 바로 임꺽정이다.

03 16만 왜군에
온 나라가 맞서다

전쟁광 도요토미의 야심으로 한반도는 전화戰火에 휩싸인다.
그러나 조선의 '잇키'들이 전세를 역전시킨다.
계속되는 잔혹한 전쟁의 제2라운드, 정유재란.
일본인 승려 게이넨은 증언한다.
"조선의 산도 들도 모두 불타고 있었다."

징조, 번개가 잦으면 천둥이 친다

조짐 1

명종 2년(1547년) 9월 18일, 늦가을 을씨년스러운 찬바람이 불던 날, 양재역良才驛 부근에 백성들이 잔뜩 모여 심란한 얼굴로 무언가를 들여다보고 있었다. 부제학 정언각(鄭彦慤, 1478~1556)이 전라도 시집으로 돌아가는 딸을 배웅하러 양재역에 이르렀다가 이 장면을 목격, 같이 있던 선전관 이로李櫓와 함께 들여다보다가 기겁을 했다. 거기에는 붉은 글씨로 쓴 대자보 한 장이 붙어있었다.

> 임금 위에 여자 주인이 정권을 잡고 있고 아래에서는 간신배들이 권력을 농단하니 이는 나라가 망하기를 서서 기다리는 격이다.
> 중추월 보름달.

1590년 조선 조정은 일본에 통신사를 파견한다. 정사 황윤길은 일본이 침략할 것이라 하였으나 당시 집권당이었던 동인東人의 부사 김성일은 상반된 보고를 올렸다. 조정은 서인西人인 황윤길의 보고를 묵살하였다가 2년 뒤 임진왜란이 일어나자 몹시 후회하였다.

조짐 2

1555년 명종 10년 5월 11일, 왜구 수천 명이 선박 70여 척에 나누어 타고 전라남도 해남의 달량포 해안을 침략했다. 거침없이 해변에 상륙한 왜군은 절도사節度使와 장흥부사를 살해하고 영암군수를 사로잡는 등 만행을 부리다가 관군의 대규모 토벌에 패퇴했다. 이 국지전은 왜군에게는 실전 경험을 쌓고 조선의 준비 상태를 점검하는 탐색전이었고, 조선에게는 별다른 교훈 없이 '네 탓 내 탓' 하느라 다시 허송세월하게 만든 소모전이었다. 이 일을 두고 사관이 《명종실록》에 기록하였다.

조정 신료들이 오직 권세 있는 자에게 아부하여 좋은 벼슬에 올라가고, 뇌물로 명예를 차지하는 짓을 하여 자기 한몸을 위한 일만 할 뿐 국가의 일에 대해서는 소 닭 보듯 하였다. 장수나 재상들은 직무에는 태만하고, 항시 은혜는 갚고 원한은 보복하는 짓만 하다가 변방에 한번 풍진風塵이라도 일어나면 당황하여 어찌할 줄을 몰랐다. 내부에는 미리 준비하여 방어할 계책이 없고 외부에는 공격하여 싸울 만한 준

일본을 통일한 도요토미 히데요시(왼쪽)는 중국 대륙 침략의 야망을 불태웠다. 불과 6개월 만에 20만 명이 거주할 수 있는 나고야 성(오른쪽)을 쌓고 조선 침공에 사용할 대형 선박을 제작하고 훈련을 실시하는 등 전쟁 준비에 몰두했다.

> 비가 없으므로, 도적의 칼날이 향하는 곳마다 꺾이지 않는 데가 없어 무인지경無人之境에 처들어오듯 하였으니 통탄스러운 마음을 견딜 수 있겠는가?
> ─《명종실록》 18권, 명종 10년 5월 16일.

운증초윤雲蒸礎潤. '구름이 모여 비가 오려니 먼저 집 기둥이 습해진다'는 뜻이다. 16세기 조선 조정은 100년 내내 천둥이 울고 번개가 내리쳤음에도 당파와 이데올로기 싸움으로 허송세월을 보냈다. 나라가 나라 꼴이 아닌 상태로 백년 세월이 흐르다가 급기야 '폭우'를 맞고 말았다.

1592년 4월, 16만 왜군이 조선을 전격 침공했다. 400여 년 전, 동아시아 삼국을 뒤흔든 임진왜란 7년 전쟁의 시작이었다. 당시 조선의 정예군은 고작 8000명, 16만 대군에 맞선 조선군은 패전을 거듭했다. 일찍이 예견된 무방비 상태의 전란이었다. 말 그대로 '눈 감고' 고스란히 당한 인재지변이었다.

왜군은 조선의 병사들은 물론이고 아직 보리 추수도 못한 농민들까지 사정없이 살상했다. 닥치는 대로 불태우고 보이는 대로 죽였다. 이렇게

왜군의 진격로. 파죽지세로 북상한 왜군은 정확히 20일
만에 조선의 수도인 한성을 수중에 넣었다.

5월 2일 한강 방어진

4월 28일 충주
4월 25일 상주

4월 15일 동래
4월 14일 부산

무기력하게 당한 전쟁에서 나라를 걱정하
고 백성을 염려하던 뜻있는 이들이 분연
히 떨치고 일어선 것이 조선의 유일한
희망이자 위안이었다. 이들을 중심으로
일어선 8000명의 군대는 16만 대군과 맞
서 계란으로 바위를 치는 승산 없는 전쟁을 시작했다.

파죽지세, 전국이 유린당하다

전 국토가 유린당하고 국가 총 생산량의 70퍼센트가 궤멸 상태에 빠졌으
며, 인구가 급감하고 중요 문서와 문화재가 소실돼 총체적인 국가 위기
상태에 빠진 사건. 이렇듯 임진왜란은 우리 역사상 가장 충격스럽고 참
혹한 일로 기록되고 있다. 1592년 4월 13일, 도요토미 히데요시(豊臣秀吉,
1536~1598)의 명을 받은 16만 대군이 부산포釜山浦로 쳐들어오면서 전쟁
은 시작되었다. 부산포를 지키던 첨사 정발(鄭撥, 1553~1592)과 800여 군
사는 밤새 분전하였지만 살아남지 못하고 모두 전사했다. 성안으로 들어
온 왜군은 남은 백성들을 칼과 창으로 찌르고 조총으로 쏴 죽이는 등 무
차별 살육을 자행했다.

개전 다음날인 4월 14일과 15일, 연이어 부산진과 동래성을 격파한
왜군은 그야말로 파죽지세로 서울을 향해 북상했다. 4월 25일에 상주성
尙州城, 이틀 뒤 문경새재를 돌파한 왜군은 4월 28일 충주 탄금대에서 배
수진을 치고 나선 신립(申砬, 1546~1592) 장군의 조선군을 격파하고 5월

2일에는 한강 방어선마저 무너뜨린다. 다음날인 5월 3일, 정확하게 개전 20일 만에 왜군은 수도 한성을 수중에 넣었다. 조선군은 변변한 저항조차 못하고 도성을 빼앗겼다. 도성을 버려두고 나왔다는 말이 더 정확하다. 어찌 할 바를 모르던 남은 백성들은 왜군의 칼날 아래 억울한 죽음을 맞았다.

조선에도 분명히 군대가 있었고 군 지휘체계가 있었는데 어째서 전쟁 초기에 이리도 형편없이 무너졌을까? 경상북도 상주의 북천北川은 임진왜란 개전 후 서울에서 내려온 조선의 중앙병력이 처음으로 왜군과 전투를 치른 곳이다. 상주를 막아선 조선의 장수는 변경을 지키던 순변사 巡邊使 이일(李鎰, 1538~1601). 그러나 이일은 군사를 모으지 못해 명을 받은 지 사흘 만에 고작 60여 명의 병사를 이끌고 한성을 출발, 상주로 내려갔다. 조선군의 초기 대응 수준이 이 모양이었으니 응전은 꿈도 꾸지 못했다. 상주의 상황도 마찬가지로 훈련된 군사는 없었다. 이일 앞에 소집된 약 800여 명의 농민군은 무기는 써본 적도 없고 곡괭이와 낫자루를 들고 모인 오합지졸이었다. 중앙에서 파견된 장수가 치른 첫 전투는 참패로 끝이 났다. 전투라고 할 수도 없었다. 군사들은 흩어지고 이일은 홀로 퇴각했다.

당시 조선의 군사들은 어디에 있었을까? 왜군의 공격 소식을 접하자 경상도 지역의 군사들은 미리 약속된 지점인 대구로 모여들어 중앙에서

〈동래부순절도東萊府殉節圖〉. 1592년 4월 15일 임진왜란 발발 당시 동래성에서 왜군의 침략에 대응하다 순절한 부사 송상현과 군민들의 항전 내용을 묘사했다.
성곽 아래쪽으로는 왜군과 죽음의 결전을 벌이는 장면이 있고, 성곽 안쪽 중심에는 붉은 조복을 입고 임금이 있는 북쪽을 향해 앉아있는 송상현의 순절 장면(①)이 그려져 북문 밖으로는 성을 버리고 달아나는 경상좌변사 이각李珏의 무리들과 대비된다. 아래쪽에 보이는 깃발을 보면 일본 측에는 '가아도假我道'(②), 즉 우리에게 길을 빌려달라고 적혀있다. 이에 대한 조선의 대답은 '가도난假道難'(③), 즉 죽을 수는 있어도 길을 비켜줄 수 없다는 단호한 태도다.

망국의 악사 우륵이 가야금을 타던 탄금대에는 8000명의 군사와 함께 배수진으로 필사의 항전을 펼치다 끝내 패전하고 강물에 몸을 던진 신립 장군의 슬픈 사연 또한 서려있다.

내려올 지휘관을 기다리고 있었지만 지휘관이 늦어지자 뿔뿔이 흩어지고 말았다.

임진왜란 당시 조선군 전력은 얼마나 되었을까? 서애 유성룡(西厓 柳成龍, 1542~1607)이 임진왜란이 한창이던 1594년 왕에게 올린 군사에 관한 상소에는 당시의 병력에 대한 기록이 남아있다. 이 기록에 따르면 당시 조선군 총 병력은 14만 5000여 명, 이 가운데 갑사(甲士, 서울과 중부 지방의 수비를 맡은 부대), 정로위(定虜衛, 북방 국경 지대에 두었던 군대), 별시위(別侍衛, 장교 부대) 등 정예병은 2만 3000여 명이었으나 병참 지원하는 사람과 칼자루도 잡을 줄 모르는 사람을 빼고 나니 전투원은 약 8000여 명뿐이었다.

상주에서 이일 부대를 격파한 왜군은 곧장 문경새재를 넘었다. 조선 조정에서는 신립을 출전시켰다. 신립은 탄금대에서 남한강을 등지고 배수진背水陣으로 대항했다. 그러나 그 역시 패배하고 스스로 강물에 몸을 던져 순국했다. 신립의 패전 또한 전투 병력을 모으지 못한 것에서 비롯되었다. 신립 같은 노회한 장군이 어째서 배수진이라는 위험한 전법을 택했을까? 급조한 군대로서는 도저히 승승장구 밀고 올라오는 왜군을 막을 수 없다고 판단했기 때문이다. 그러나 북방 여진족을 상대로 숱한 전공을 거둔 조선 최고의 명장 신립의 기마병과 최후의 보루였던 배수진도 왜군의 조총 앞에서는 속수무책이었다.

내 나라는 내가 지킨다

바람 앞의 촛불 같았던 조선을 구한 영웅은 뜻밖에도 민초들이었다. 그들은 이 전쟁의 가장 큰 피해자였던 백성들 자신이다. 1592년 8월 한성에서 이와 관련한 왜장들의 비상회의가 열렸다.

```
┌─────────────────┐
│   전체 병력     │
│   145,620명     │
└────────┬────────┘
         │
┌────────┴────────┐
│     정예군      │
│ 정로위·갑사·별시위 │
│   23,620명      │
└────────┬────────┘
    ┌────┴────┐
┌───┴───┐ ┌──┴────┐
│ 군사  │ │ 보인  │
│7,920명│ │15,700명│
└───────┘ └───────┘
```

임진왜란 당시 조선군의 병력 상황. 보인은 군에 직접 복무하지 않는 사람으로 실제 전투병은 8000명이 채 되지 않았다.

장수1 (탁자에 서류를 펼치며) 도대체 이게 어찌된 일이오? 조선의 잇키(一揆, 원래는 '마음을 합하다'는 뜻으로, 농민들의 봉기를 지칭하며 의병을 의미함)들이 세력을 넓히고 있다니, 그들이 도대체 누구란 말이오?

장수2 그들의 병력이 얼마나 되는지, 장수는 누군지, 본거지는 어딘지, 알려진 것이 하나도 없습니다.

장수3 바람처럼 나타나서 우리 보급부대를 공격해대니 그 피해가 만만치 않습니다.

장수2 남쪽인 적국(충청도)과 백국(전라도)에서 특히 심하다고 합니다.

장수3 잇키들을 이대로 방치했다가는 부산포부터 이곳 한성까지 연결된 보급로가 끊길 터입니다.

왜군들이 걱정하는 잇키, 그들이 바로 조선의 의병義兵과 승병僧兵이었다. 우리가 잘 아는 홍의장군紅衣將軍 곽재우, 김천일, 조헌과 칠백의사七百義士 등의 의병과 서산대사(휴정), 사명대사(유정), 영규 등으로 이어지는 승병들이 바로 그들이었다.

왜군 제6군 대장 고바야가와小早川隆景의 부장인 안고쿠지 에케이安國

● 휴정

임진왜란에서 활약한 의병·승병의 활동 지역. 의병과 승병
은 왜군이 예상하지 못한 요소였다.

●이정암

●홍계남

조헌
영규

정인홍 ●권용수

고경명 ●
김천일 ●곽재우

寺惠瓊는 스스로 전라감사라 칭하며 남강을
건너기 위해 의령으로 진격해왔다. 전쟁이
일어난 지 열흘 만에 곽재우는 고향 의령에
서 임진왜란 때 최초로 의병을 일으켰다.
유격전으로 명성을 떨친 그는 특히 붉은 옷
을 입고 의병대를 지휘해 홍의장군이라 불
렸다. 안고쿠지 부대에 맞선 곽재우 의병대
는 밤중에 적을 속이는 위계전술로 왜군을 수심이 깊은 남강에 가둔 후,
집중공격해서 대승을 거두었다. 조선 의병이 거둔 최초의 승리였다. 곽
재우가 유격전의 명수라는 소문이 왜군에게 파다하게 퍼져 붉은 옷만 봐
도 왜군의 사기가 떨어진다고 할 정도였다.

> 지사들이여, 모두 일어나 의로운 칼을 들어 나라를 구하고 임금의 은
> 혜에 보답할지어다. 내 비록 몸은 늙었어도 말에 오르니 힘이 솟고,
> 분한 마음에 적개심은 불타오른다. 각 고을의 선비, 호걸들이여, 장성
> 현 남문 의병청에 모이시라. 우리 모두 통분의 눈물을 뿌리며 죽음으
> 로 나아갈진대 반드시 대첩을 거두리라.

임진년(1592년) 7월 20일 동래부사를 지내고 은퇴한 60세의 노인 고
경명(高敬命, 1533~1592)이 떨쳐 일어나 의병을 모은 격문이다. 뛰어난
시인이자 절개 곧은 선비였던 그는 나라가 풍전등화와 같은 위기에 이르
자, 두 아들을 앞세워 한 달 만에 6000명의 의병을 모았다. 그의 휘하에

모인 의병들은 무명의 선비들, 농민들, 호걸, 한량들이었다. 지역도 출신도 서로 달랐지만 나라를 구하고자 하는 한마음으로 전투에 나섰다. 고경명은 금산전투에서 아들과 함께 장렬하게 전사하지만 굴하지 않는 그의 의기는 살아남아 뒤를 이은 의병들은 각지에서 유격전을 펼쳤다. 그 결과 전라도에서만은 왜군이 맥을 추지 못할 만큼 빼어난 전승을 거두었다. 훈

홍의장군 곽재우는 정유재란 때도 다시 의병장으로 출전하였다. 그뒤 진주목사, 함경도 관찰사를 지냈다.

련된 정규군이 토종 유격대에게 백전백패하는 이변이었다. 정신력으로 철저하게 무장하고 지리적 이점을 활용한 덕분이었다.

1593년 정월(음력 1월)에 조선 정부가 명나라에 통보한 전국의 의병은 관군의 4분의 1에 해당하는 2만 2600여 명에 이르렀다. 하지만 이는 의병의 활동이 가장 활발했던 1592년에 비하여 관군이 늘어나고 회복되면서 크게 줄어든 수치다. 최초의 의병장 곽재우부터 전국에서 일어난 이름없는 의병과 승병들은 왜군의 후방을 끈질기게 괴롭혔다.

포르투갈 출신의 예수회 선교사 루이스 프로이스가 30여 년간 일본에 체제하면서 보고 겪은 일과 들은 이야기를 쓴 《일본 이야기》에는 조선 의병이 왜군을 얼마나 괴롭게 했는지 잘 드러나있다. 부산에서 한성까지는 200명씩, 한성에서 평양까지는 500명씩 모여서 이동할 만큼 왜군에게 조선 의병은 공포의 대상이었다. 조선 의병들은 부산과 평양 사이의 보급로와 통신망을 게릴라전으로 차단해 전세 역전의 디딤돌을 만들었다.

이는 조선군에게는 매우 중요한 의미를 지닌다. 의병대는 관군에게

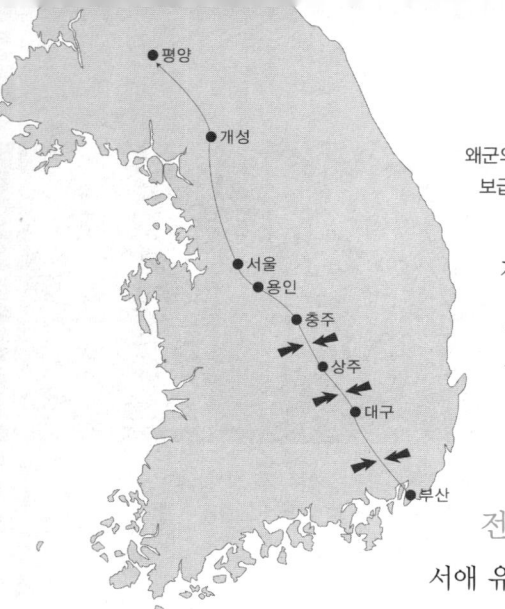

왜군의 군량 보급로. 의병과 승병은 부산포부터 서울까지의 보급로를 효과적으로 차단해 왜군의 기세를 꺾었다.

재정비할 시간을 벌어주어 훗날 결정적으로 전세를 뒤집는 전투가 될 한산도 대첩과 진주성대첩의 기초를 마련했다.

전세의 역전과 도요토미의 오판

서애 유성룡이 후세인들의 경계를 위해 쓴 책 《징비록懲毖錄》에는 전쟁 넉 달 만인 1592년 7월 7일, 왜군 제1선봉장이던 고니시 유키나가小西行長가 선조를 위협한 내용이 실려있다. 고니시는 평양에 있던 선조에게 곧 일본 수군이 서해 쪽으로 진격해 올 것이니 항복하라는 문서를 보낸다.

그러나 이 왜군의 기본 전략은 좌절된다. 1592년 7월 7일, 남해를 돌아 서해로 가려던 왜군을 이순신(李舜臣, 1545~1598) 함대가 한산 앞바다에서 학익진鶴翼陣으로 둘러싸서 격파했기 때문이다. 왜선 59척이 침몰했고, 왜군 9000여 명이 전사했다. 이 승리로 일본의 수륙병진책은 저지되었고 조선은 서해 바다와 전라도를 지킬 수 있었다. 한산도대첩은 임진왜란 3대첩 가운데 하나로 일컬어진다.

바닷길이 막히자 왜군은 전라도로 가기 위해 육로를 찾았다. 그 길목에 진주성晉州城이 있다. 남원, 전주 등 전라도로 진격하려면 반드시 거쳐야 할 곳이었다. 그러나 진주성은 천혜의 요새였다. 임진왜란 당시의 진주성에는 현재 남아있는 내성보다 3분의 2 정도 더 넓은 외성이 있었다. 그리고 외성의 북쪽에는 자연 연못으로 이루어진 해자垓子가 있었다.

왜군은 진주성 동쪽 말티고개를 넘어 진격해왔다. 진주성 공격에 나

왜군 잡는 조선 해병대

임진왜란과 정유재란에 해상과 육지를 오가며 활발한 의병 활동으로 국난을 타개한 이들이 있었다. 이른바 조선의 해병대라고 부를 만한, 전라도와 경상도의 어민을 주축으로 한 해상 의병이었다. 전라좌수영의 의병은 대개가 해상에 익숙한 연안 어민이었다. 이들은 관군을 도와 해상 전투와 지상 유격전, 정탐 활동, 병참 보급 등에 참여하여 이순신의 눈과 발이 되었다. 이들은 관군과 달리 식량을 보급받지 못했음에도 자급하면서 2년 이상 해상 의병으로 활동했다.

이순신의 《난중일기》에는 삼혜와 의능이라는 의승장이 나타난다. 1593년 2월, 이순신은 어려운 전투를 치르고 있었다. 웅포해전이다. 일본 수군은 남산과 백석말 사이의 깊숙한 포구인 웅포(경상남도 진해시)에 정박한 채 바다로 나오지 않았다. 이순신에게 불리한 형세로 이순신 함대가 접근하면 왜군은 남산과 백석말의 육지에서 공격을 해왔다. 이에 이순신은 새로운 전략을 구사한다.

먼저 삼혜와 의능이 지휘하는 의승병은 제포(내이포)로, 그리고 수군 일부는 백석말로 상륙시켜 적의 후방을 공격하는 척했다. 적이 혼란한 틈을 타서 이순신 본대는 웅포로 진격, 일본 수군을 타격했다. 의승병이 참여한 수륙양공 작전으로 웅포해전은 조선의 승리로 끝이 났다.

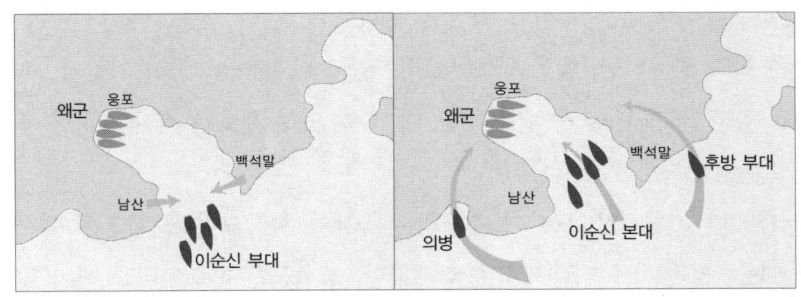

웅포해전 상황도. 삼혜와 의능의 도움이 없었다면 이순신은 승리할 수 없었다.

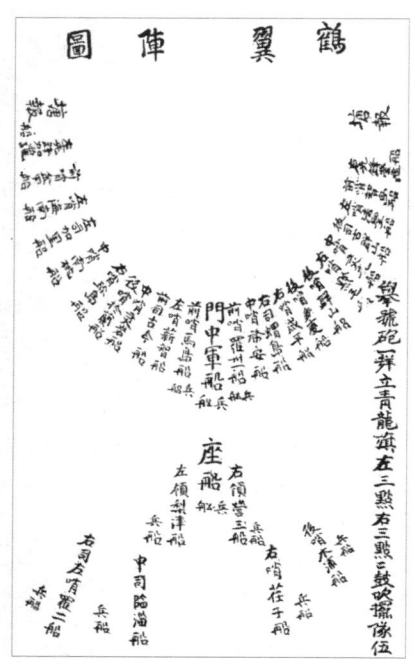

〈학익진도〉. 여러 척의 배를 학의 날개처럼 펼쳤다가 접었다가 하는 진법으로 해상에서 적선을 포위하기에 유리해 이순신이 즐겨 썼다.

선 왜군은 약 2만 명. 그러나 진주성 병력은 관군과 백성을 합쳐 고작 3800명에 지나지 않았다. 여섯 배 이상의 병력 차이였다. 왜군은 진주성 공격에 다양한 공성功城무기를 동원했다. 대표적인 공성무기는 대나무를 엮어 만든 죽편竹片인데, 조선군의 화살이나 돌을 막으면서 총구를 통해 조총을 발사할 수 있는 장치다. 진주성의 높은 성벽에 맞서 정루井樓도 준비했다. 정루는 높은 곳에서 사격할 수 있는 이동식 구조물(망루)이다.

절대 열세의 조선군은 어떻게 왜군과의 병력 차이를 극복했을까? 진주목사 김시민(金時敏, 1544~1592)은 백성들을 동원, 군사가 많은 것처럼 위장했다. 멀리서 보면 성안에 군사들이 가득한 것처럼 보이는 전술을 폈다. 그뿐 아니라 두 달 전부터 총통을 제작하고 화약을 준비했다. 당시 진주성에서 준비한 것은 화약 500여 근, 총통 약 70여 정이었고 이 밖에도 돌과 기왓장, 불지를 짚단, 뜨거운 물 등 적을 막는 데 쓸 수 있는 재료는 죄다 가져다 무기로 활용했다.

1592년 10월 5일, 드디어 왜군의 총공세가 시작되었다. 왜군은 죽편을 이용, 성곽 바로 아래까지 진격해왔다. 조선군은 허수아비를 세워 왜군의 화약과 총탄을 소모시켰다. 또한 지자총통, 현자총통 등으로 장군전將軍箭을 발사, 일본의 공성무기 정루를 파괴했다. 성벽을 타고 오르는

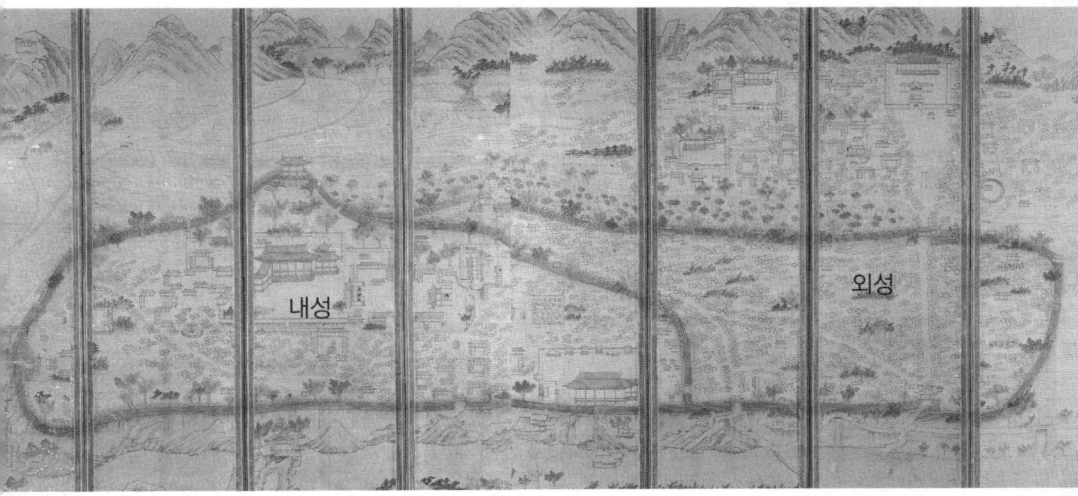

〈진주성도〉. 고려 말 왜구를 대비한 기지로 사용되던 진주성은 1605년 병사兵使 이수일李守一이 진鎭을 성내로 옮기고 성이 너무 넓어 수비가 곤란하다 하여 내성을 구축했다. 성의 북쪽에는 자연 연못이 있어 해자가 이루어진다.

왜군들은 뜨거운 물과 돌 세례를 받아야 했다. 비격진천뢰飛擊震天雷라는 신무기도 진주성 수비에 한몫했다. 비격진천뢰는 뾰족한 마름쇠가 가득 든 쇠공인데 이것이 적진에서 폭발하면 마름쇠 파편이 튀어 왜군에게 막대한 피해를 입혔다. 6일간에 걸친 긴 공방 끝에 마침내 왜군은 물러갔다. 3800여 백성과 관군이 이루어낸 진주성대첩, 개전 이래 육지에서 거둔 최대의 승리였다.

개전 다음 해인 1593년 초, 전황이 불리해지자 도요토미 히데요시는 전 군에 철수 명령을 내린다. 이에 왜군은 경상도 해안에 20여 개의 왜성을 쌓고 농성에 들어갔다. 전국 각지의 의병, 조선 수군의 빛나는 활약, 관군의 재정비로 드디어 전세는 역전되었다.

도요토미 히데요시는 평생을 전쟁터에서 살아온 전쟁의 고수였다. 그는 평생 182번의 전장에 참여하였는데 과장이 다소 있겠지만 한번도

지자地子총통(위 왼쪽)은 천자天字·현자玄字·황자黃字 총통과 함께 조선 태종 때 발명된 것으로, 임진왜란 때는 거북선 등의 주 포로 사용되기도 했다.
왜군의 공성무기인 죽편(위 오른쪽).
화포장火砲匠 이장손李長孫이 발명한 비격진천뢰(아래).

뒤에 물러서지 않고 선두에 섰다고 한다. 그런 그였으니 대對 조선전에
서 다 이긴 전쟁을 끝내지 못하고 교착 상태에 빠진 것을 무척 갑갑해했
다고 한다.

도요토미 (각료들을 돌아보며) 도대체 왜 조선왕이 항복을 안 하는 겐가?
이만 하면 조선이 항복할 때가 되지 않았나? 조선왕은 지금 어
디에 있나?

신하1 우리 군대가 한성을 빼앗고 서북 지방의 중심지 평양도 빼앗았
나이다. 조선왕은 지금 조선 땅 맨 끝에 있는 의주까지 쫓겨났

다고 하옵니다.

도요토미 하하하. 조선이 큰소리만 치더니만 이렇게 무너질 줄이야. 그럼 이제는 항복 문서를 받을 일만 남았는데……. 도대체 왜 조선왕은 아무 말이 없는 게야? 조선에서 아무 소식이 없나?

신하2 참 이상한 백성들이나이다. 왕이란 자도 저들을 버리고 몰래 국경 끝까지 도망갔는데 이곳저곳에서 잇키들이 들고 일어나, 우리 군대가 후방에서 막대한 피해를 보고 있나이다.

도요토미 잇키? 그건 무엇이냐? 임금이 달아나고 수도를 빼앗겼으면 다 진 전쟁이라고 항복하고도 남았을 텐데. 도대체 왜 조선 백성들은 끈질기게 전투를 계속하는 겐가?

신하3 본국本國과 국민성이 다르기 때문이나이다. 제가 조선 백성들을 좀 알고 있는데 무쿠게(ムクゲ, 무궁화)처럼 한쪽에선 지고 한쪽에선 또 피고……. 그렇게 끝없이 끈질기게 물고 늘어지는 곤조(근성)가 있다 하옵니다. 아무래도 우리가 잘못 건드린 것은 아닌가 걱정이 되나이다.

도요토미 재수없는 소리 말라. 이 전쟁은 반드시 이긴다. 명나라 황제까지 내 앞에 무릎을 꿇게 만들고 말 테다. 어디서 그런 김빠지는 소리를…….

그러나 신하들의 예측은 정확했다. 각지의 의병과 이순신의 대활약, 명군의 참전으로 왜군의 승전은 도저히 불가능해졌다. 왜군은 한반도 전역의 전선에서 패퇴하기 시작했고 계속된 전쟁으로 피로가 쌓여 전의를 잃어갔다. 그러나 희망적인 전황과 달리 조선 백성들은 극심한 전쟁 피해를 겪어야 했다.

모두 불태우고, 산 자도 코를 베어라!

절체절명의 위기에 빠졌던 조선은 의병의 활약과 두 번의 대첩, 명나라의 개입으로 전세를 역전시켰다. 이후 명나라와 일본 사이에 4년 여에 걸친 지루한 강화 협상이 진행되었다. 그러나 강화 협상은 결렬되었고 그 사이 전열을 가다듬은 도요토미 히데요시는 재침략을 결정, 14만의 군사를 동원하여 다시 쳐들어왔다. 1597년 2월 정유재란이 발발했다. 당시 병조에서 명군 측 부총병副摠兵에게 보고한 조선군 병력으로는 한성에서 새로 훈련시킨 포수와 살수(殺手, 칼과 창 따위를 가진 군사) 모두 합쳐서 1500여 명, 경상좌우도 5만 1100명, 충청도 방어사防禦使 박명현이 거느린 군사 600명, 충청도 조방장助防將 이광악이 거느린 군사 2000명, 전라도 병마절도사가 거느린 군사 1500명이 있었다. 수군은 원균(元均, 1540~1597)이 거느린 군사가 모두 4500명, 좌도수사 이운룡이 거느린 군사가 500명이었다. 대포는 273문이 남아있다고 했다. 이를 더하면 군사는 모두 6만 1700명이고 대포 수는 273문이다. 이에 반해 침략해온 왜군의 수는 거의 3배에 달하는 14만 명이었다.

일본 고지도에도 남아있는 우스키시臼杵市의 안뇨지安養寺, 정유재란 때 군의관으로 참전한 승려 게이넨慶念이 주지로 있던 사찰로 현재까지 게이넨의 후손이 대대로 물려받아 운영하고 있다. 이 절에는 게이넨이 남긴 친필 일기가 전해지는데 바로 정유재란 종군기인 《조선일일기朝鮮

도요토미 히데요시의 전쟁 구상을 담은 부채. 그는 중국의 베이징과 난징, 조선의 한성을 그려넣은 이 부채를 한시도 손에서 떼지 않았다 한다.

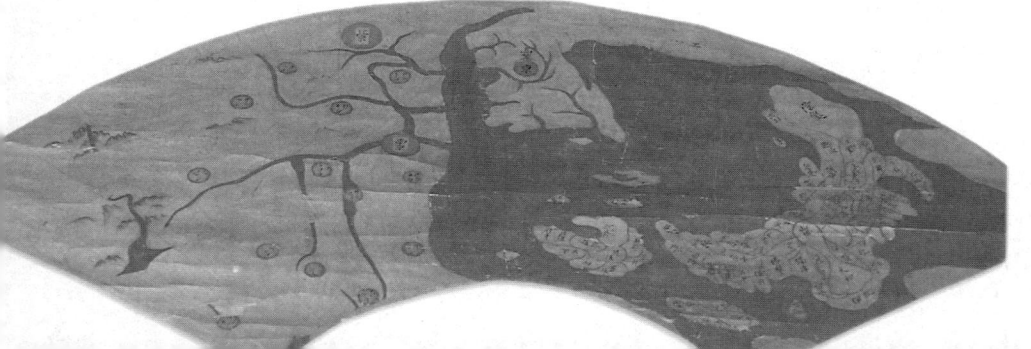

〈평양성도〉(부분). 서울을 함락시킨 적장 고니시 유키나가의 선봉이 평양에 무혈 입성하였지만 7개월
만에 조·명 연합군이 재탈환하였다(왼쪽). 평양성 보통문 위에서 공격하는 명군의 모습(오른쪽). 명군
의 참전은 전세를 역전시켰지만 조선에 군량 보급의 부담을 안겼다.

日日記)다. 7년 전쟁 중 가장 참혹했던 정유재란 기간 중에 목격한 일을
낱낱이 기록하고 있었기에 조선 백성들이 겪어야 했던 참담한 현실을 엿
볼 수 있다. 게이넨은 비록 왜인이었지만 또한 승려였기에 정유재란에
종군한 9개월간의 처참한 상황을 상당히 객관적으로 그려놓았다.

　《조선일일기》는 게이넨이 우스키성 성주로부터 조선 원정 종군을 명
받는 데서 시작된다. 당시 우스키성의 성주는 오타 가즈요시太田一吉, 그
는 도요토미 히데요시의 측근이었다. 비록 390명의 부하만 데리고 전쟁
에 참여했지만 가토 기요마사加藤淸正, 고니시 유키나가 등 왜장들의 활
동을 감시하고 보고하는 군감軍監이라는 비중 있는 직책을 맡았다. 게이
넨에게는 성주의 건강을 돌보는 의사이자 자문 역할이 맡겨졌다. 정유재
란 당시 이미 62세의 노령이었던 게이넨은 성주의 명을 받아 억지로 대
살육의 전장으로 발을 들여놓았다.

　게이넨은 1597년 7월 7일, 쓰시마 섬을 거쳐 조선에 도착한다. 그가

탄 배는 부산에 잠시 머무르고, 김해 죽도로 향하고 있었다. 이때 삼도수
군통제사 원균은 함대를 부산 앞바다로 보내 적을 막으려 했으니, 부산
외곽 지역인 다대포 앞바다에서 게이넨과 마주친 셈이다. 이순신이 모함
을 받아 출전하지 않은 이 해전에서 조선 수군은 적선 8척을 불 지른다.
정유재란의 첫 전투는 조선 수군의 승리였다.

그러나 승리의 기쁨은 오래가지 못했다. 뒤이어 수백 척씩 바다를 건
너오는 왜군을 조선 수군은 감당하지 못했다. 7월 11일, 원균이 도원수
(총사령관) 권율(權慄, 1537~1599)의 명으로 곤장을 맞았다. 부산 출전을
미루었기 때문이었다. 분개한 원균은 한산도에 머물던 수군을 모두 이끌
고 부산 앞바다로 떠난다. 수군의 모든 전력을 투입한 출전이었다.

원균이 물길에 서투른데도 왜군 속으로 무작정 밀고 들어가니 왜군은
패한 척 물러났다. 뱃사공들이 물길이 역류하는 곳까지 너무 나와서 살
길이 없다고 하소연하였지만 원균은 귓등으로 들었다. 전라우수사 이억
기(李憶棋, 1561~1597)의 배 7척이 표류하는 것을 보고서야 놀라 뱃머리
를 틀어 간신히 부산의 길목인 가덕도에 도착했다. 지친 수군이 상륙한
가덕도에는 매복한 왜군이 기다리고 있었다. 순식간에 400명이 참살되고
당황한 조선 수군은 다시 쉬지 않고 배를 저어 거제도와 칠천도 사이의
좁은 칠천량 해협으로 피했다.

그러나 그곳도 안전하지 못했다. 군세를 수습하려 했으나 7월 16일 새
벽 4시경, 왜군 대함대가 기습했다. 왜군의 전술은 주효했다. 조선군은
일찍이 겪어보지 못한 왜군의 공격을 받고 대패했다. 삼도수군통제사 원
균, 전라우수사 이억기 등과 2만여 수군이 전사했다. 배설裵楔이 명령을
어기고 12척의 병선을 몰고 밤새 달아나는 바람에 나중에 이순신이 재기
할 발판을 마련했다.

정유재란의 중요한 고비에서 조선 수군이 패배하면서 임진년 때 해

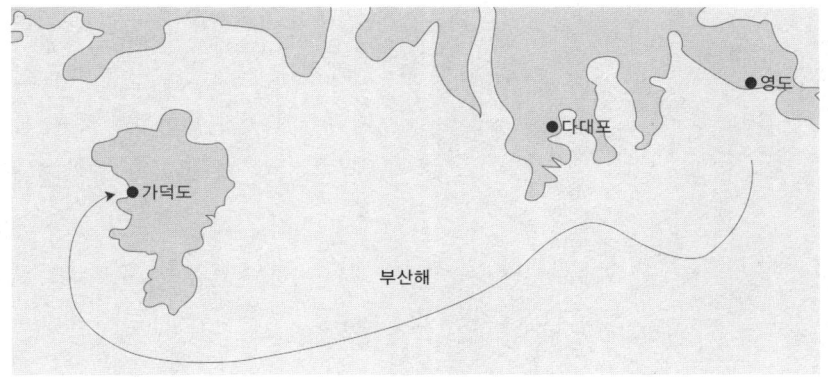

원균이 지휘한 조선 수군은 쉬지 않고 배를 저어 부산 앞바다까지 갔지만 거센 파도와 조류를 만나고 말았다. 지친 채 가덕도로 상륙했지만 매복한 왜군을 만나 당황한 조선 수군은 칠천량으로 후퇴하여 전열을 정비하려 했지만 왜근의 기습에 크게 패했다.

를 입지 않았던 호남 지역이 초토화되기 시작했다. 선조는 이 소식을 듣고 이렇게 개탄했다. "척후병도 두지 않았단 말인가? 한산으로 물러가 왜 지키지 않았던가?"

남해안 일대를 지나던 게이넨은 칠천량해전 이후 처참하게 변한 남해안의 모습을 서술한다.

> 지나가는 해로의 처음부터 끝까지 모든 섬에서는 적선이 파괴되어 불에 타고 있었고, 마을마다 시체들이 산을 이루고 있었으므로 마음을 말로 다 표현할 수 없다.

재침 명령서에서 도요토미 히데요시는 전라도 공격을 지시하였기에 게이넨의 주군 우스키 성주도 이 명령을 수행하기 위해 전라도로 이동했다. 이들은 섬진강을 거슬러 서서히 전라도 지역으로 들어섰다.

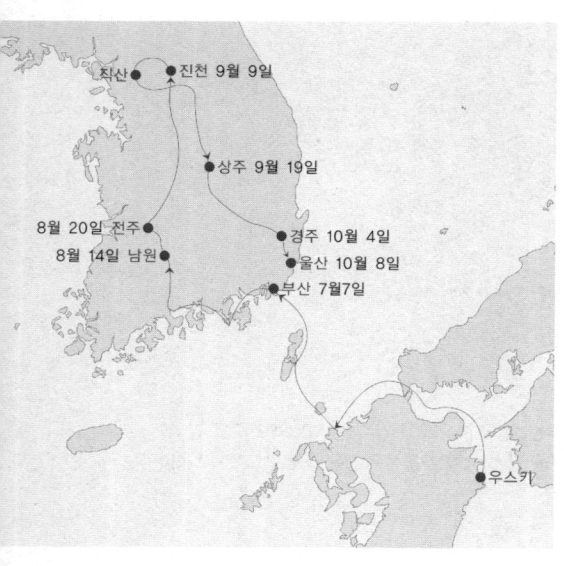

8월 6일. 들도 산도 마을도 죄다 불태웠다. 사람을 잘라 죽이고 산 사람은 쇠줄과 대나무로 목을 묶어 끌었다. 부모는 자식 걱정에 울부짖고, 자식은 부모를 찾아 헤매는 비참한 모습을 난생 처음 보았다.

엄청난 살육을 저지르면서 왜군이 향한 곳은 남원이다. 명나라 군 3000명과 조선군 1000명으로 고작 4000명의 조·명 연합군이 남원을 지키고 있었는데, 남원을 향해 가는 왜군은 모두 5만 6000명으로 열 배가 넘는 병력이었다.

왜군의 남원 진격은 일찍부터 예상되었다. 이에 조·명 연합군은 명나라 장수 양원楊元의 지휘 아래 남원을 지키고 있었다. 남원에는 교룡산성蛟龍山城이 있었지만 양원은 산성 대신 남원성을 증축해 맞서기로 결정한다. 왜군은 뭍으로 상륙한 수군 5개 부대를 포함, 모두 21개 대부대가 일제히 남원을 향해 다가가고 있었고, 남원성의 조·명 연합군은 약간의 대포 등으로 방어 준비를 하고 있을 뿐이었다.

이미 싸움이 시작되기도 전에 남원성은 공포와 혼란에 빠졌다. 남원의 의병장이던 조경남趙慶男은 황급히 가족을 이끌고 지리산 황류동으로 피난하던 날에 관해 훗날 글을 남겼다.

그날은 8월 대보름이었다. 남원성을 지켜주는 것은 왜군의 접근을 막

〈회본조선군기〉의 남원성전투 모습. 조·명 연합군이 성안에서 왜군에 대항하여 싸우는 모습(위). 왜군의 조총 공격으로 전투가 시작되었다(아래 왼쪽). 왜군은 아직 수확하지 않은 벼를 이용해 해자를 메우고 성벽 아래로 접근했다(아래 오른쪽).

기 위해 성 밖에 뿌려둔 마름쇠와 몇 문의 대포 그리고 활과 창 같은 무기도 제대로 갖추지 못한 명군을 주축으로 한 4000명의 병력과 수천 의 민간인뿐이었다.

—《난중잡록亂中雜錄》.

왜군은 성을 포위한 채 압박했다. 임진년에 동래성을 함락시키고 평양까지 갔던 고니시 유키나가는 성의 서쪽을 맡았다. 게이넨의 주군 오타 가즈요시는 성의 남문을 맡았다. 왜군의 조총 공격으로 전투는 시작되었다. 조·명 연합군이 조총에 대항하는 틈을 이용, 왜군은 아직 수확하지 않은 벼를 베어 해자를 메우고 성벽 아래로 접근했다. 오타 가즈요시의 군사가 남쪽 성벽을 통해 성안으로 먼저 진입했다. 치열한 백병전

만인의총(왼쪽). 남원성에서 최후까지 싸우다 순절한 이들을 안장한 곳이다.
일본 교토에 있는 코무덤(오른쪽). 왜군은 병사가 아니더라도 노인, 여자, 어린 아이를 가리지 않고 모
두 코를 베었고, 심지어 산 사람에게도 달려들어 코를 베었다. 코의 수로 왜군의 장수는 영지를 받을
수 있었다.

끝에 수적으로 절대 열세이던 조·명 연합군이 패하기 시작했다.

8월 16일, 남원성은 함락되었다. 열 배가 넘는 적을 맞아 조·명 연합
군과 성 안의 백성은 장렬한 최후를 맞이했다. 명나라 양원은 50여 명의
기병을 거느리고 탈출하였다. 그는 야전에는 능한 장수였으나 성을 지키
는 재주는 없는 사람이었다. 전주에 주둔하고 있던 명나라 장수 진우충
陳愚衷도 양원을 지원할 수 있었지만 군사를 보내지 않았다. 명나라 조정
은 후일 양원과 진우충을 다 참수해서 그 머리를 조선에 보내주었다.

게이넨과 함께 오타 가즈요시의 휘하에 있던 부장 오가와치 히데모
토大河內秀元는 《조선물어朝鮮物語》라는 책을 남겼는데, 8월 15일 밤 전투
기록에 따르면 조선군의 목은 3726수로 판관이나 대장은 머리를, 그 외
는 코를 잘라서 소금 항아리를 채웠다고 기록했다. 조선인 생존자는 없
었다. 남원성에서 살해된 백성과 병사들에게는 상상할 수 없는 잔인한

만행, 바로 코베기가 저질러졌다. 남원성과 운명을 함께한 군사와 백성들은 만인총의 합장묘 안에 목과 코가 없는 시신으로 남았다. 왜적들이 조선인의 코를 베어 도요토미 히데요시 앞으로 보낸 증거인 코 영수증이 아직도 일본에 남아있다.

일본의 교토에는 조선 침략의 주범인 도요토미 히데요시를 신으로 모신 도요쿠니 신사가 있는데 정문 바로 옆에 조그마한 무덤이 하나 있다. 전형적인 일본식 무덤으로 오랫동안 귀무덤으로 알려졌으나 사실 코무덤이다. 도요토미 히데요시는 전공의 표시로 소금에 절인 조선인들의 코를 묻고 무덤을 세웠다. 왜군들의 무차별한 코베기는 곳곳에서 증거를 찾을 수 있다. 전주를 지나고 있던 게이넨의 글을 보자.

8월 28일, 전주를 떠나 가는 도중, 벽촌에서 병사들이 남녀를 불문하고 모든 사람들을 죽이고 있다. 이 참상은 차마 두 눈으로 볼 수 없는 처참한 모습이다.

그가 말하는 처참한 모습이란 바로 산 사람의 코까지 베어버리는 왜군의 만행을 말한다. 왜군 지휘부는 노골적으로 양민 학살을 명령했고 전장의 왜군들은 이를 실행에 옮겼다. 이들은 눈에 띄는 모든 조선인의 코를 베어버렸다. 세계 전쟁 역사상 유례를 찾을 수 없는 살육이었다. 남원성을 함락시킨 왜군은 북상을 계속하다 9월 중순 직산에서 명나라 원군에게 패한 후에야 남하한다. 이 과정에서 왜군은 모든 도시와 마을을 불지르며 후퇴한다. 농토와 가옥이 초토화되는 바람에 백성들은 굶주림과 점점 추워지는 날씨와도 싸

코 영수증. 코 3369개를 정확히 수령했다고 적고 있다.

워야 하는 목불인견의 처지에 내몰렸다.

돌아온 충무공, 돌아오지 못한 조선인 포로

우리나라에서는 한산도·진주성·행주의 승리를 임진왜란 삼대첩으로 여기지만, 일본에서는 평양성전투와 행주대첩 그리고 직산전투를 삼대첩으로 꼽는다. 직산은 충청남도 천안시 직산읍을 이른다. 이 전투는 명나라 장수 우첨도어사右僉都御使 양호楊鎬가 지휘했는데, 그는 전술·전략에 상당히 유능한 무관이었다. 양호는 선조 30년(1597년) 8월 5일과 6일 공주와 천안에서 올라오던 왜군을 막기 위해 수천 명의 병력을 동원하여 대비했다. 그러나 파죽지세의 왜군 앞에서 벌벌 떨고 있는 군사들로는 승산이 없다고 생각하여 소주를 빚어 마시게 했다. 소주를 마시고 담력을 키운 명나라군은 이 전투에서 승기를 잡아 왜군의 기세를 꺾었다. 무려 여섯 번의 전투를 거듭한 결과 왜군이 패하고 달아났다.

이튿날 왜군의 기습을 짐작한 명나라군은 철저히 대비하고 있었는데, 과연 왜군이 기괴한 복장과 형상을 하고 쳐들어왔다. 명나라군은 침착하게 선발대를 내보내 물리쳤다. 왜군은 더 이상 견디지 못하고 청주로 쫓겨갔다. 이때부터 왜군은 의욕을 잃고 전 전선에서 철수하기 시작했다.

한편, 바다에서는 조선 수군이 명량대첩으로 역전의 발판을 마련했다. 이순신이 전사한 노량해전이 더 큰 전투였으나 패색이 짙던 조선

명량대첩비. 1597년 9월 이순신이 진도 벽파정 아래에 진을 치고, 우수영~진도의 해협을 흐르는 급류를 이용하여 왜군 선단을 격파한 상황을 상세하게 기록하였다.

군에게 승리할 수 있다는 확신을 심어준 중요한 전투는 사실상 명량대첩이었다. 선조는 자신의 실책을 탓하며 다시 삼도수군통제사로 이순신을 기용했다. 이순신은 송대립(宋大立, 1550~1597)과 군관 아홉 명을 데리고 좌수영으로 돌아왔다. 명량대첩이 있기 불과 한 달 전쯤이었다. 그는 중과부적의 적과 싸울 곳은 명량해협밖에 없다고 판단했다. 이 수역의 폭은 약 325미터 정도로 좁고, 밀물은 북서쪽으로 썰물은 그 반대로 흘러 한반도 수역에서 가장 빠른 조류가 형성된다.

당시 일본 수군은 남원성 공격에 참가한 후 330여 척의 배를 이끌고 명량해협을 지나갈 참이었다. 1597년 9월 16일, 왜군 함선 130여 척이 먼저 명량해협 동쪽으로 진입하자 이순신의 함대는 겨우 12척으로 반대쪽 서쪽의 해협 출구를 봉쇄해버렸다. 명량해협은 좁기 때문에 왜군 선박들은 일렬종대로 지날 수밖에 없었다. 선두가 이순신이 기다리던 서쪽 출구로 다가올 무렵 조수가 썰물로 바뀌면서 역류하기 시작했다. 이순신은 이미 피난선 100여 척을 해협 동쪽에 배치하고 허장성세를 꾸며보였다. 이순신 함대는 당황한 왜군을 향해 지자포, 현자포 등을 쏘아서 적함을 격침시키고, 활로는 적을 쏘니 불과 12척의 배로 적함 31척이 순식간에 파괴되었다. 조선 수군이 기사회생하는 순간이었다.

왜군은 크게 놀라서 명량 동쪽으로 달아나 남해 쪽으로 함대를 보내려 했으나 엄두를 내지 못했다. 이순신이 복귀했다는 소식을 들었기 때문이다.

직산전투에서 패하고 영남으로 달아난 왜군은 울산왜성과 순천왜성을 새로 축조하면서 겨울을 보낼 준비를 한다. 게이넨도 본진을 따라 상주, 경주를 지나 울산왜성에 머물렀다.

울산왜성은 가토 기요마사의 지시로 불과 40일 만에 지어졌다. 울산에서 게이넨은 또 다른 비극을 목격한다. 그것은 조선인 납치였다. 게이넨의 눈에 비친 울산왜성은 비극, 그 자체였다.

11월 19일, 일본에서 온갖 상인들이 왔는데, 그 가운데 인신매매상도 있어서, 본진의 뒤를 따라다니며 남녀노소 할 것 없이 목을 줄로 묶어 앞으로 몰고 가는데, 잘 걸어가지 못하면 뒤에서 두들겨 패는 모습이 지옥의 사자가 죄인을 잡아들이는 것처럼 보일 정도다.

일본 가고시마 해변은 이때 조선인 포로가 보내진 곳이다. 조선 도공을 비롯한 수많은 사람들이 강제로 끌려왔다. 전쟁이 끝나고 이곳에서 보내온 편지를 보면 이곳 가고시마 지역에만 3만 700명의 포로가 잡혀왔다고 한다. 이들 중 도자기 기술을 가진 이들은 도자기 생산을 시작하는 등 조선인 포로들은 일본에서 어떻게든 살아남고자 했다. 가고시마 지역에는 아직도 정유재란 직후 끌려온 조선인들의 흔적을 찾을 수 있다. 조선인 집단 주거지가 있었던 나에시로가와苗代川에는 단군을 모신 신사가 있다. 바로 다마야마 신사玉山神社다. 조선 포로들이 400년 전에 세운 것으로 메이지 유신 이후 일본 당국에 의해 강제로 창씨개명(?)을 당했지만 지금까지 제사를 이어오고 있다. 신사 마당 석조물에 아직도 뚜렷하게 남아있는 조선인들의 이름은 400여 년 전의 비극을 그대로 말해준다.

나가사키는 당시 일본과 유럽의 교역시장이 열리던 곳이다. 이곳으로 수많은 조선인이 끌려와 노예로 팔려나갔다. 조선인 노예가 얼마나 많았던지 국제 노

전쟁이 끝난 지 40여 년 후인 1642년에 기록된 나가사키 마을의 호적을 보면 많은 조선인이 살고 있었다.

일본으로 끌려온 조선인 포로 가운데 도자기 기술이 있던 사람들은 가마(왼쪽)를 만들고 도자기 생산
을 했다. 그나마 기술이 있던 이들은 처우가 나아서 노예 생활은 하지 않았다.
다마야마 신사의 뜰에 있는 도자기 기념물에서 조선인의 이름(오른쪽)을 볼 수 있다.

예값이 대폭락했다는 기록이 남았을 정도다. 포르투갈 상인들이 상관까
지 차릴 정도로 규모가 큰 국제 무역항이었던 나가사키에서 팔려나간 조
선인 포로 가운데는 이탈리아 피렌체까지 팔려간 사람까지 있었다고 한
다.

　일본으로 끌려간 조선인 포로들은 어떻게 살았을까? 호적대장을 통
해 그들의 생활을 상세히 살펴볼 수 있었다. 출신국 조선을 당시에는 고
려라고 표기했다. 조선인 포로가 마카오까지 노예로 팔려간 기록도 있
다. 조선인 포로들은 비참한 삶을 이어갔다. 그들은 끝내 고국으로 돌아
오지 못했으며 전쟁의 비극은 계속되었다.

상처뿐인 승전

12월 20일 울산왜성이 완공되었다. 그러나 성이 완공된 이틀 뒤 조·명
연합군이 울산왜성을 공격했다. 일본 나고야성 박물관에는 울산왜성을
두고 왜군과 조·명 연합군이 대치하던 상황을 묘사한 〈울산성전투도〉가

〈울산성전투도〉는 당시 전투 모습을 상세히 묘사한 그림이다. 가토 기요마사의 지시로 불과 40일 만에 완성한 울산왜성에서 왜군은 정유재란 최후의 전투를 치른다. 게이넨의 일기를 보면 왜군은 조선 원정을 빨리 끝내고 돌아갔으면 했다고 한다.

있다. 고립된 왜군과 울산왜성을 물샐 틈 없이 포위한 조·명 연합군이 그려져있다. 당시 조·명 연합군은 약 4만 7500여 명. 게이넨도 이날 상황을 기록하고 있다.

> 12월 22일, 아침 일고여덟시 무렵, 성의 동쪽에서 연기가 솟아오르고 대포 소리가 연달아 들려왔다. 모두가 이구동성으로 적이 습격해올 것이라고 하며 제정신을 잃고 우왕좌왕 흩어졌다.

전투는 12월 23일부터 다음 해 1월 4일까지 13일에 걸쳐 이루어졌다. 전투가 길어지면서 울산왜성 안의 왜군은 심각한 식량 부족에 시달리며 공황 상태에 빠졌다. 울산왜성에 갇힌 가토 기요마사를 비롯한 왜군은 구원병을 기다렸지만 구원병은 오지 않았고 상황은 더욱 악화되어 갔다. 식수 부족에 시달리던 왜군들은 시체가 떠있는 냇물을 마셨고 말을 죽여 피를 마셨다. 심지어 굶주림에 시달리던 왜군은 인육까지 먹었다. 울산왜성전투는 정유재란의 향방에 결정적인 영향을 끼쳤다. 혹독한 고

왜군은 식수와 식량이 부족하여 시쳇물을 먹고 인육을 먹기도 했다(위). 전투는 일방적인 조·명 연합군의 승리였다. 게이넨의 성주 오타 가즈요시도 부상을 다했다(아래 오른쪽).

통을 겪은 왜군들은 더 이상 전쟁을 지속할 의지를 상실했다. 1598년 2월이었다.

정유년 이듬해인 1598년 도요토미 히데요시가 사망하자 왜군은 모두 한반도에서 물러가고 전쟁은 끝이 났다. 게이넨도 고향으로 돌아가게 되어 기뻐했다. 그러나 조선인 10만 명이 끌려가서 돌아오지 못했고 조선에는 코 없는 사람들이 많아 잔혹했던 전쟁의 상흔은 여전했다.

일본인은 이 전쟁을 이긴 전쟁이라고 스스로 평가한다. 극우파 일본 학자들은 서슴없이 승전이라고 기록한다. 하지만 과연 그럴까? 임진왜란 동안 105회의 크고 작은 전투가 일어났는데 그 가운데 왜군은 65회의 패전을 맛보았다. 일본을 통일한 도요토미의 전술은 조선에서는 결코 통하지 않았는데, 그것은 의병이라는 의외의 복병과 이순신 같은 명장에게 패했기 때문이었다. 이 전란 동안 70퍼센트 이상의 왜군들이 죽거나 부상을 입었다. 수치만 봐도 그들의 패전이 분명하다.

하지만 조선 입장에서는 전쟁에 무방비한 상태에서 의병의 도움과 명군의 지원까지 받아서 간신히 이긴 전쟁이었던 것을 부인하기 어렵다. 문제는 그 전쟁 동안 참혹하게 버려졌던 백성들의 피해가 너무도 컸다는 점이다. 기록으로는 수백 호가 살던 곳에 불과 몇 명만 살아남았고, 수천 호가 번성하던 도시들은 폐허가 되었으며, 농작이 가능한 경작지의 대부분이 불타버려 조선의 경제가 최소한 100년 이상 후퇴하는 결과를 낳았다고 한다.

나라의 경영을 이 지경으로 만든 지도자와 조정 대신들이 취한 정책과 판단은 조선 최대의 실패작이었다고 해도 지나친 말이 아니다. 목숨을 걸고 나라를 지킨 의병과 승병, 죽기를 각오하고 싸운 병사들만이 이나라의 진정한 애국자요, 영웅이었다.

04 교린과 침략의 두 얼굴,
초량왜관

임란 직후 쓰시마 번주는 양국 국서를 이중으로 위조하는
모험을 감행하여 왜관을 통한 무역의 물꼬를 텄다.
왜관에서 몰래 인삼 두 뿌리를 가져온 일본은
재배에 성공하고, 심지어 기밀문서도 빼내왔다.
서로 다른 이해관계, 왜관을 둘러싼 긴장이 고조된다.

외교는 안 하지만 무역은 한다

조선의 건국 초기이던 태종 7년(1407년) 때부터 19세기 말 일본이 조선
침략의 야욕을 드러낼 때까지 왜관은 서울과 부산 등에 설치된 일종의
무역협의기구였다. 요즘 식으로 말하자면 무역대표부 혹은 영사관쯤이
라 해야 할까.

왜관은 조선과 일본의 무역과 물적 · 인적 교류를 위해 우리 땅에 설
치된 것으로, 우선은 일본 측의 강력한 요구로 인해 생겼다. 조선 측에서
도 그들을 회유하기 위해 왜관을 활용하였다. 이곳은 양국의 무역교류
센터였으며 상거래 현장이기도 했다.

사실 조선과 일본은 조선 건국 초기를 제외하고는 대부분 왜구의 출
몰과 기습, 왜관을 둘러싸고 몇 번씩 되풀이되는 변란變亂, 특히 전면전
인 임진왜란 등으로 늘 아슬아슬하고 불편한 관계를 이어갔다. 그렇지만
서로 필요한 교역마저 중단하기는 어려웠다. 일본은 한반도에서 필요한
물자를 구해야 했고 조선을 통한 중국과의 무역도 반드시 필요한 입장이

18세기 일본인이 그린 〈부산포초량화관지도〉(위)와 현재의 부산 용두산 일대(아래). 그림의 왼편 위에 있는 섬은 오륙도이고, 오른편 산은 절영도라고 불리던 지금의 영도다. 왜관은 지금의 부산 용두산 공원이 있는 자리에 있었다.

었다. 이런 상황에서 조선과 일본 양국을 매개할 기구로서 왜관이 등장했다.

　하지만 임진왜란이라는 큰 상처가 있는 조선으로서는 일본 정부와 공식적으로 외교 관계를 유지할 수 없었다. 일본의 경우도 조선이 자신들을 적국敵國으로 규정하면서 야만인이라고 마냥 무시하는 상황을 피하고 싶었기에 쓰시마(對馬島, 대마도) 번주를 내세운다. 이렇게 해서 쓰시마 번주는 왜관의 관리자가 되었고 조선 정부는 일개 섬의 번주만 관리

쓰시마 섬 이즈하라에 있는 쓰시마 번주의 성(왼쪽). 쓰시마 번주 소 요시나리(오른쪽)가 일본 정부의 국서를 위조해서 왜관 설치를 이끌어냈다.

하는 형식으로 왜관의 설치를 허락했다.

조선이 전쟁의 원흉이었던 일본과 국교를 끊고 임진왜란 이전에 설치된 왜관을 폐지하는 것은 당시로서 너무도 당연한 선택이었다. 하지만 나라를 다시 일으켜 세워야 한다는 커다란 과제 앞에서 국제 관계를 소홀히 할 수도 없었다. 이렇게 해서 왜관에서 다시 임진왜란 후의 조·일 관계가 시작되었다.

그러나 왜관이 순기능만 하지는 않았다. 왜관에서 조선의 기밀을 빼 간다는 이야기가 심심찮게 흘러나왔다. 쓰시마 번주는 왜관에 대한 이런 저런 의심에 펄쩍 뛰며 반발한다.

번주 그 무슨 억울한 소리요? 첩보기관이라니요? 왜관은 조선 정부가 우리를 상대해주지 않으니까 편법으로 만든 무역기구일 뿐이오.

기자 그렇다면 수십 차례에 걸친 도발과 변란, 임진왜란과 19세기 말의 조선정벌론까지 튀어나오는 배경에 왜관이 아무 관계가 없다는 말입니까?

번주 그, 그거야…. 하지만 직접적인 관계가 있다고 말하긴 어렵소.

기자 그렇다면 간접적으로는 관계가 있다는 말이군요.

번주 아니. 그런 뜻이 아니오. 특히 쓰시마 섬은 아무런 상관이 없소. 왜관은 양국이 필요해서 만든 기구이고 쓰시마 섬은 중계만 했을 뿐이오. 전쟁 때문에 불편해진 양국 관계를 당장 회복할 수는 없으니 관계를 임시방편이나마 재개할 고육지책이었다고나 할까?

기자 고육지책은 무슨. 꼼수였다고 해야 맞는 것 아닙니까?

번주 그건 너무 심한 말이오.

기자 왜관이라는 것이 꼭 필요했습니까? 차라리 솔직하게 조선 침략에 대해 사과하고 정식 무역 절차를 밟았어야 하지 않습니까?

번주 (한숨을 내쉬며) 우리도 그러고 싶었소. 하지만 귀국 정부가 대놓고 일본 정부와 지도자를 무시하는데 무슨 방법이 있겠소?

쓰시마 번주의 주장도 어떤 면에서는 맞는 말이었다. 조선은 도요토미 히데요시 사후 일본 전역을 지배한 도쿠가와 바쿠후(德川幕府, 1603~1867)를 철저하게 무시하는 정책을 펼쳤다. 임진왜란 이후 일본 사절이 도성에 들어오는 것을 허락하지 않았고, 사절이 오면 부산포 왜관에서 접대한 후 돌려보냈다. 이들의 상경로가 또 다시 조선 침략로로 이용될까 걱정한 탓이었다.

왜관의 거래가 늘어나면서 장기거주 왜인이 늘어나 조선 후기 한때는 약 500호에 3000여 명의 왜인이 왜관에 상주했다. 당연히 공公무역이 아닌 사私무역이 늘어났고 빈번한 교류로 갖가지 잡음이 일어났다. 특히 한반도의 특산물 수입을 둘러싸고 여러 가지 불편한 관계가 노출되었다.

〈동래부사접왜사도東萊府使接倭使圖〉(부분). 임진왜란 이후 일본 사절은 조선의 국왕을 직접 만날 수 없고 왜관 밖의 객사에 마련된 조선 국왕의 전패에 예를 올렸다.

부산 일대에서는 일본의 거점을 옮겨놓은 듯 온갖 현상이 벌어지고 있었다. 특히 초량왜관은 조선 정부에게 골칫거리였다. 왜인들은 돈놀이를 하고 사채시장을 벌이는가 하면 밀무역까지 서슴치 않았다. 왜인 간의 폭력, 칼부림, 여자 문제까지 쉴 새 없이 문제가 일어났다. 그러면서도 조선과 일본의 무역량은 늘어갔다.

도대체 일본인들은 한반도에서 어떤 물건들을 가져갔을까?

쇼군의 비밀 프로젝트

1721년 쓰시마 번주가 쇼군將軍에게 바친 인삼 상자는 당시 최상의 진상품進上品이었다. 쓰시마 번주인 소宗씨 가문이 남긴 문서에는 조선을 상대로 한 외교와 무역에 관한 기록이 많다. 그 가운데 한 권인 〈인삼시종각서〉는 쓰시마 섬이 조선에서 인삼을 수입하고 그것을 다시 일본에 판매한 기록이다. 인삼을 담은 상자에 대한 기록도 있다. 이 상자에는 인삼을 채취해온 곳의 조선 흙을 넣고 쓰시마 섬에서 보관할 때 건조를 막기 위해 이끼를 넣었다. 또 바람이 잘 통하도록 상자에 통풍 구멍을 냈다. 상자에는 조선에서 구한 인삼 생근 세 뿌리가 들어있었다.

쓰시마 번주는 쇼군에게 왜 하필 인삼을 생뿌리채 보냈을까? 일본의 고서 가운데 인삼의 재배 방법을 상세하게 적은 《인삼경작기》에 그 이유가 실려있다. 이 책은 쇼군에게 생근이 전해진 직후에 쓰였다. 그전까지

왜관의 역사와 기능

조선 시대 왜관은 고려 때 김해金海에 설치되었던 김해왜관에 그 기원을 두고 있다. 조선 개국 이후 1409년 동평관東平館이 건립되면서 조선 왜관의 역사가 시작되었다. 이때만 해도 왜관은 단순히 무역만 담당한 듯싶다.

조선 전기 삼포왜관의 위치.

왜관은 대한해협을 건너와 서울로 들어오던 일본의 관리들을 위한 객관客館의 성격이던 동평관, 사私무역이 펼쳐진 무역기관인 왜물고倭物庫, 밀항자와 장기거류자를 관리하고 물품 교역을 하던 포소浦所왜관 등 세 가지 형태가 있었다.

조선 전기에는 부산포釜山浦, 제포薺浦, 염포鹽浦에 왜관을 설치했다. 이곳을 삼포三浦왜관이라 불렀는데 임진왜란으로 인해 폐쇄되었다. 전쟁이 끝나고 조선과 일본의 국교가 재개되면서 왜관은 다시 생겼다. 이 왜관은 부산의 절영도에서 두모포로, 다시 초량으로 이전되었다. 조선 전기에 세 개였던 왜관이 조선 후기에는 하나로 줄었지만 중요한 것은 임진왜란 후에 조선이 다시 일본과 국교를 트고, 무역을 재개했다는 사실이다.

조선의 일본인들

항거왜인恒居倭人: 우리 땅에 정착한 왜인. 내거왜인來居倭人이라고도 한다. 이들 가운데 장사치와 스파이 역할을 하던 이도 있었다.
향화왜인向化倭人: 조선인으로 귀화한 왜인.
흥리왜인興利倭人: 이득을 채우기 위해 교역하는 왜인 상인.

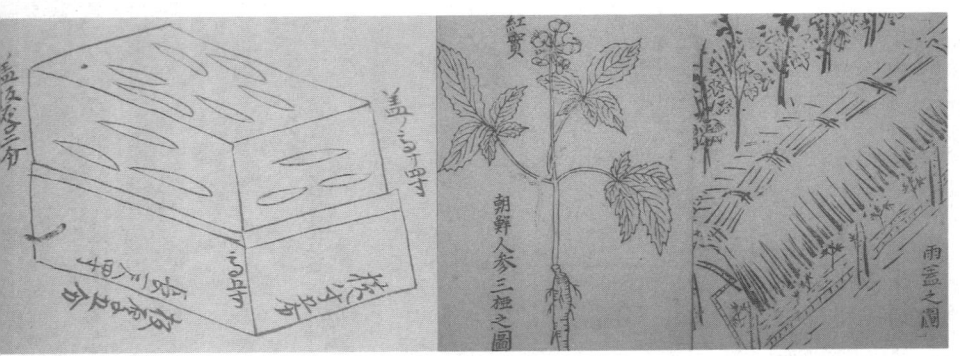

(왼쪽부터) 〈인삼시종각서〉에 있는 인삼 상자 그림. 《인삼경작기》에 있는 인삼 생근 그림과 경작지 그림.

일본에는 인삼 재배기술이 없었다. 도쿠가와 바쿠후의 약초원에서 인삼이 시험 재배된 것도 역시 조선의 생근이 들어있는 상자가 전해진 이후의 일이다.

도쿄대 무라타 진료田仁 교수는 8대 쇼군이었던 도쿠가와 요시무네(德川吉宗, 1684~1751)가 약초에 매우 관심이 많아서 약초원을 자주 이용했으며, 한약의 품질을 높이기 위해 외국에서 씨앗과 살아있는 약용식물을 가져와 재배할 것을 장려했다고 한다. 그 중에서도 인삼은 매우 중요한 작물이었으므로 몇 번이나 시험재배를 했다. 그 장소는 에도 성, 도쿄대 식물원, 혼슈 도치기현 북서부에 있는 닛코日光였다.

조선 인삼에 대한 요시무네의 관심은 허준의 《동의보감》에서 비롯되었다. 일본에서도 우수한 의학서로 인정받은 《동의보감》은 특히 인삼을 처방하는 경우가 많아 일본 열도에는 인삼 열풍이 일어났다.

인삼이 죽어가는 사람도 살릴 수 있는 명약으로 알려지면서 수요가 점점 늘어났다. 하지만 유일한 공급처는 오직 조선뿐. 인삼 가격이 천정부지로 뛰어오르자 인삼을 구하기 위해 몸을 파는 처녀가 생길 정도로 인삼 열풍은 일본의 사회 문제가 되었다. 사태가 이 지경에 이르자 쇼군요시무네는 비밀 프로젝트를 지시한다.

조선 인삼을 일본화하면 많은 사람에게 싼 가격으로 인삼을 공급할 수 있다고 생각한 요시무네는 쓰시마 번에 명령을 내려 인삼 재배에 필요한 인삼 생근을 가져오기 위한 계획을 세웠다. 이를 위한 조사단도 만들었다. 드디어 인삼 뿌리를 손에 넣기 위한 비밀작전이 시작되었다. 조사단은 왜관으로 출발했다.

왜관에 파견된 조사단의 책임자는 일본의 유명한 약초전문가인 고시 쓰네에몽. 그는 조선에서 여러 가지를 자세하게 물어보고 조사도 했다. 조사단에는 그림을 그리는 전문가도 있었다. 쓰네에몽의 조사보고서에는 왜관을 통해 조사한 조선의 동·식물이 기록되었는데, 이름뿐 아니라 세밀한 그림을 그려서 기록했으며 채집한 표본은 일본에 보냈다. 그들의 조사는 치밀했다. 일본인의 꼼꼼한 기록성은 조선의 내부 사정을 속속들이 파헤쳐 내고도 남았다.

조사단은 함경도 꽃뱀에서 제주도 고슴도치까지 모두 178종의 동·식물을 채집한다. 그런데 일본인의 신분으로 어떻게 한반도 구석구석을 조사할 수 있었을까? 조사단은 왜관에서 벗어나서 조선 국내로 들어갈 수 없었다. 그래서 그들은 조선 사람을 조사에 동원할 수밖에 없었다.

쓰네메몽은 조선말을 모르면 식물 이름도 알 수 없으므로 통역관과 함께 지방 여기저기에 부하들을 파견해 동·식물을 가져오게 했다. 통역관들은 일본의 속내를 알지 못하고 조선의 기밀 사항이 흘러가도록 방치했다.

다른 조사 경로는 비밀 루트였다. 몰래 약국에 부탁해서 야초 등을 가져오는 방법이었다. 특히 약계藥契, 즉 많은 약국을 총괄하고 있는 도매 조직에 부탁을 해서 산지에 있는 약을 모으거나 조사를 의뢰했다. 이 경로를 통해서 요시무네에게 바칠 조선 인삼이 조사단의 손에 들어왔다.

고시 쓰네에몽의 조사 결과를 담은 《조선약재동식물조사경위서》에 그려진 조선 동물들(왼쪽 위부터 시계 방향으로) 암컷 원앙과 고라니, 고슴도치와 장어.

지금도 그렇지만 인삼은 조선 최고의 상품이었고, 인삼 재배방식은 최고의 산업 기밀이었기에 조선은 인삼 모종의 국외 유출을 엄격히 금지했다. 그뿐 아니라 개시무역開市貿易을 통한 인삼의 과도한 수출을 막으려고 수출 정량제를 실시하기도 했다. 한 해 700근 정도로 수출량을 규제했지만 그나마 잘 지켜지지도 않았다.

일본은 말단 관리들의 느슨한 감시체제를 적당히 이용해서 조선 인삼의 생뿌리를 몰래 가져가 일본화에 성공했다. 인삼뿐 아니라, 조선 팔도의 동·식물들도 샅샅이 조사하여 바쿠후에 보고되었다. 물론 약재에 쓸 것들이 우선 대상이었다.

왜관을 통해 일본이 조선의 기술을 가져간 예는 또 있다. 일본이 왜관에 보낸 도자기 주문서를 보면 크기와 모양까지 상세하게 지정하고 있다. 왜관 안에 가마를 설치하고 도자기를 굽는 제작 과정에 일본인이 참여하면서 조선 다완茶盌을 일본화할 수 있었다. 이는 또 다른 형태의 기술 유출이었다. 오늘의 휴대폰·반도체 기술만큼 최첨단 산업 노하우가 빠져나간 심각한 사건이었다.

이런 조선의 기밀 정보 유출은 통신사를 수행해 일본에 다녀온 신유한申維翰의 《해유록海遊錄》에도 증언되고 있다. 신유한은 《해사록海槎錄》, 유성룡의 《징비록懲毖錄》, 강항의 《간양록看羊錄》과 같은 조선의 기밀 서적들이 일본에서 출판되는 것을 목격했다고 적고 있다.

이렇게 조선의 주요 정보가 새나간 곳이 바로 왜관이었다. 그러니 첩자 소굴이라는 비난을 받을 수밖에.

초량왜관의 생활상

인삼 등 조선이 기밀사항으로 분류하여 지켜온 것들이 빠르고도 정확하게 일본에 전해진 배경의 중심에 초량왜관이 있었다. 초량왜관은 어떤 곳인가?

당시 초량왜관을 그린 〈부산포초량화관지도〉를 보면 그곳의 생활상을 엿볼 수 있다. 반원형 부두 안에는 일본 무역선이 정박했다. 초량왜관은 읍성처럼 담으로 둘러싸여 정문인 수문을 통해서만 바깥으로 출입할 수 있었다. 왜관 밖에서는 일본인이 잠자리채 비슷한 것으로 매의 먹이를 잡고 있다. 일본에서는 당시 조선 매에 대한 선호도가 매우 높았다. 특히 바쿠후가 무사 집단이기 때문에 매 사냥을 즐기는 경우가 많아서 왜관 밖에서 매의 먹이를 잡는 모습이 그림에도 나타난 것이다.

초량왜관은 지금의 부산 용두산 공원 일대에 있었다. 조선 시대 변박卞璞이 그린 〈초량왜관도〉에는 초량왜관 건물의 이름까지 볼 수 있다. 삼대청과 육행랑뿐인 서관西館에 비해 동관東館은 상당히 빽빽하게 건물이

들어서 있다. 왜관의 우두머리가 있는 관수가館守家와 특별교섭관이 머무는 재판가, 사무역이 열리는 개시대청은 동관 삼대청이라 부른다. 그 아래쪽에는 무역을 담당하는 대관가가 늘어서있고, 그 아래 작은 집들은 모두 상점이다. 그런데 이 상점 중에 특이한 이름이 눈에 띈다. 고색가藁索家, 즉 다다미 상점이다.

용두산 동쪽에 위치한 동관에서 가장 대표적인 건물은 관수가다. 왜관에 머물고 있는 일본인은 적어도 500여 명인데 관수가는 그들의 관리, 책임을 맡은 관수의 집무실이자 숙소로 전형적인 일본 무사 가옥의 형태를 띠고 있다. 이는 동관의 다른 건물들도 마찬가지인데, 수십 채의 건물이 밀집한 동관은 일종의 무역거래소 역할을 했다.

용두산 서쪽에 있던 서관은 공식 사절이 머문 외교 공관이다. 서

〈부산포초량화관지도〉의 부분도. 부산 앞바다의 오륙도(위), 항구에 정박한 왜선의 모습(가운데), 매의 먹이를 잡는 일본인의 모습(아래).

관의 대표적인 건물은 삼대청 중 참판가. 이 건물 역시 일본 양식이 가미되었다. 이렇듯 왜관에 일본 가옥이 세워진 것은 왜관 건설에 일본 기술자가 참여했기 때문이다. 초량왜관 건설에 연인원 125만 명의 조선인과 2000여 명의 일본 기술자가 참여했다. 초량왜관은 조·일 합작품이었다.

도쿠가와 이에야스의 상비약, 조선 인삼

조선과 일본은 지리적으로 가까운 데다 2000년도 넘게 교류해왔기에 언제 인삼이 일본에 전해졌는지는 정확히 알기 어렵다. 일본에서는 인삼이 신비의 영약으로 알려졌고 목숨이 경각에 달린 사람도 구해내는 신묘한 약으로 인기를 얻었다. 기록으로 남은 일본의 인삼 역사는 739년 일본 덴표天平 11년에 발해의 문왕文王이 뜨거운 여름에 고려인삼 30근을 쇼무 왕聖武王에게 보내주었다는 기록에서 출발한다.

그 후 계속하여 한반도에서 일본으로 인삼이 보내졌고 바쿠후 시대에는 조선 통신사단이 고려인삼을 선물로 가져가기도 했다. 이에 대해 일본 측에서는 답례품으로 은銀을 보냈다.

오랜 역사를 통해 인삼은 예물과 교역품으로 조선에서 일본으로 건너갔다. 무장들일수록 자신의 건강에 각별한 신경을 썼는데 1대 쇼군인 도쿠가와 이에야스德川家康는 인삼을 늘 갖고 다니며 먹었다. 일본인들은 인삼이 저혈압, 고혈압, 당뇨병 등에 탁월한 효능을 갖고 있다고 믿었고 특히 혈액 속의 노폐물을 분해하며 동맥경화, 빈혈의 치료와 예방에도 도움이 된다고 생각했다. 특히 조선 정부가 인삼을 전매품으로 절대 유출시키지 않고 관리해왔기 때문에 그 희소성이 높아져 값이 끝없이 치솟았기에 바쿠후의 지도자들에게는 최상의 진상품이었다. 일본에서 인삼 재배가 시작된 것은 1729년으로, 도쿠가와 바쿠후의 8대 쇼군 도쿠가와 요시무네가 국가 프로젝트로 삼고 노력한 결과 비로소 재배에 성공했다.

인삼은 경작 조건이 까다롭고 연작이 불가능하며, 일본처럼 습하고 더운 곳에서는 재배하기 힘들다. 지금도 일본의 인삼 생산량은 100톤 정도에 불과하다. 시마네현, 후쿠시마현, 나가노현 등이 생산지다. 일본에서 조사한 최신 자료를 봐도 한반도에서 2000톤, 중국에서는 6000톤의 인삼이 나지만 한국산을 최상품으로, 그 중에서도 개성·강화·풍기 인삼을 최상으로 여긴다.

〈초량왜관도〉(부분)에는 왜관 건물의 이름까지 기록되어 있다. 1 삼대청 2 육행랑 3 관수가 4 재판가
5 개시대청 6 대관가 7 상점가 8 고색가.

〈초량왜관도〉에서 볼 수 있는 관수가(위 왼쪽)와 현재 모습. 관수가가 있던 자리에 아직 계단이 남아 있다. 변박의 그림에서 본 서관의 삼대청, 육행랑의 모습(아래 왼쪽)과 현재 부산의 모습(아래 오른쪽). 옛 건물은 모두 사라졌지만, 사각형으로 반듯하게 건물이 있던 위치를 가늠할 수 있다.

일본인들은 동관에 장기 체류하면서 개시대청을 통해 조선과 일본의 사무역 5일장을 열었다. 조선은 이 시장을 통해 일본과 왕성하게 교역했다.

죄는 있지만 묻지 않은 이유

부산에서 쓰시마 섬까지는 54킬로미터, 쓰시마 섬에서 일본 본토인 후쿠오카福岡까지는 154킬로미터, 쓰시마 섬은 본국보다 조선에 더 가깝다. 더구나 섬의 대부분이 산지인 쓰시마 섬은 경작할 수 있는 땅이 겨우 3퍼센트에 불과해, 예로부터 가까운 조선에서 식량을 조달해 왔다. 조선과는 떼래야 뗄 수 없는 사이였던 셈이다.

이 관계는 지금도 비슷해서 쓰시마 섬의 주 수입원은 한국인 방문객을 통한 관광 수입이라고 한다. 결국 쓰시마 섬이 먹고사는 방법은 조선을 약탈하든지 조선과 무역을 해서 식량을 조달하든지 둘 중 하나였다. 약탈을 할 때는 왜구로 변했고 무역을 할 때는 왜관을 통하는 식이었다. 1607년 조선과 일본 양국에 큰 충격을 던져준 사건이 발생했다. 쓰시마 섬은 조선이 임진왜란 이후 일본에 보낸 국서를 위조했다. 도대체 왜? 어떤 내용을 바꿨을까?

임진왜란 이후 조선과 일본의 국교 재개를 가장 먼저 서두른 곳도 쓰시마 섬이었다. 쓰시마 섬의 입장에서 대對 조선 무역이 얼마나 절실했는지 말해주는 유물이 있다. 쓰시마 번주의 성에서 발견된 '위정이덕爲政以德'이란 글씨가 새겨진 인장印章이다. '위정이덕'이란 조선 국왕이 일본에 보내는 국서에 찍던 표식이다. 조선 국왕의 인장이 쓰시마 섬에서 나왔다. 이는 가짜 도장이라는 뜻이다. 인장 위조는 곧 조선의 국서를 위조하기 위함이었다.

임진왜란 이후 첫 통신사단의 부사副詞였던 경섬慶暹이 쓴 《해사록》을 보면 조선에 보내온 국서의 원문 서두에 '봉복奉復'이란 말이 있다. 그러나 일본에 전해진 국서에는 '봉서奉書'라고 바뀌어있다. 봉복은 '삼가 답장한다'는 의미이고 봉서는 처음 보낸다는 의미다. 조선이 일본에 먼저 강화를 요청하는 내용으로 바뀐 것이다.

쓰시마 번주는 먼저 바쿠후 몰래 사과 국서를 조선에 보내고 받은 답장을 이렇듯 내용을 바꾸어 바쿠후로 전달한 것이다. 이로 인해 조선 조정이 벌집 쑤신

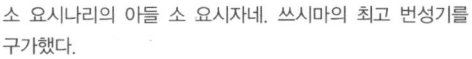

소 요시나리의 아들 소 요시자네. 쓰시마의 최고 번성기를 구가했다.

(왼쪽) 일본보다 한국에 더 가까이 있는 쓰시마 섬의 이즈하라 항구. 왜관은 쓰시마 섬과 깊은 관계를 맺고 있다.
(오른쪽) 위정이덕 인장. 조선이 일본에 보내는 국서에 사용하던 것인데, 쓰시마 번주가 가짜 인장을 만들어 국서를 위조했다.

듯 시끄러웠으나 "국서의 중요성을 모르는 오랑캐들의 실수"쯤으로 덮어두고 지나가 버렸다. 국서를 위조한 장본인은 쓰시마 번주인 소 요시나리宗義成. 국서 위조사건 이후 소 가문의 운명은 어떻게 됐을까?

아이러니하게도 쓰시마 섬은 국서 위조사건으로 풍요로운 시대를 맞이했다. 요시나리의 아들인 소 요시자네 시대에 왜관이 가장 번성해 인삼, 비단, 쌀이 들어오고 그 대신 은 등을 조선에 수출함으로써 일본 전체가 윤택하고 풍요로웠다. 당연히 소 가문은 국서 위조에 대해 아무런 처벌을 받지 않았다.

지금으로 말하면 쓰시마 섬은 일본 외무성의 한반도 관련 부서 역할을 했다. 바쿠후에는 조선에 관한 정보와 지식, 통로가 전혀 없기 때문에 쓰시마 섬에 의존할 수밖에 없었다. 따라서 바쿠후에서도 국서 위조라고 하는 커다란 죄를 눈 감아주기까지하면서 조선과 원만한 관계를 유지하기

조선 인삼 수입을 위해 특별
히 제작된 은화 인삼대왕고은.

위해 쓰시마 번주에게 기존의 관행대로 조선과
외교, 무역을 할 수 있는 권한을 부여했다.

그렇다면 당시 초량왜관을 통해 거래된 물
건은 무엇이었을까? 도쿄의 니혼은행 화폐박물
관에는 초량왜관에서 거래된 무역품이 무엇인
지 알려주는 유물이 있다. 당시 일본의 대표적
인 수출품이었던 은화다. 그 가운데는 최고의
인기상품이던 조선 인삼을 수입하기 위해 특별
히 제작한 '인삼대왕고은' 이라는 은화도 있다.

일본의 은은 쓰시마 섬과 초량왜관을 거쳐 중국으로 건너갔고, 그 대
신 중국의 비단과 조선의 인삼이 쓰시마 섬을 거쳐 일본으로 들어왔다.
인삼과 비단 그리고 은의 삼각무역이 이루어진 셈이다. 한편으로는 조선
활을 만드는 데 필요한 물소뿔 같은 동남아시아산 물자도 일본의 나가사
키長崎와 쓰시마 섬을 거쳐 초량왜관으로 들어왔다. 동아시아를 넘어 동
남아시아까지 연결되는 무역로의 중심에 초량왜관이 있었다.

임진왜란 이전, 조선 왕조는 다양한 일본 세력들과 직접 교류를 했다.
그러나 임진왜란이 일어나자 조선 왕조는 외교 채널을 쓰시마 섬 하나로
줄이고 무역에 관한 독점권을 부여했다. 쓰시마 섬을 인정하는 대신, 일본
의 다른 세력을 통제하겠다는 의도가 숨어있었다.

조 · 일 상열지사, 교간 사건

초량왜관에 체류한 일본인은 적어도 400~500명. 이들은 모두 쓰시마 섬
사람이었으니, 쓰시마 섬 남자 열여섯 명 중에 한 명이 왜관에 머문 셈이
다. 이곳 왜관에서 함께 거래하고 있는 일본인과 조선인을 한번 만나보자.

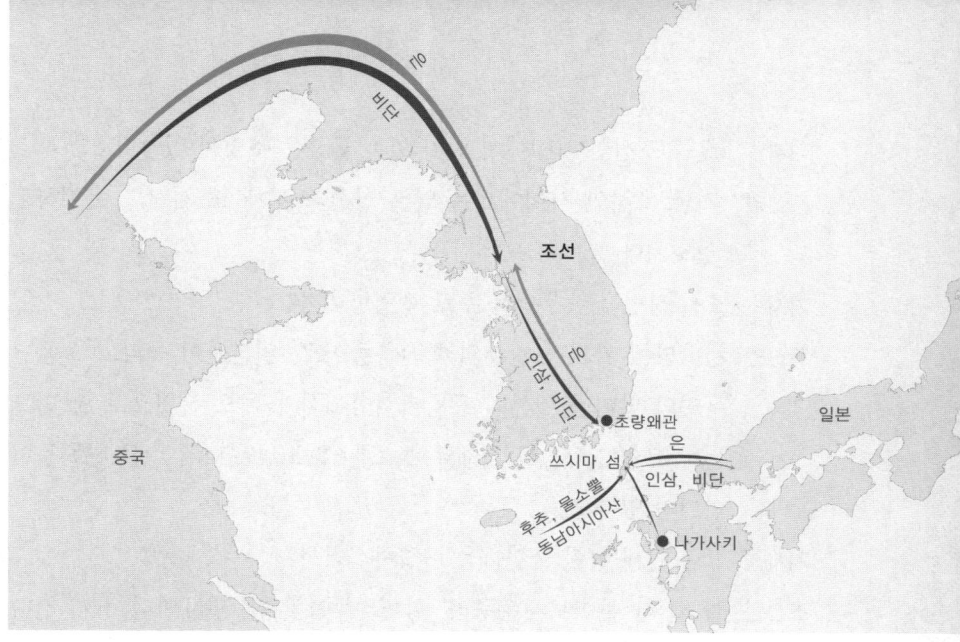

중국의 비단, 조선의 인삼, 일본의 은의 중개무역 지도. 이 중개무역으로 쓰시마 섬은 풍요로운 시대를 맞았다.

기자   지금 어디를 그렇게 바쁘게 가시는 중인가요?

일본인 왜관 밖으로 산책 가는 길이오. 왜관 밖으로 나가려면 초소에 허락을 받아야 하고 또 해가 지기 전에 돌아와야 하오. 왜인은 통제가 심한 편이오. 만약 통제를 따르지 않으면 크게 혼이 나기 때문에 이렇게 서두르는 것이오. 그럼 나는 바빠서 이만 가보겠소.

기자   질문 하나만 더하겠습니다. 일본에서는 주로 뭘 사 가지고 가십니까?

일본인 쌀과 곡식, 인삼, 면포, 쇠뿔 등을 사는데 일부에서는 술도 사는 걸로 알고 있소. 돈 되는 것은 다 들고 가지요.

기자   저기 저분은 조선 상인처럼 보이는데 한번 만나보죠. 조선 분이 왜관에는 웬일로 오셨나요?

조선인 왜인과 장사를 하기 위해서 나와있소.

기자 　　요즘 조선인 사이에서 인기 있는 물품은 무엇이 있습니까?

조선인 　지금 조선인 사이에서는 일본 양산과 부채 또 사탕도 유행하고 있소이다.

기자 　　조선 상인들은 무엇을 주로 수입합니까?

조선인 　청나라에 가져갈 일본의 특산품들이오. 일본산이 좋다고 소문난 구리와 납이나 일본이 동남아시아에서 들여오는 것으로 활 만드는 재료인 단목, 한약 재료로 쓰는 호초(胡椒, 후추), 물소뿔 등이 인기가 있다오.

기자 　　그럼 언제 이런 물건들을 구입하십니까?

조선인 　별 걸 다 물어보시는구려. 한 달에 여섯 번, 닷새마다 장이 선다오. 필요한 것이 있으면 직접 나오시구려. 자, 또 봅시다.

　　도깨비 시장에서 정기 시장으로 왜관에서 열리는 장시의 성격이 바뀜에 따라 물동량도 엄청나게 많아지고 있었다.

　　조선 속 일본이라 할 왜관은 문제투성이였다. 왜관을 관리하던 동래부 관원 174명 중 25명이 중간에 교체되거나 파직될 정도로 많은 사건이 일어났다. 밀무역을 비롯해서 조선인과 일본인의 싸움 등 온갖 사건이 종류별로 다 발생했다.

　　이렇게 왜관에서 일어난 사건 가운데 아주 특별한 사건이 있었다. 바로 교간交奸 사건이다. 여기서 교간이란 조선 여인이 왜관에 체류하고 있는 일본 남자와 정을 통했다는 말이다. 일종의 매춘 사건인데 이 사건이 조선과 일본 사이에 커다란 외교 문제가 되어서 결국에는 양국이 국제조약을 맺기에 이르렀다.

　　숙종肅宗 16년, 일본인과 교간한 여인 등 다섯 명을 효시(梟示, 목을 베어 높은 곳에 매달아놓음)했다. 사건 경위를 자세히 알아보자. 일본인과 관련된 각종 사건을 기록한 《왜인작나등록倭人作拏謄錄》에는 숙종 16년의 사건도 상세히 기록되었다. 이명원이라는 자가 그의 처와 딸, 여동생을 왜관에 들여보내 왜인과 잠자리를 하게 했다는 내용이다.

이명원은 딸과 여동생 등을 남장시켜서 왜관으로 몰래 들여보냈다. 이 여인들은 이명원 등의 강요 때문에 억지로 일본인에게 몸을 팔았는데 이 사실이 동래 관헌에 알려지면서 관련자 두 명은 옥사獄死하고, 나머지 다섯 명은 왜관 밖에서 효시를 당했다.

조선 사회에서는 공과 사를 불문하고 주자학의 근본을 퇴색시키거나 흐뜨리는 행동을 하면 죽음을 당해야 했다. 조선인과 일본인의 성적 접촉은 단순히 도덕적인 문제를 떠나 국가의 기강을 흔드는 중요한 도전으로 받아들여졌다.

그렇다면 일본인 관련자는 어떤 처벌을 받았을까? 1690년에 기록된 쓰시마 번주 가문의 고문서에 교간 사건에 대한 일본의 태도가 엿보이는 기록이 있다. 당시 조선은 이명원에게 돈을 지불하고 여인과 잠자리를 한 왜인을 조선인과 똑같이 처형하라고 요구했지만 일본은 이미 관련자를 용서하고 쓰시마 섬으로 돌아가게 했다.

왜 조선과 일본은 교간 사건에 대해 이렇듯 판이한 태도를 보였을까? 왜관은 아주 특별한 곳이었다. 500명이 넘는 일본인들이 머물렀지만 그들은 모두 남자였다. 왜관은 금녀禁女의 구역이었다.

아침에 시장이 설 때마다 조선 남녀가 섞여 왜관에 들어가지만 일본인들은 남자들이 가진 것은 아무리 좋은 것이라도 사지 않고 여인들이 가진 것은 나쁜 것일지라도 꼭 사는 경우가 반복되어서 결국 아침 저자에 여인들만 나가는 일이 빈번했다. 500여 명 이상의 일본 남성들이 득실거리는 곳에 아침마다 수십 명의 조선 여성이 몰래 들락거렸으니 문제가 생기지 않는 것이 도리어 이상한 일이었다. 동래부사 권이진權以鎭은

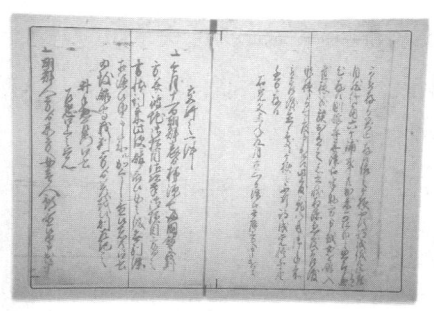

쓰시마 번주 가문의 기록에 나온 교간사
건 관련 기록.

이 상황을 보고 어채魚菜를 파는 것이
아니라 조선의 여인을 파는 것이라 하
여 주민들을 설득시켜 남자만 내보내
게 하였지만 잘 지켜지지 않았다.

일본에서는 오히려 이 문제에 관대
했다. 조선에 일본 무역선이 드나드는
초량왜관이 있었다면 같은 시기 일본
나가사키에는 네덜란드 무역선이 드나
들던 데지마 상관出島商館이 있었다. 제

주도에 표류한 하멜의 원래 목적지였던 데지마 상관은 육지와 격리하기
위해 만든 인공 섬에 위치했는데, 일반 여성의 출입은 엄중하게 감시받
았다. 그러나 게이샤는 마음 놓고 드나들었다. 상관 정문에는 게이샤 이
외 여성의 출입금지를 알리는 알림판이 있었다.

그러다 독일인 의사 지볼트Phillip von Siebold는 상관에 드나들던 게이
샤 오타키와 사랑에 빠졌고, 두 사람 사이에 딸 이네가 태어나 훗날 일본
최초의 여자 산부인과 의사가 되었다. 조선이었다면 상상도 할 수 없는
일이다. 반면 나가사키의 관료들은 게이샤들을 데지마 안으로 끌어들여
매일 밤 술값으로 남자들이 돈을 쓰게 함으로써 무역 차액을 메워 흑자
로 돌리기까지 했다. 이만큼 성문화에 대한 양국의 관점은 달랐다.

통신사까지 파견하며 교간 사건의 처리에 골치를 앓던 조선은 결국
일본과 이른바 잠간율潛姦律이라 불리는 신묘약조辛卯約條를 맺는다. 이
국제조약은 죄의 경중에 따라서 등급을 나누어 처벌하는 내용까지 담고
있다. 양국의 문화 충돌이 빚어낸 웃지 못할 일이었다.

17세기 데지마 상관의 모습(왼쪽)과 현재 모습(오른쪽). 일본은 1636년 나가사키 앞바다에 4000평의 인공 섬을 만들어 네덜란드와 교역하게 했다. 조총의 수입로로, 난학蘭學의 출발점으로 일본 근대화와 깊은 관련이 있는 이곳은 오페라 〈나비부인〉의 무대이기도 하다.

문화의 힘으로 평화를 추구하다

조선의 입장에서 교간 사건도 중요했지만 그에 못지않게 신경 쓰던 일이 있었다. '금/산입/각방/약조'라고 해서 동래부사와 왜관의 관수가 맺은 협약의 3조에는 누설죄가 포함되었다. 상인이나 역관이 조선의 실정을 왜인에게 누설할 경우 처벌한다는 내용이었다. 이렇듯 조선은 왜관을 통해 정보가 일본에 유출되는 것을 우려했지만 조약은 조약일 뿐 실제로 역관이나 상인을 통해서 누출되는 정보가 많았다.

그런데도 왜 조선 정부는 200년 가까이 초량왜관을 유지했을까? 초량왜관은 데지마 상관에 비해서 무려 25배나 규모가 크다. 큰 왜관을 유지하려면 조선 왕조가 부담하는 비용도 만만치 않았을 터이다. 그렇다면 조선 정부는 왜관이 조선에 더 많은 이익을 가져다준다고 본 것은 아닐까?

왜관을 통해 명분과 실리 사이에서 고민하는 조선 정부의 표정을 읽을 수 있다. 임진왜란 이후 일본 사절은 조선의 국왕을 직접 만날 수 없

동래부 동헌 앞에 있는 독진대아문 양쪽에 있는 글씨를 보면 조선의 대외 정책을 알 수 있다. '진변병마절제영'과 '교린연향선위사'에서 진변은 변방을 잘 지킨다는 의미고 교린은 우호적인 관계를 유지한다는 뜻이다.

었다. 한양으로 올라가는 대신 일본의 사절은 왜관 밖 객사에 마련된 조선 국왕의 전패殿牌에 예를 올린다. 이렇게 외교 사절을 통제하는 한편, 조선은 왜관 무역을 통해 일본과 우호적인 관계를 유지했다. 일단 일본과 평화가 지속되면 전쟁에 대한 공포가 없어지고 국방비를 절감할 수 있다고 생각한 것이다. 또 왜관의 동태만 잘 살피면 일본의 침략을 막을 수 있다고 보았다. 하지만 일본의 국내 사정이나 정보를 입수하는 데는 왜관보다는 통신사 파견이 성과가 좋았다. 일본이 언제 쳐들어올지 항상 예의주시하면서 합법적으로 감시하는 수단으로 통신사를 활용한 셈이다.

임진왜란 이후 조선 왕조는 에도에 있는 도쿠가와 바쿠후의 쇼군에게 총 열두 차례 사절을 보내는데, 통신사의 규모는 약 500여 명에 이른다. 그런데 그 많은 인원 중에서 쇼군을 만나 국서를 전달하는 공식 외교 사절은 얼마 되지 않는다. 박지원(朴趾源, 1737~1805)의 〈우상전虞裳傳〉을 보면 통신사가 어떤 사람들로 구성되었는지 알 수 있다. 천문·지리·산수·복서(卜筮, 점)·의술·관상·무력에 능한 자들부터 퉁소 부는 이, 거문고 뜯는 이, 농담 잘하는 이, 노래 잘 부르는 이, 술 잘 마시는 이, 장기나 바둑을 잘 두는 이, 말타기와 활쏘기를 잘하는 이들까지 저마다 자신의 재주로 나라 안에서 이름 날리는 사람은 모두 함께 보냈다.

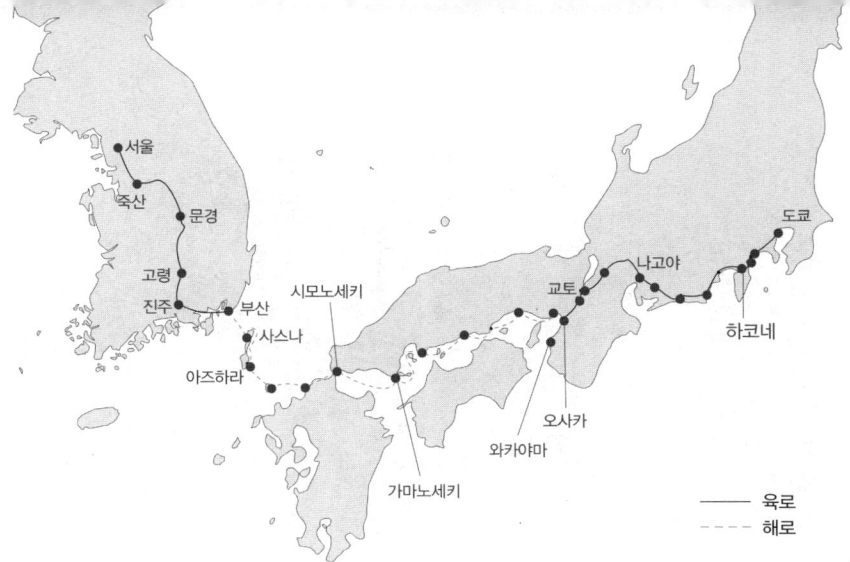

서울
죽산
문경
고령
진주
부산
사스나
아즈하라
시모노세키
가마노세키
오사카
와카야마
교토
나고야
하코네
도쿄

—— 육로
---- 해로

조선 통신사의 이동 경로. 임진왜란 이후 조선 정부는 1811년까지 총 12차에 걸쳐 각각 300~500명 규모의 통신사를 파견했다.

이 밖에도 통신사 행렬에는 기록을 담당하는 제술관製述官, 글을 잘 쓰는 서기, 병을 치료하는 의사, 문서의 출판을 맡은 사자관寫字官, 특수 군인인 별파진別破陳, 말재주를 부리는 마상재馬上才, 궁중음악을 맡은 전악典樂 등도 포함되었다.

조선이 각 분야 최고의 인재들을 선발해서 통신사로 파견한 배경에는 일본에 대한 문화적 우월감이 깔려있다. 통신사 일행은 조선의 뛰어난 문화를 전파하며 일본과 우호교린을 다지는 한편 일본 내륙 깊숙이 들어가 일본 정세를 살피고 돌아왔다.

적반하장의 침략 교두보—왜관은 첩보 정탐기지였다

19세기 말에 왜관을 그린 〈포산항견취도浦山港見取圖〉. 초량왜관이 생긴 지 200년 후의 모습을 그린 이 그림에는, 초량왜관의 중심 건물인 관수

〈통신사행렬도〉(부분). 조선은 선진문화를 전수하고 이를 통해 국방의 안정을 도모하는 한편, 일본 국내 사정과 정보를 수집하기 위해 통신사를 파견했다.

가 위로 일장기가 휘날리고 있다. 달라진 건 그뿐이 아니다. 지명과 번지도 모두 일본식으로 표기되었다. 1872년 일본의 메이지 정부는 조선이 지어주고 관리한 왜관을 마치 일본 정부의 땅인 양 무력으로 점령해버렸다.

군함 한 척과 보병 일개 중대를 파견해서 왜관을 무단 점령한다. 조선의 코밑에서 칼을 들이대고 수염에 불을 붙인 격이다. 그렇게 하여 200년간 지속되었던 왜관을 통한 양국 간의 교린관계가 무너졌다. 이후는 일본의 정한론(征韓論, 일본 정계에서 일어났던 조선 정복에 관한 주장)에 힘입은 침략 전술에 따라 왜관의 모습이 완전히 달라지기 시작했다. 적반하장이란 표현이 여기에 딱 들어맞는 말 아닌가.

1868년 메이지유신을 실시한 일본 열도는 곧 정한론에 휩싸인다. 1869년 일본의 외무성 고위 관리 사다佐田는 왜관에 머물며 첩보 활동을 벌여 그 결과를 기록했다. 1872년 9월에는 하나부사 요시타다花房義質가

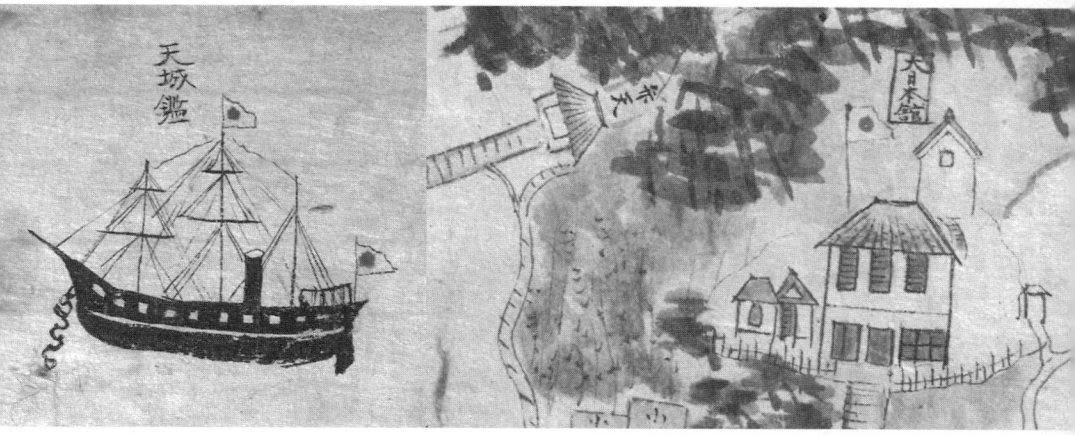

〈포산항견취도〉(부분). 200년간 지속되던 왜관을 1872년 메이지유신 정부는 무력으로 점령했다. 일본 군함(왼쪽)과 관수가 위의 일장기(오른쪽).

군함 두 척을 끌고 들어와 부산항에서 무력시위를 벌였다. 초량왜관은 이때부터 실질적인 일본 정부의 관리 아래 들어갔다. 국제법상으로 명백한 불법이었으나 조선은 이미 망국의 길을 걷고 있었다.

왜관의 관수가는 관리청으로 바뀌었고 1879년에는 일본 영사관으로 바뀌었다. 이 영사관이 청일전쟁과 러일전쟁의 교두보이자 전선사령부 역할을 하게 되었으니 왜관이야말로 대륙 수탈의 전진기지가 된 셈이다. 왜관의 역할 변화와 함께 부산 전역에 일본인들이 대거 들어와 조선 속의 일본이 되어갔다. 옥스퍼드 대학 동양연구소의 한국사학 박사 제임스 루이스James Lewis는 "1920년대 부산 인구가 11만 6000여 명이었는데 일본인이 4만 1000여 명으로 40퍼센트 정도가 일본인이었다"고 밝히고 있다. 이들은 언제든지 조선을 접수할 수 있도록 준비를 갖추고 있었다.

임진왜란 이후 조·일 우호와 평화의 상징이었던 왜관. 그러나 평화의 속셈에는 대륙 침략을 호시탐탐 노려온 정치적 계산이 숨어있었다. 왜관은 영원한 교린이란 존재하지 않는다는 국제 정치의 냉엄한 현실을 잘 보여준 곳이다. 왜냐하면 이상만 추구하면서 힘이 없는 나라는 결국은 패망하거나 강대국의 속국이 될 수밖에 없음을 깨우쳐주었기 때문이었다.

05 간도의 미스터리,
백두산정계비

나라 땅의 모든 산줄기가 비롯되는 백두산,
그리고 백두산 너머의 광활한 우리 땅, 간도.
이런 인식의 한가운데는 백두산정계비가 있었다.
정계비가 사라지고 간도가 중국의 영토가 된 지 100년.
원천 무효인 간도협약은 왜 아직도 그대로인가?

사라진 비석, 잃어버린 영토

1712년 5월 11일, 날씨가 아주 맑아서 백두산 사방의 수천 리까지 보일 정도였다. 이날 청나라와 조선의 경계를 표시하기 위해 청나라 관리들이 조선의 역관 등을 데리고 백두산으로 올라가며 주변 정황을 보고 기록에 남겼는데 그것이 오늘까지 전해온다.

> 소위 장백(백두산)의 산형은 반쯤 펼쳐진 우산과 같고 우산 꼭대기 되는 지점에 큰 못이 있다. 그리고 언덕 등마루의 사방은 펼쳐놓은 우산 폭과 같다. 못 북쪽의 혼동강混同江 수원은 평지로 흘러 물발을 이루고 있음을 볼 수 있다. (……) 내가 이 산을 보건대 서쪽은 험난해서 넘기 어렵고 동쪽은 땅이 평평해서 넘기 쉽다. 그리고 이 언덕에는 지나다니는 요로가 있기 때문에 이곳에다 비를 세우면 피아彼我 간에 넘어오면 안 될 곳임을 알릴 수 있다.

우리 영토 인식의 중심인 백두산 천지의 맑은 물은 압록강과 두만강, 중국 쑹화 강의 원류가 된다.

　이들은 백두산의 장대한 모습에 감탄하면서 양국의 경계선을 표시할 중요한 비석을 세우기 위해 현지를 답사했다. 이렇게 300여 년 전 백두산 천지天地 기슭에 세워진 백두산정계비는 뒷날 조선과 청나라 사이에 격렬한 영토 경계 논란을 불러일으킨 뜨거운 감자가 되었다.

　백두산. 지금은 북한과 중국의 접경이어서 남한에 살고 있는 우리들은 국경이라는 인식조차 희박하지만 조선 시대까지만 해도 선조들은 이 산을 우리 영토의 끝이 아니라 중심이라고 생각했다. 백두산은 우리 민족과 떼려야 뗄 수 없는 산으로, 단군이 처음 이 땅에 역사를 시작한 곳이고 모든 산줄기가 비롯되는 민족의 영산이다. 이 때문에 백두산은 우리 영토의 끝이 아니라 우리 영토의 중심이며 압록강과 두만강 이북의 땅도 우리 영토라는 인식이 생겨났다. 그리고 이런 생각의 한가운데 백두산정계비가 있다. 백두산정계비의 진정한 의미는 우리나라 영토의 실제 범위를 밝혀주는 중요한 출발점이 된다는 데 있다.

　1712년에 세워진 백두산정계비는 일제강점기까지 처음 세워진 자리

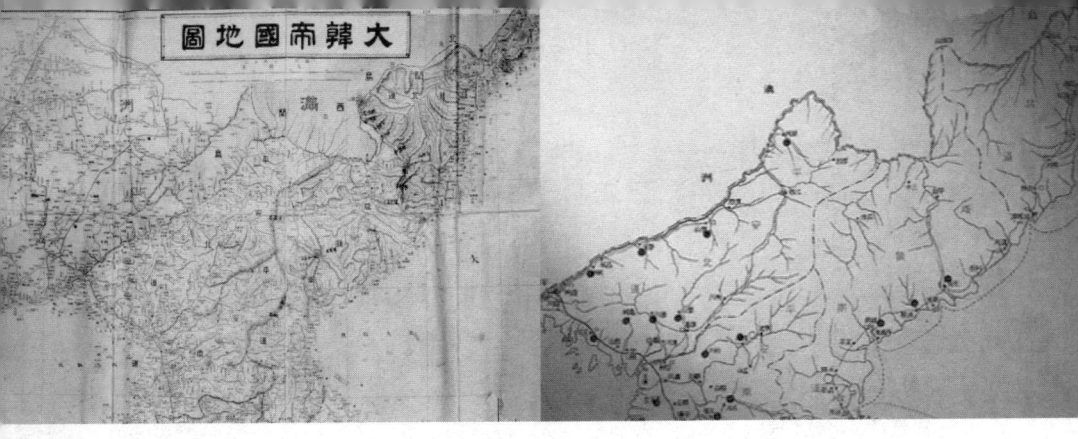

대한제국지도(1908년, 왼쪽)와 조선공업분포 및 상업개요도(1911년, 오른쪽). 불과 3년 사이에 두만강 이북의 간도가 사라졌다.

에 존재했다. 그런데 1931년 7월, 이 백두산정계비가 흔적도 없이 사라졌다. 도대체 왜 백두산정계비는 갑자기 사라졌을까?

1931년까지 중요한 국경비로 존재했던 백두산정계비가 없어진 이유를 지도 한 장에서 찾을 수 있다. 1908년 제작된 〈대한제국지도〉에는 두만강 북쪽 간도가 조선 영토로 표기되었다. 그런데 3년 후 조선총독부가 만든 또 다른 지도는 조선의 영역을 두만강 이남으로만 표시하고 있다. 간도가 사라진 것이다. 불과 3년 사이에 우리 백성들은 모르고 조선총독부만 아는 어떤 일이 일어난 것일까?

국회도서관에 보관된 마이크로필름 자료에서 이 의문에 답을 제시하는 기록을 찾아냈다. 1909년 청나라와 일본 사이에 맺어진 간도협약 전문이다. "청·일 양국은 두만강을 조선과 청나라의 국경으로 삼는다"는 조문이 분명히 기록되었다. 당사자인 조선을 배제한 채 일본과 청나라가 마음대로 조선의 국경선을 확정한 것이다.

같은 날, 청과 일본은 이른바 만주협약도 체결했다. 일본은 만주, 즉 간도 지역의 철도부설권과 탄광채굴권 등의 이권을 얻는 대가로 간도를 청의 영토로 인정했다. 천지 아래 세워졌던 국경비, 즉 백두산정계비는 사라지고 간도협약에 따라 간도는 중국 땅이 되고 말았다. 그리고 일본

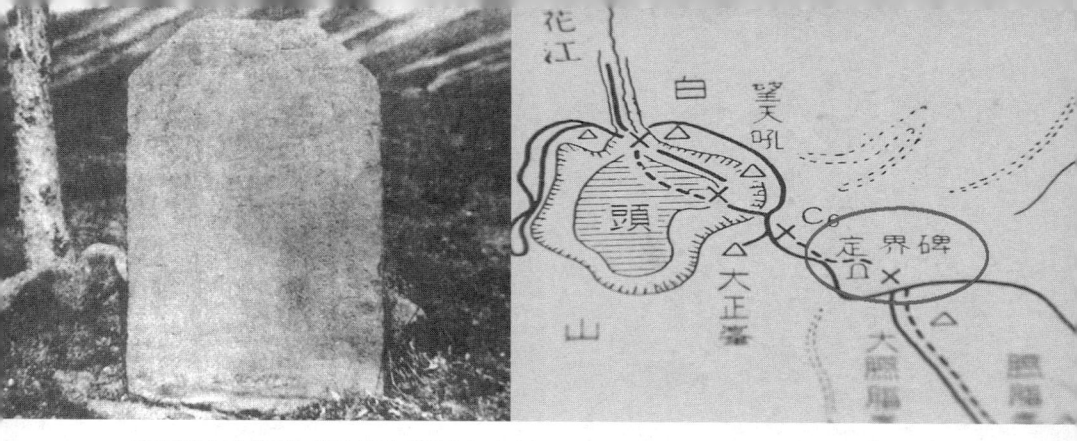

일제강점기 때 촬영한 백두산정계비(왼쪽)와 백두산정계비의 위치가 표시된 지도(오른쪽). 위성사진을 통해 알아본 백두산정계비의 정확한 위치는 동경 128° 09′, 북위 41° 99′ 이다.

은 이 문제에 대해 지금껏 침묵하고 있다.

청과의 국경을 정하다

백두산정계비는 오랫동안 한·중 간에 논란의 대상이 되어왔다. 이 백두산정계비의 해석에 따라 간도가 어느 나라 땅인지 정해진다고 믿기 때문이다. 그렇다면 간도는 정확히 어느 지역을 가리키는 것일까?

백두산을 기점으로 압록강 이북을 서간도, 두만강 이북을 동간도 혹은 북간도라고 하는데 이를 통틀어 간도라고 한다. 간도 전체를 합치면 지금의 한반도보다 훨씬 넓은 큰 땅이다. 이렇게 간도의 기준으로 인식되는 것이 백두산이고 그 중에서도 백두산정계비다. 그런데 이 비석은 청나라의 주도로 세워졌다. 그렇다면 청나라는 왜 백두산정계비를 세우는 데 앞장섰을까?

1712년, 압록강 변에서 양국 정

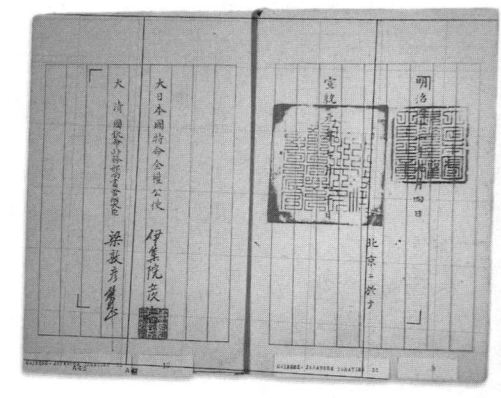

1909년 청과 일본 사이에 맺어진 간도협약 전문.

간도는 본래 여진족의 영역이었으며, 고구려 때는 고구려에 속하던 땅이다. 고구려 이후 발해가 5경을 두었을 때는 동경의 용원부에 속했다. 이렇듯 간도는 아주 넓은 영역으로 백두산정계비와 관련된 간도 문제는 대체로 북간도 지역을 이야기하기도 한다.

부에서 파견한 조선 관리와 청나라 관리가 회동했다. 이 관리들은 양국 정부에서 파견한 대표단이었다. 조선 대표는 접반사(接伴使, 외국 사신을 접대하는 일을 맡던 벼슬아치) 박권朴權과 함경도관찰사 이선부, 청의 대표는 지린吉林 지역을 다스리던 오라총관 목극등穆克登이었다. 이 회동은 청나라 강희제의 명에 따라 조선과 청의 국경을 확정하기 위한 만남이었다.

당시 강희제는 강력한 국력을 바탕으로 영토를 확장해가며 청나라 최전성기를 구가했다. 1683년 타이완을 접수한 데 이어 러시아와 국경 문제를 타결하고 서역의 신장新疆까지 영토를 확장했다. 그리고 마지막으로 남은 과제가 조선과 청의 국경 확정이었다.

양국 대표단이 백두산으로 오르기 시작했는데 뜻밖의 사태가 벌어졌다. 오라총관 목극등이 조선 대표의 백두산 동행을 거부한 것이다. 박권과 이선부의 나이가 많아 배려한다는 명분이었다. 묵극등이 백두산에 오

일본인이 소개하는 백두산정계비

1931년 백두산정계비를 숨긴 일본은 부인하고 싶겠지만 백두산정계비의 정확한 위치를 일본인 스스로 각종 문헌에 밝혀놓았던 것이 드러났다.

　메이지 43년(1910년) 12월 26일 발행된 잡지 한 권에 백두산정계비에 대한 기록이 등장한다. 1910년이면 일본이 대한제국을 강제로 병합한 때다. 경성 혼마치本町, 지금의 서울 충무로에 위치한 조선명기편찬소라는 출판사가 〈조선명승기〉라는 잡지를 발행해 정가 1원씩 받고 일반 독자들에게 판매했는데 이 잡지에 백두산정계비를 실었다. 그들이 기록한 내용은 너무도 정확하다. 일본어로 된 이 잡지의 기사를 여기 옮겨보자.

> 앞서 간도 문제로 중요한 현안이 되기도 했던 백두산정계비는 지금부터 197년 전 조선 숙종 38년 4월에 청나라의 오라총관 목극등이 조선과 청나라의 경계를 세우는 임무를 받고 변경에 이르자 조선의 접반사 박권, 함경도관찰사 이선부가 그를 만나 경계 확정을 심의하여 건립비를 세웠다. 비는 산의 큰 못에서 동쪽으로 1리에 있고 높이 2척, 폭 1척여가 되며 정면에는 35자를 새기고 측면에는 49자를 새겨넣었다.

　이 잡지를 쓴 와타나베는 발행자 겸 저자였는데 이 기록을 후세에 남겨 고증을 하게 만들었으니 일본인이 스스로 백두산정계비에 대해 정확하게 증언한 셈이다.

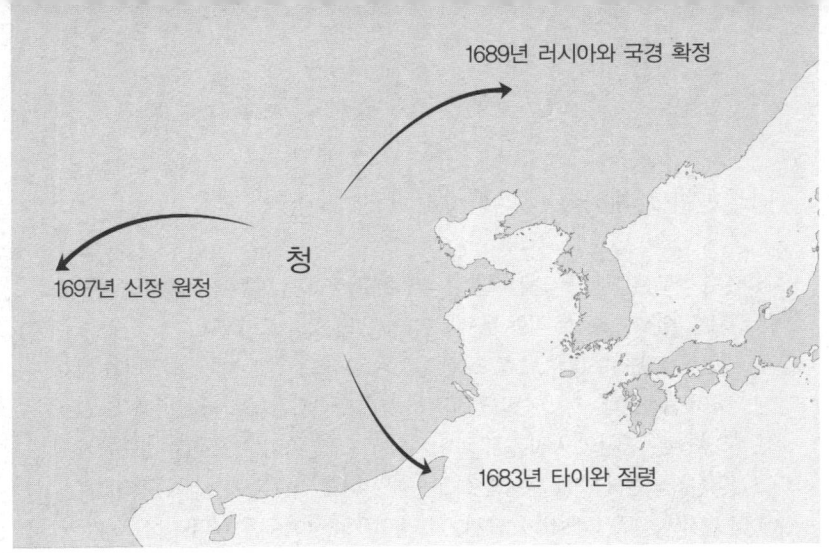

1689년 러시아와 국경 확정

청

1697년 신장 원정

1683년 타이완 점령

청나라 최전성기를 누렸던 강희제 때의 영토 확장.

를 때 조선 대표단에서는 역관 김응헌, 김경문이 동행했고, 차사관 두 명, 군관 두 명 등 하급 관리만 따라갔다. 조선 대표를 배제한 청나라 대표단의 단독 산행. 가장 중요한 시점에 조선의 책임자급 관료들을 배제한 셈이다. 백두산으로 오른 목극등은 천지 주변의 물줄기를 살폈다. 그리고 압록강과 토문강(土門江, 쑹화 강의 지류)의 물길이 갈리는 곳이라 판단되는 장소에 비석 하나를 세운다. 조선과 청나라 사이에 세워진 최초의 국경비 백두산정계비였다.

고지도는 알고 있다

검사　목극등 피고, 당신은 조선과 청의 영토를 경계 지으려 백두산에 갔을 때 두만강의 수원을 고의로 잘못 표시하여 간도 지역을 청나라 영토로 삼았음을 인정하시오?

목극등 천만의 말씀이오. 당시 백두산은 사람이 다니지 않아 앞에서 장졸들이 나무를 베어가며 올라갔소. 그곳은 주인 없는 곳이었소. 우리는 거기서 강의 발원지를 찾아냈는데 양국 간의 경계를 세울 만한 곳이었소. 당시 조선인들도 있었으니 물어보시오.

검사 접반사 박권에게 묻겠소. 당신은 왜 당시에 목극등 총관에게 간도도 조선 땅이라고 말하지 않았소? 백두산정계비를 세울 때 막았어야지 지금에 와서 국제법에 제소하다니 이게 말이 되오?

박권 당시 저와 함경도관찰사는 따라오지 못하게 하는 바람에……. 그래도 총관이 산에서 내려와 다시 만났을 때, 총관의 조사 내용은 제가 이야기한 두만강 원류와 다르다고 말했습니다. 여기서 얼마 떨어지지 않았으니 잠시만 가보면 알 것이라고 이야기했는데도 총관이 듣지 않았습니다. 황제에게 이미 보고한 내용이라며 밀어붙이는 바람에 어쩔 수 없이 잠자코 있었습니다.

검사 그러면 당시 현장에 있었던 차사관·군관·역관들은 대답하시오. 그대들은 당시 현장에 있을 때 백두산정계비를 세우려는 위치가 잘못되었음을 알고 있었소?

차사관 등 예, 저희들이야 다 알고 있었지요.

검사 그런데 목극등 총관에게 왜 아무 말도 하지 않은 거요?

차사관 등 그, 그거야 황제의 명을 받고 온 사신에게 우리 신분으로서야 뭐라 말하기 어려웠지요. 그런 것은 윗분들이 하셔야죠.

검사 그렇다면 목극등 당신이 이들을 힘으로 밀어부친 것이 분명하군요.

목극등 아닙니다. 전혀요. 이들은 오히려 백두산 남쪽에 대해 더 신경을 쓰고 있었소. 마치 내가 백두산 남쪽도 청나라 영토라고 우길까 봐 걱정하는 모습이 역력했고 간도 지역에 대해서는 크게 신경 쓰지 않는 분위기였소. 오히려 내가 길잡이들에게 양식도 주고 공평하

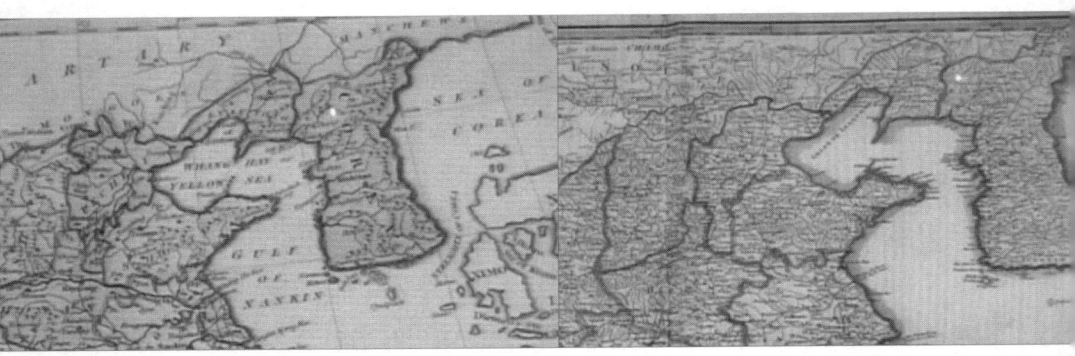

1794년에 제작된 위킨슨 지도(왼쪽)와 1750년에 제작된 보곤디 지도(오른쪽)에는 조선의 국경선이 지금과는 달리 압록강과 두만강 이북에 있다. 이렇듯 18세기 서양에서는 간도를 조선 영토로 인식했다.

게 대하는 것을 보고 감사하는 분위기였소.

검사 이 문제는 기초 조사를 더 한 다음에 다시 검토하기로 합시다. 폐
회합니다.

그렇다면 당시 제3자였던 서양은 조선과 청의 국경을 어떻게 파악했
을까? 1735년 프랑스에서 출판된 《새 중국지도Nouvel Atlas de la Chine》(총
42장)는 중국의 역사, 인문, 지리를 담은 총서다. 이 책에 실린 지도에는
청과 조선 그리고 간도 지역의 국경이 점선으로 나타난다. 그런데 놀랍
게도 조선과 청의 국경을 압록강과 두만강이 아니라 그 이북 지역에 표
기한다. 압록강 이북 지역까지 평안도라고 명기하고 있다. 그뿐 아니라
18세기의 많은 서양 고지도들도 조선의 국경을 압록강과 두만강 이북에
서 표기한다. 백두산정계비를 세우게 했던 강희제의 명령에 따라 서양
선교사들이 만든 고지도에서도 백두산은 명백한 조선의 영역이었다. 그
렇다면 청은 왜 백두산에 정계비를 세웠을까?

천지에서 동쪽으로 약 20킬로미터, 천녀욕궁지라고 불리는 둥근 연

못이 있다. 신비감마저 감도는 이 아름다운 연못을 청나라 사람들은 자기네 민족(여진족)의 발원지로 여겼다. 중원을 점령한 이후 청은 자신들의 발상지를 보호하려는 정책을 폈다. 정묘호란丁卯胡亂 직후의 기록을 보면 청의 만주 중시 정책을 볼 수 있다.

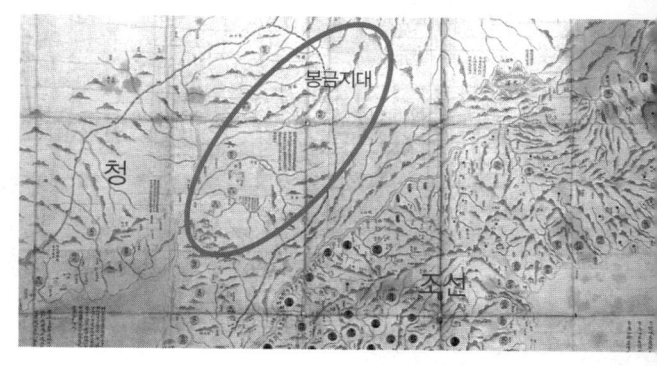

청은 봉금지대를 설정하고, 사람이 살지 못하게 하는 정책으로 간도를 차지하려 했다. 하지만 조선은 봉금지대를 자신의 영역이라고 생각했고, 실제로 봉금지대 안에 조선인이 살고 있었다.

즉 만주 지역을 무인지대로 만들자고 청이 먼저 제안한 것이다.

이에 조선과 청은 서로 침범하지 않고 각자 무인지대를 설정하고 봉금지대封禁地帶라 했다. 그렇다면 봉금지대는 어디였을까? 서양 고지도를 보면 압록강과 두만강 이북의 일정한 지대 혹은 그 이상으로 추정된다. 봉금지대가 조선과 청의 중립지대였다면 백두산정계비는 무엇을 의미하는 것일까? 청의 주도로 세워진 백두산정계비는 봉금지대를 자신들의 영역에 포함시키고 조선의 영역을 압록강과 두만강 이남으로 제한하려는 청의 의도를 담고 있다.

남아있는 기록을 토대로 백두산정계비를 자세히 보자. 높이 약 83센티미터, 폭 56센티미터로 크지 않은 이 비석에 새겨진 글자 수는 82개. 대청大靑이라는 글자가 보이고 당시 비석 제작에 참여했던 오라총관 목극등의 이름도 보인다.

비석 정면 35자는 다음과 같다. '대청'이라 행서로 크게 쓰고, 그 아래에 "오라총관 목극등 봉지사변 지비심시 서위압록 동위토문 고어분수령

상륵석위기烏喇摠官 穆克登 奉旨査邊 至比審視 西爲鴨綠 東爲土門 故於分水嶺 上勒石爲記"라고 세로로 기록했다. 이 비문 중에서 가장 관심을 끄는 것은 '서위압록 동위토문'인데, 서쪽은 압록강, 동쪽은 토문강을 경계로 한다는 뜻이다. 여기서 압록강은 그 경계가 명확한데 문제가 되는 것은 바로 토문강이란 이름이다.

조선의 토문강은 어디인가?

중국에서 올라가는 백두산 입구에서 만나는 물줄기는 백두산에서 중국으로 흐르는 쑹화 강의 상류다. 쑹화 강은 백두산 천지에서 직접 발원하는 창바이 폭포長白瀑布에서 시작된다.

또 백두산 서쪽 기슭에서는 압록강이 발원하고 동쪽 기슭에서는 두만강이 흐른다. 백두산정계비를 둘러싼 논란의 핵심은 바로 이 쑹화 강과 두만강이다. 조선은 쑹화 강의 상류의 한 지류를 토문강이라고 주장했다. 조선의 주장대로라면 쑹화 강 이남이 조선 땅이 된다. 반면 청은 두만강이 토문강이라고 주장했다. 토문강이 어디냐에 따라 함경남북도 크기의 땅 주인이 바뀔 수 있다.

백두산에 정계비가 세워진 지 약 170여 년 후, 두만강 이북의 간도(동간도) 땅에 살던 조선 백성들은 황당한 일을 당한다. 청나라 정부가 간도의 조선 백성들을 대상으로 두만강 이북 간도 땅에 사는 조선 백성들은 모두 철수하라는 쇄환령刷還令을 내린 것이다. 조선 백성들에게는 청천벽력 같은 조치였다. 당시 수많은 조선 백성들이 황무지를 개간하여 논밭을 일구며 간도를 삶의 터전으로 만들었다. 특히 1860년대 이후 대규모 이주가 이루어져 곳곳에 마을을 이루고 자치 기구까지 설치했다. 이들은 간도를 조선 땅으로 여기고 있었다. 이런 인식의 바탕에는 백두산

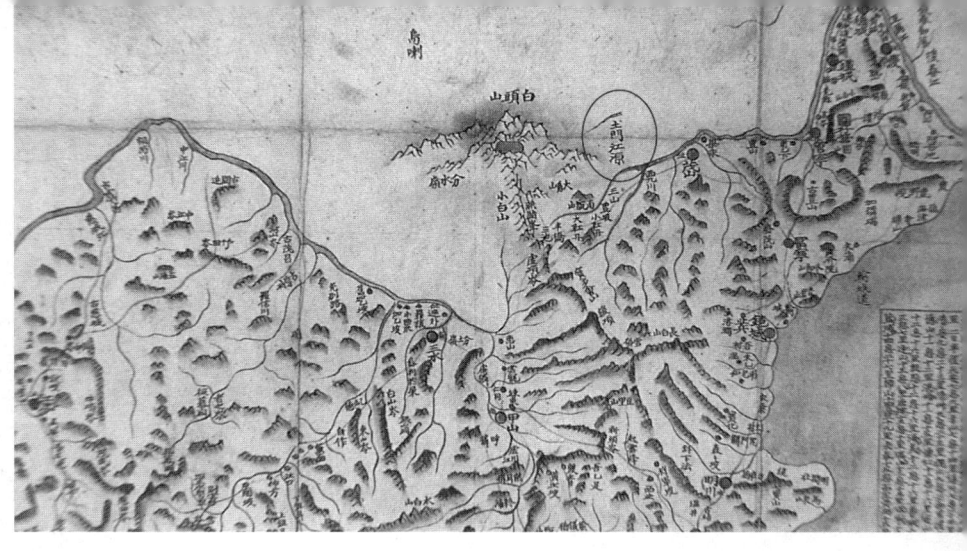

청나라는 토문강을 두만강이라고 주장했다. 그러나 〈관북도〉에서 표시된 토문강은 분명 두만강과 별개로 존재한다(원으로 표시한 부분이 토문강).

정계비에 새겨진 '동위토문'이 있었다.

간도에 정착한 조선 백성들은 토문강이 쑹화 강 상류라고 굳게 믿고 있었다. 토문강이 어디냐에 따라 조선의 영역에 엄청난 차이가 생긴다. 즉 토문강이 두만강이라면 그 남쪽만이 조선 영역이 되는 반면, 토문강이 쑹화 강 상류라면 드넓은 간도가 조선 땅이 된다. 청의 주장은 달랐다. 토문과 도문圖們은 같은 발음이며 도문은 두만豆滿이라고 일관되게 주장했다.

그렇다면 옛 기록들은 토문을 어디로 기록하고 있을까?《용비어천가龍飛御天歌》에는 토문이 두만강 북쪽에 있다고 적었다. 토문과 두만을 다른 강으로 본 것이다. 청보다 앞선 명나라 때 만들어진《요동지遼東志》도 토문강의 근원은 백두산이며 쑹화 강으로 흘러든다고 분명하게 전하고 있다. 명나라 때만 해도 중국인들은 토문과 두문을 다른 강으로 파악했다. 백두산정계비가 세워진 이후에 제작된 조선의 지도 역시 토문강은 두만강과 다른 강으로 표기한다.

일제강점기에 촬영된 백두산정계비 인근의 석퇴(돌무더기, 왼쪽). 석퇴의 존재는 토문강의 위치를 알려준다. 옛 약도에서 토문강의 지류를 따라 석퇴를 쌓은 모습을 볼 수 있다(오른쪽).

토문이 쑹화 강 상류라는 또 다른 증거로 백두산정계비를 세운 후, 토문강의 발원지까지 돌무더기와 목책을 쌓았다는 기록이 있다. 백두산 정계비 근처의 물줄기는 건천乾川으로 조금만 가물어도 이내 물이 마르는 계곡이었다. 그래서 물줄기를 확실히 하기 위해 석퇴(石堆, 돌무더기)를 길게 쌓았다. 석퇴는 정말로 있었을까? 일제가 만든 사진첩에서 일제 강점기까지 석퇴가 있었다는 사실을 확인할 수 있다. 백두산정계비 부근을 촬영한 사진을 보면 군데군데 쌓여있는 돌무더기가 보인다.

1948년 북한 청진교원대학 백두산 탐사팀이 발견한 돌담도 두만강 상류가 아닌 토문 방향이었다. 이들은 백두산정계비 아래 골짜기 토문강을 따라 약 32~36킬로미터까지 목책과 돌무더기 또는 흙무덤을 설치한 것이 확실하다고 밝혔다.

일본인들이 그린 백두산 부근 약도에도 역시 정계비 옆에 석퇴, 토퇴(土堆, 흙무더기)가 그려졌고 토문강으로 이어진다. 그리고 토문강은 북쪽으로 흘러 쑹화 강으로 합류하고 있다.

쑹화 강으로 이어지는 토문강은 지금은 어떤 모습일까? 일제강점기 총독부가 발행한 간도산업조사서의 지도에 따르면 쑹화 강의 상류 지류는 삼도백하(三道白河, 산다오바이허 강), 사도백하(四道白河, 쓰다오바이허 강) 그리고 오도백하五道白河로 되어있는데, 토문은 바로 오도백하다.

오도백하를 찾아내면 토문을 둘러싼 논란은 해결된다. 오도백하가 쑹화 강 본류와 합류하기 직전에 있는 산다오三道라는 마을에서 토문강 탐사는 시작된다. 오도백하는 쑹화 강 최상류의 오지에 있다. 강줄기를 따라 상류로 거슬러 오르면 점차 마을도 뜸하고 길도 험해 더 이상의 차량 접근이 불가능하다. 중국 현지에서는 토문강이라는 이름조차 사라졌다. 그러나 오도백하는 틀림없이 백두산에서 발원하는 토문강이다. 숱한 논란의 불씨를 안은 채 토문강은 백두산에서 시작해 쑹화 강으로 흘러가고 있다.

간도는 우리 땅

한 지역이 특정 국가의 영토가 되기 위해서는 몇 가지 조건을 갖춰야 한다. 첫째는 국경을 접한 양국의 합의가 중요하다. 다음으로는 누가 실제로 그 땅을 점유했느냐와 실제 행정권이 미치느냐 여부가 영유권을 주장하는 중요한 요인이다. 그렇다면 당시 간도의 상황은 어땠을까? 백두산 정계비 건립 이후, 간도의 상황은 과연 어떤 곳이었을까?

압록강은 현재 북한과 중국의 국경선이다. 압록강 하류에서 북쪽으로 올라가면 단둥丹東 지역에서 고구려산성으로 유명한 봉황산 산성이 있다. 봉황산 산성이 자리한 펑청鳳城의 우리식 지명은 봉성鳳城, 조선 시대 중국으로 가는 사신들이 반드시 거쳐가던 교통의 요충지였다. 이곳에서 자동차로 약 10분 거리에, 벤먼邊門이라는 마을이 있다. 벤먼은 국경

(왼쪽) 벤먼 지역의 기차역 일면산역 표지판. 이전에는 고려문역이었다. 일면산역으로 불린 지는 20년 정도 되었다고 한다. 고려문이라는 명칭이 옛 국경의 흔적을 보여준다.
(오른쪽) 1860년대 간도의 조선인 거주지. 간도에 삶의 터전을 일군 조선 백성들은 '동위토문'을 근거로 간도를 조선의 땅이라고 여겼다.

지역을 뜻하는 지명으로, 조선 시대 우리나라에서는 책문柵門이라 부르던 곳이다. 이곳 벤먼에 있는 기차역의 이름은 일면산역, 그러나 현지인은 이곳이 예전에는 고려문역이라 불렸다고 증언했다. 역 이름이 고려문역이었다는 것은 조선과 깊은 연관이 있다는 뜻이다.

그렇다면 왜 이곳을 고려문역이라고 불렀을까? 정계비가 세워진 훨씬 후대인 19세기에 미국인 선교사가 펴낸 조선 소개서의 지도는 봉성을 조선의 옛 국경문으로 표기했다. 고려문이라는 지명은 여기에서 비롯되었다.

〈황여전람도皇輿全覽圖〉 제작에 참여했던 프랑스인 선교사 레지Jean-Baptiste Régis가 남긴 기록, 일명 '레지의 비망록'에는 더 상세한 내용이 나온다. 즉, 봉성 동쪽이 바로 조선의 서쪽 국경선이라는 것이다. 이 기록에 따르면 당시 조선의 국경선은 압록강과 두만강이 아니라 봉성을 기점으로, 훨씬 북쪽에 있었다. 조선 조정이 압록강 이북을 관할했다는 기

록도 보인다. 《영조실록》에는 조선이 압
록강 이북의 봉성까지 영향력을 행사한
내용이 있다.

두만강 이북의 국경 역사는 어떠했을
까? 《북관유적도첩北關遺蹟圖帖》은 고려
예종부터 조선 중기까지 북방 개척에 관
한 역사를 기록한 화첩이다. 이 책에 있
는 〈척경입비도拓境立碑圖〉는 동북 9성을
개척한 윤관尹瓘이 고려의 국경비를 세우

《북관유적도첩》 가운데 〈척경입비도〉
(부분)는 윤관이 고려의 국경비를 세우
는 장면을 묘사했다.

는 장면을 담은 그림인데, 비석에는 '고려지경高麗之境' 네 글자가 뚜렷
하다. 기록에 따르면 윤관의 국경비는 선춘령先春嶺에 세워졌다. 선춘령
은 어디일까? 18세기 지도에 보면 선춘령은 두만강 북쪽, 즉 지금의 간
도 땅이다. 또한 조선이 고려 시대를 거쳐 조선 시대까지 두만강 이북에
영향력을 끼친 것을 확인할 수 있다.

지금도 만주 지역 곳곳에 우리 민족의 흔적이 남아있다. 현재 확인할
수 있는 가장 오래된 조선인 마을은 박보촌朴堡村이다. 이곳은 박씨들의
집성촌으로 현재까지도 50~60호의 박씨 가족이 집성촌을 이루고 있다.
이들은 15대, 400년 이상 이 마을에 살아왔다. 마을 주민들은 가문의 돌
림자도 정확하게 아는 조선계다. 이들은 백두산정계비가 세워지기 훨씬
이전부터 간도에 뿌리내리고 살았다.

조선인의 간도 점유를 확실하게 보여주는 또 다른 증거가 있다. 고종
때 만들어진 간도 지역 사람들의 변계호적안邊界戶籍案, 이 호적안 작성
자는 조선 조정에서 파견한 서변계 관리사 서상무徐相懋다. 내용 역시 매
우 상세하다. 지명과 함께 실제 거주자까지 정확하게 기록한 변계호적안
은 조선의 행정력이 간도에 미쳤음을 보여주는 움직일 수 없는 증거다.

〈황여전람도〉와 강희제의 야심

조선과 청 사이에 봉금 정책이 실시되는 한편으로 청 건국 이후 최대의 영토를 차지한 강희제는 당시 베이징에 와있던 서양 선교사들을 시켜 청나라의 국경을 측량토록 했다. 조선 숙종 때였다. 여기에 동원된 인원이 레지, 부베 Joachim Bouvet, 자르투Pierre Jartoux, 프리델리Xauer-Ehrenbert Frideli 등이었는데 강희제는 이들에게 만주(간도)와 내몽골 지역을 실측케 하여 1716년에 만주 지역의 측량을 끝낸다. 프랑스 신부인 자르투가 이 작업을 감독하고 각 지역의 지도를 제작하여 강희제에게 바쳤다.

한편 레지는 1710년경 만주 지방을 실측하였고, 실측하기 어려운 곳은 조선 왕실이 보관하던 지도를 참조했다. 이를 뒤집어 해석해보면 조선 왕실은 만주 지방의 지도를 갖고 있었다는 말이다. 만주가 조선의 영토이기 때문에 지도를 갖고 있었던 것이 아닐까?

강희제는 청의 민족발흥지가 백두산 동쪽(천녀옥궁지)이라는 설을 믿은 듯싶다. 그는 1677년에 이를 이야기하면서 "장백산(長白山, 백두산)은 곧 우리 왕통의 발상지이나 지금 확실하게 아는 사람이 없다. 그러니 진수 오라장군은 길을 잘 아는 자를 뽑아 안내하게 하고 상세한 것을 알아오라. 그리고 그곳에서 산신께 제를 올리고 예를 다하라"고 지시한 기록이 있다.

강희제가 백두산 지역으로 눈을 돌린 또 다른 이유는 러시아 견제에 있었다. 러시아는 당시 무주공산이었던 동북아시아 지역으로 진출하고자 병력을 내고 전략적 거점을 구축하는 등 청의 신경을 건드렸다. 강희제가 지도 제작에 나서기 얼마 전인 1651년, 러시아의 우수한 기병과 보병들이 헤이룽 강 일대를 공격했다. 청나라는 팔기군이 헤이룽 강 중류 연안인 하바로프스크 Khabarovsk에 있던 러시아군을 공격했다. 이런 신경전이 벌어지는 상황에서 강희제는 조상의 땅도 찾아보고 러시아도 견제하려는 목적으로 만주 지역을 손에 넣고자 했다. 물론 조선이 힘없는 틈을 교묘히 이용한 일이다.

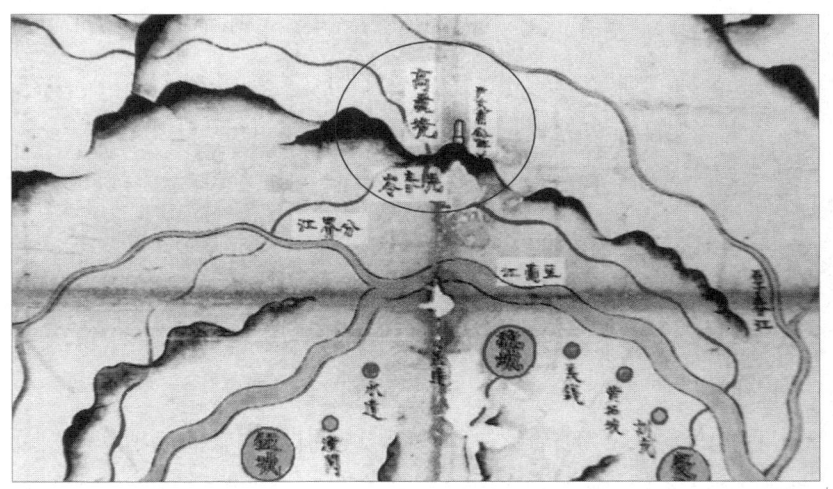

고려 국경비가 있는 선춘령(표시 부분)은 두만강 북쪽 700리에 있다. 고려 시대 이후 두만강 이북 간도 땅이 조선 영역임을 뜻한다.

이러한 간도에 대한 영토 인식은 《현종실록》에도 많이 남아있다. 1662년 영의정 정태화鄭太和는 압록강을 국경으로 정하자고 건의한다. 이에 현종顯宗은 압록강을 국경으로 정하면 우리 땅이 청국으로 넘어간 다며 단호히 거부했다. 압록강과 두만강 이북의 간도, 이곳은 실제로 조선인이 점유했고 조선의 행정력이 미치던 우리 영토다.

"목은 내놓아도 땅은 내줄 수 없다."

백두산정계비가 세워진 이후로도 많은 조선 백성들이 압록강과 두만강 이북의 간도를 생활 터전으로 삼았다. 농사도 짓고 마을도 이루고 살았다. 1897년 기록을 보면 청나라 사람에 비해 조선 사람의 수가 약 열 배나 많았다. 이처럼 간도 땅의 실제 점유자는 조선인이지만 청나라는 간도를 포기하지 않았다.

결국 간도는 조선과 청 양국 사이에서 갈등의 땅이 되었다. 이 갈등을 해소하기 위해 조선과 청은 1885년과 1887년 두 차례 감계회담勘界會談, 즉 국경회담을 열었는데 이때 조선의 대표가 안변부사 이중하(李重夏, 1846~1917)였다. 이중하는 조선 후기 꼿꼿한 관리로 이름이 높던 청백리로 현재 전국에 남아있는 총 70여 개의 조선 시대 송덕비 가운데 그를 칭송하는 비가 무려 아홉 개나 된다. 청나라에 비해 열세한 입장에서 국경회담을 벌여야 했던 이중하는 '내 목은 내놓을 수 있어도 나라 땅은 한 치도 내놓을 수 없다'는 단호한 태도로 회담에 임했다.

첫 국경회담은 1885년 9월 회령에서 열렸다. 회담은 팽팽한 긴장과 함께 시작되었다. 조선 대표 이중하는 무거운 부담을 안고 회담에 임해야 했다. 조선은 1882년의 임오군란과 1884년의 갑신정변 때 청의 힘을 빌었다. 이에 조선에는 이미 청나라 군대가 상주했고 원세개袁世凱가 고종 앞에서도 말에서 내리지 않을 정도로 위세를 부리던 시기였다. 회담은 시작부터 난항을 겪었다. 국경 조사를 어디에서 시작할 것인지가 관건이었다. 청은 두만강 하류부터 조사하자고 주장했고 조선은 백두산정계비부터 조사하자고 맞섰다. 팽팽한 대립 끝에 결국 1차 회담은 결렬되고 말았다. 청은 두만강을 토문강이라고 여기고 두만강 하류부터 거슬러 올라가며 조사하자고 했다. 이는 두만강을 국경으로 삼겠다는 의도였다. 이에 맞서 조선은 백두산정계비에서 가장 가까운 물줄기를 찾아가자고 주장했다. 이는 백두산정계비에서 토문강으로 이어지는 선을 국경으로 삼고자 함이었다.

이중하의 아들이 편찬한 《이중하 문집》에는 국경회담 당시의 일화가 실려있다. 당시 이중하는 목숨까지 위태로운 처지에 놓였다. 백두산정계비 답사 도중 청나라 대표 가원계賈元桂가 복통으로 신음하자 이중하는 상비약으로 지닌 환약을 써보라고 주었다. 그러나 약을 먹은 후 복통이

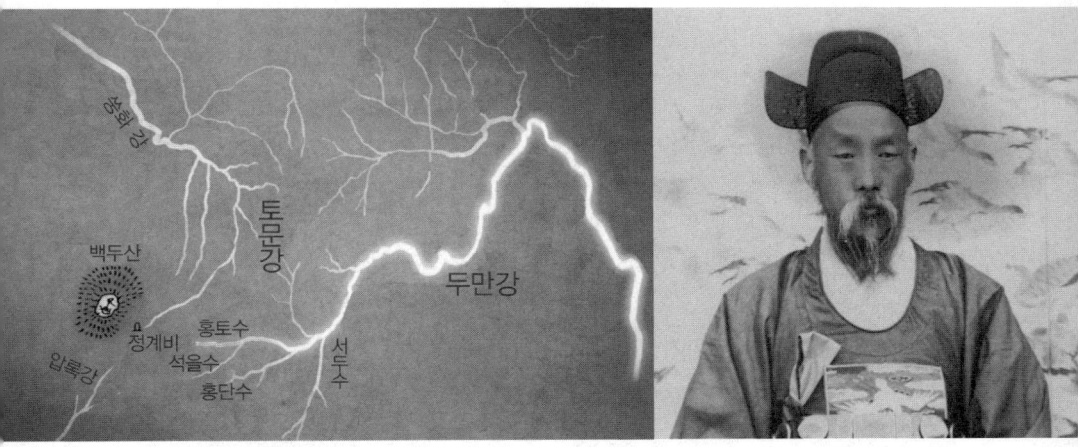

더욱 심해지자 가원계는 자기를 죽이려고 독약을 준 것이라고 흉기로 이중하를 위협했다. 이때 이중하는 독약이 아님을 증명하려고 그 앞에서 남은 약을 입에 털어넣었다. 다행히도 다음날 아침 복통이 가라앉자 청나라 대표는 정중하게 사과했다.

2년 후인 1887년 다시 국경회담이 열렸다. 청의 태도는 1차 때보다 훨씬 강경했다. 아예 내놓고 임오군란과 갑신정변을 거론하며 다시금 조선 대표로 나선 이중하를 압박했다. 이때도 그는 정해감계(1차 회담) 담판에서처럼 목숨을 내놓겠다는 말로 청의 요구에 단호하게 맞섰다. 당시 이중하는 협상 내용을 상세하게 일기로 남겼는데, 그가 쓴 《감계일기》, 《감계전말》은 간도 영유권 주장에 소중한 자료다.

2차 회담이 진행되던 도중, 조선 측은 매우 중요한 정보를 입수한다. 회담에 임하는 청의 기밀문서를 손에 넣은 것이다. 그것은 청나라의 군

청나라 군대(위)는 임오군란과 갑신정변 때 조선의 내정에 관여한다. 이 때문에 조선은 청과의 국경회담에 부담을 느낄 수밖에 없었다.
이중하의 국경회담과 별도로 한성에서 비밀회담을 진행한 원세개(아래 왼쪽)와 조선의 외교 수장 김윤식(아래 오른쪽).

기대신 이홍장(李鴻章, 1823~1901)이 직접 내린 훈령으로 함경북도 무산군에 흐르는 두만강의 지류인 서두수西頭水와 토문강 사이에서 국경을 정하라는 내용을 담고 있었다. 즉 두만강의 세 지류 중 가장 남쪽에 있는 홍단수紅丹水로 국경을 정하겠다는 것이다. 청의 확고한 입장을 확인한 이중하는 깊은 고민에 빠졌다. 결국 이중하는 두만강의 가장 북쪽 지류인 홍토수紅土水를 국경으로 삼기로 하고 회담에 임한다. 그러나 합의는 이루어지지 않았고 결국 2차 국경회담도 결렬되고 만다. 조선과 청의 국경회담은 이것이 마지막이었다.

그런데 한 가지 의문이 남는다. 이중하가 2차 회담에서 홍토수를 국경으로 주장했다면 이는 토문강을 포기한 셈이다. 목숨을 걸고 나라 땅을 지키겠다던 이중하는 왜 토문강을 버리고 홍토수로 물러났을까? 최근 이중하의 토문강 포기 이유에 대해 한 일본 학자가 새로운 주장을 내놓았다. 그에 따르면 당시 한성에서는 조선과 청의 외교 대표 사이에 비밀회담이 있었다고 한다.

각각 조선과 청의 외교 수장이던 김윤식(金允植, 1835~1922)과 원세개 사이에 진행된 비밀회담 내용은 무엇이었을까? 《이홍장 전집》에 원세개가 이홍장에게 보낸 비밀 통신문이 있다. 그 내용을 보면, 김윤식과 원세개의 비밀 국경회담의 핵심은 차지안민이었다.

차지안민은 애초 원세개가 제안했다. 그렇다면 청 역시 간도에 대한 조선의 실질적인 점유를 인정한 셈이다. 그런데 이 비밀 회담은 김윤식이 명성황후 시해사건을 막지 못했다는 죄로 유배되자 결렬되었고, 자주독립국임을 표방하는 대한제국이 성립하면서 조선 정부는 강경책을 들고 나왔다. 조선 정부는 이전의 모든 국경회담을 인정하지 않겠다고 선언했다. 이후 조선과 청 양국은 간도에서 치열한 행정권 다툼을 벌였다. 그러다가 1905년 을사늑약 이후 우리의 외교권을 빼앗은 일본이 간도로 진출했고 마침내 불법적인 간도협약으로 간도를 청에 넘겨주고 말았다.

지금도 국경분쟁 지역인 간도. 간도 문제에 대해 북한과 중국의 암묵적 합의가 있던 듯하지만, 공식 조약은 체결된 바 없다.

국제법에 따라 1909년 9월 4일 맺어진 간도협약은 원천 무효다. 여러 가지 법적 요건을 갖추지 못했기 때문이다. 우선 협약 체결 당사자에서 조선이 제외되고 일본이 들어있다는 점은 무효의 충분조건이 된다. 제3국인 일본이 협약에 들어서려면 조선이 서면으로 명시적 동의를 해야 하는데 그렇지 않았고 일본이 조선의 보호국 위치에 있다 하더라도 피호보국인 조선의 이름으로 조약을 맺지 않았기 때문에 국제법으로 아무 효력이 없다.

또 1943년 12월 1일 카이로 선언은 일본이 만주, 타이완, 펑후 제도澎湖諸島 등 중국에서 빼앗은 모든 지역을 반환케 하였다. 또 1945년 7월 26일에 미국·중국·영국 등 2차 세계대전 3대 연합국은 포츠담 선언을 통해 카이로 선언의 조항 이행을 촉구했다. 일본은 이를 수락하였고 항복 문서에도 명기함으로써 카이로 선언은 법적 구속력을 갖추었다.

카이로 선언에서 반환하기로 한, 중국의 모든 지역이란 1895년 청·일전쟁 이후 빼앗은 땅을 말한다. 또 중국은 1952년에 일본과 맺은 평화 조약에서 1941년 12월 9일 이전에 맺은 조약은 다 무효라고 선언한 바 있다. 2차 세계대전 이후의 샌프란시스코 조약에서도 간도협약은 국제법상 무효라고 했다. 그 후로는 한국과 중국 사이에 간도를 둘러싼 아무런 회담도 열리지 않았다. 따라서 간도 땅은 한국에 돌려줘야 하는 것이 마땅하다. 그런데 문제는 간도가 중국·일본·북한과도 걸려있어 어느

백두산 천지를 둘러싼 신경전

광활한 대륙을 뒤로 하고 오르는 백두산 천지는 태고의 신비를 품은 채 제 모습을 고스란히 내보이며, 이를 둘러싼 16개의 봉우리는 장엄함을 더한다. 천지는 해발 2200여 미터의 높이의 분화구에서 생겨난 고산 호수다.

이 우람한 백두산을 둘러싸고 미묘한 국경 문제가 끊임없이 발생하고 있다. 실제 국경을 맞댄 북한과 중국은 국경 문제에 대해 어떤 형태로든 암묵적 합의를 했을 것이다. 현재 북한과 중국의 국경선은 압록강~백두산~두만강을 잇는 선이다. 그러나 이를 확정하는 조약 체결은 공식적으로는 없었다. 북한은 러시아(구 소련)와 두만강 하구의 녹둔도를 둘러싸고 영토 분쟁이 있었고 중국과는 간도 및 백두산 영토 분쟁을 겪고 있다. 그러나 북한은 이런 문제를 표면화하지 못하는 상황이다.

이 때문에 북한은 백두산 천지의 호수 경계를 표시하지 않고 지도를 발행하는 등 중국 눈치를 보고 있다. 그런데 백두산 관광을 자유로이 해주면서부터 북한과 중국의 백두산 국경선은 잠정적인 합의나 묵계가 있음이 분명하다. 왜냐하면 중국 측이 발행하는 옌볜延邊의 장백산 관광책자는 천지 주변의 16개 봉우리가 중국에 아홉 개, 북한에 일곱 개가 속한 것으로 나타내고 있기 때문이다.

백두산은 원래 장백산맥의 주산이다. 현재 우리나라는 백두산을 국경선 끝에 있는 성산으로 여기지만 실제 고조선 때부터 역사를 따지자면 백두산은 우리 영토의 가운데 위치한 성산이라고 보는 것이 더 정확한 표현이다. 백두산은 1000만 년 전의 화산 활동과 용암 분출로 생성되었으며 한반도와 중국 동북 지방 및 러시아 극동 지방에서 가장 높은 산이다.

백두산의 위용에 대해서는 목극등이 "이 산의 준험한 모습은 중국의 여러 명산에 미치지 못하나 그 웅장한 모습은 가히 이를 능가하고 있다"고 말할 정도였다. 중국이나 일본에는 3000미터가 넘은 산도 많지만 백두산만큼 아름다운 자태와 위용을 자랑하는 것이 없다는 점에서 각국의 관심을 모으고 있다.

나라도 섣불리 나서기 힘들다는 점이다. 그렇지만 언젠가는 간도 땅을 되찾아야 하는 것이 우리 후손들의 책무가 되었다.

엄밀하게 말하면 간도는 현재 국경분쟁 지역이다. 지난 100여 년, 간도협약이 간도의 운명을 결정지어왔지만 이제는 새로운 국면을 맞이할 것이다. 백두산 너머 간도는 한국과 중국 사이의 국경 논란을 종결짓지 못한 미해결의 땅이다.

물론 지난 1962년 북한과 중국 사이에 조·중 변계회담이 있었지만 이 조약은 유엔에 등록되지 않은 비밀 조약이다. 그나마 아직까지 공개되지도 않고 있다. 이렇게 볼 때 간도를 둘러싼 한·중 간의 갈등은 협상이나 조약이 체결된 것 없이 지금까지 이어져왔다. 간도는 기억에서 사라진 고토가 아니라, 현재진행형인 미해결의 땅인 것이다.

06 박지원의 《열하일기》
4000리를 가다

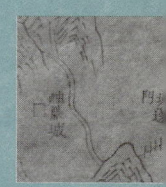

완본도 나오기 전에 사본이 돌았던 베스트셀러의 원조!
18세기 조선 지식인은 왜 《열하일기》에 열광했는가.
박지원의 연행 루트를 그대로 따라가면서
요동 한복판에서 중국 동북 지역의 의미를 되새기고,
소현세자가 갇혀 지내던 세자관의 위치를 밝힌다.

외로운 지식인, 열하에서 살 맛을 찾다

200여 년 전, 조선의 지식인 연암 박지원(燕巖 朴趾源, 1737~1805). 그는 조선의 조정과 양반 지배층의 꽉 막힌 사고방식에 항상 답답해했으며 어디로든 떠나고 싶어했다. 조선 사회에 적응할 길을 찾지 못하던 그를 영조의 부마(駙馬, 임금의 사위)이자 팔촌 형인 박명원朴明源이 청나라 건륭 황제의 칠순 생일을 축하하는 사절로 가게 되었다며 같이 가자고 불렀다. 박지원의 꽉 막힌 숨통을 터주는 절묘한 초대였다. 이렇게 새로운 세상을 만나기 위한 연암의 4000리 대장정이 시작된다. 청의 심장부에서 황제를 만나청의 실체를 깨닫고, 드넓은 중원에서 우리의 역사를 재발견한 박지원은 우물 안 개구리 같은 조선의 사대부들을 일깨우고자 《열하일기熱河日記》를 집필했다.

조선 시대 중국 연경(燕京, 오늘날의 베이징北京)까지는 한 번 오가는 데만 석 달이 걸리는 먼 길이었다. 길도 험하고 고생스러워 사신길을 떠나려면 목숨을 반은 건다고 할 정도였다. 《열하일기》의 '열하熱河'는 어

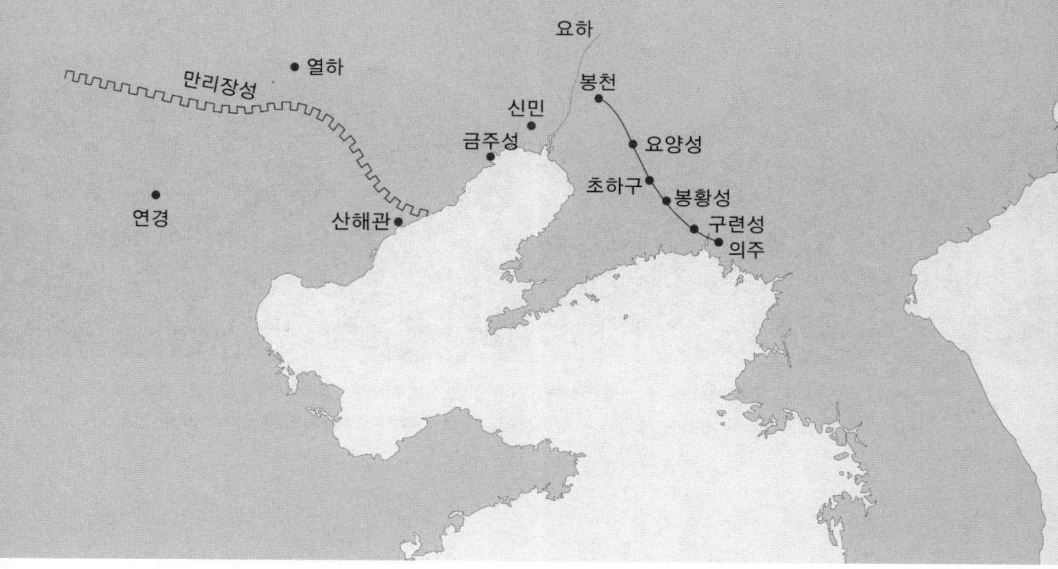

요하

만리장성　　●열하　　　　　　　　　●봉천

신민

금주성　　　　　　　　　●요양성

　　　　　　　　　　　초하구　　　●봉황성

연경　　　　　　　　　산해관　　　　　　　　구련성
　　　　　　　　　　　　　　　　　　　　　　의주

신의주에서 압록강을 건너며 시작되는 4000리 연행길. 박지원 일행은 요하 동쪽의 선양까지 나아가며 곳곳에 고구려의 역사가, 우리 민족의 기상이 살아있음을 느낀다.

떤 의미일까? 연경에서 약 250킬로미터 떨어진 내몽골 지역에 있는 열하(오늘날 중국 허베이성河北省 청더承德)는 청나라 황제들이 사냥을 즐기던 휴양지인데 강바닥에서 온천이 나와 겨울에도 강물이 얼지 않는다고 해서 '열하'라고 불렀다. 이곳이 바로 《열하일기》 대장정의 종착지다. 열하는 사절단의 애초 일정에는 없었다. 박지원 일행이 연경에 도착해보니, 황제가 열하에 있는 피서산장에 머무는 바람에 열하까지 찾아간 것이다. 한성을 출발해 압록강을 건너 연경으로 갔다가 다시 열하까지 가는 길은 무려 4000리, 1600킬로미터나 된다. 그 멀고 험한 길의 기행문이 바로 《열하일기》다. 박지원의 《열하일기》는 완본이 나오기도 전에 유출되어, 전국에 사본이 돌 정도로 돌풍을 일으켰다. 요즘으로 치면 베스트셀러였

단둥시 호산장성(오른쪽)에서 볼 수 있는 압록강 건너 북한 신의주의 통군정(왼쪽). 통군정은 고려 때 지은 장대로 요동 벌판이 한눈에 보인다. 이곳에서 중국으로 떠나는 사신들은 출발 전에 화려한 연회를 열었다.

다. 그도 그럴 것이 청나라 가는 길이 그림책처럼 자세하고 재미있게 묘사되었으며, 소설처럼 쉽고 편하게 읽혔기 때문이다.

출발—겉치레만 요란한 세관 검사

《열하일기》의 출발지는 압록강이다. 박지원을 비롯한 조선 사신들은 압록강을 건너 지금의 중국 단둥丹東으로 넘어갔다. 사신단은 어디에서 압록강을 건넜을까? 단둥의 호산장성虎山長城에서 압록강 건너편 북한 땅을 보면 고려 때 지은 누각 통군정統軍亭이 가장 먼저 눈에 들어온다. 통군정은 요동(遼東, 랴오둥) 땅이 잘 보여 압록강을 건너기 전, 사신들이 빼놓지 않고 들렀던 곳이다. 박지원을 비롯한 조선 사신들은 통군정 아래 구룡나루(구룡정)에서 청나라로 가는 배에 올랐다. 관찰자이자 참여자로서 박지원은 이 광경을 머릿속에 넣어두었다가 《열하일기》에서 상세히 묘사했다.

연경燕京 사신단의 상세 내역

1. 규모

조선에서는 청나라에 매년 4회 정도 사신단을 보냈다. 왕의 책봉이나 사망, 전란과 같은 국내의 특별한 문제들을 알리는 사절 외에도 청나라 황실의 경조 행사에 참여하는 사절도 보냈다. 그래서 연례로 보내는 정기 사신단 외에 비정기 사신단이 자주 떠나곤 했다.

정기 사신단의 규모를 보면 정사와 부사, 사신 두 명에 사신의 개인 수행원인 자제군관子弟軍官과 통역을 맡는 역관譯官, 그 밖에 화원畵員과 사신 일행의 건강을 관리하는 의원 등 40~50명이 기본이었고 이를 지원하는 마부와 짐꾼까지 합해 보통 300~400명은 족히 되었다. 당시 사신들은 아들이나 동생을 군관으로 데려가 견문을 익히게 했기에 이를 자제군관이라 했다. 박지원도 박명원의 자제군관 자격으로 청나라 사신길에 올랐다.

사신단이 중국에 모습을 드러내면 제일 먼저 중국 상인들이 국경 도시 책문 등으로 몰려와 거래를 하곤 했는데 한 번에 보통 4~5만 냥어치 이상의 물량이 거래되었다고 한다. 사신단은 말의 안전과 신속한 이동을 위해 여분의 말을 끌고 다녔는데 이 말에 무역품을 실어 날랐다. 개성 상단이나 의주 상단이 여행을 같이했다는 기록이 있다.

2. 숙박

연경과 같은 대도시에는 당연히 사신단이 묵을 객사가 있었으나 사람이 살지 않는 곳에서는 대개 야영을 할 수밖에 없었다. 박지원이 포함된 사신단 일행도 같은 처지였다. 보통 사신단의 숙소는 상대국이 마련해주는 것이 관례지만 청은 영토 분쟁의 가능성이 있는 조선과의 국경 일대(간도)를 사람이 살지 못하게 봉금지대로 정해놓았다. 《열하일기》는 구련성에서 책문까지 120리가 봉금지대라고 전한다. 그래서 책문까지 조선 사신들은 노숙을 해야 했다. 《열하일기》에는 노숙 광경이 상세히 묘사되었다.

여러 곳의 노숙처를 둘러보니 역관들은 무리지어 한 장막씩 차지하고,

역졸과 하인들은 무더기로 냇물을 등지고 나무를 얽어매고 자리를 잡았
다. 밥 짓는 연기는 서로 잇닿았고 사람들이 떠드는 소리, 말울음 소리
가 아주 버젓해 한 마을을 방불케 했다.

지위가 가장 높은 사신을 제외하고는 3인용, 5인용 천막 아래 잠을 잤고
역졸과 마부들은 다섯 명씩, 열 명씩 나뭇가지를 엮어 그 위에 나뭇잎이나 겉
옷 등 아무것이나 덮어 비바람을 가렸다. 관리들은 날씨가 추우면 구덩이를 파
고 불을 놓은 다음 돌을 얹는 임시 온돌을 만들고 그 위에 장막을 쳤다. 하지
만 하인들은 노숙하다가 얼어 죽기도 했다고 한다. 또 호랑이나 늑대의 기습을
우려해 자다가 일어나 나팔소리에 맞춰 일제히 구령을 외치기도 했다니 잠인
들 온전히 이룰 수 있었을까.

3. 여행일정
박지원 등 사신단은 1780년 정조 4년 5월 25일에 길을 떠나 10월 27일까
지 5개월에 걸쳐 장거리 여행을 했다. 여행 경로는 한양에서 출발하여 박천~
의주~압록강~요양~봉천~거류하~소흑산~북진~고령역~산해관~풍윤~옥
전~계주~연경(베이징)~밀운성~고북구~열하로 이어졌다.
　　사신단은 보통 하루에 60리에서 100리를 걸었다. 박지원에 앞서 연경을
다녀온 조영복趙榮福은 연경을 다녀온 120일간의 기록을 《연행일록燕行日錄》으
로 남겼는데, 숙종 45년 11월 4일에 떠나 11월 16일 압록강을 건넜고 이듬
해 3월 26일 돌아왔다. 대체로 사신단은 3개월 정도면 왕복 여행이 가능했지
만 실제로는 4~5개월에 걸쳐 다녀왔다. 임무를 마친 사신단이 연경에서 피로
를 풀고 쉰다는 핑계로 견문을 넓힐 기회를 만들어 나머지 기간을 활용했기 때
문이다.

압록강을 건넌 박지원에게 단둥의 전통 가옥인 붉은 벽돌집(왼쪽)은 이국의 풍취를 느끼게 했다.
구련성의 흔적으로 짐작된 둔덕(오른쪽). 험준한 산악에 9성을 쌓았다고 해서 구련성이라고 불렀다.

배에 오르기 전 사신단은 정사正使와 부사副使가 지켜보는 가운데 의주부윤府尹과 서장관書狀官에게 새벽부터 일종의 세관 검사, 즉 여행객 소지품 검사를 받아야 했다. 조선의 수출 금지 품목과 청나라가 금지하는 수입품을 가려내어 청나라에 들어가서 말썽이 생기는 것을 막기 위함이었다. 《열하일기》에 따르면 수출·입 금지품은 황금, 진주, 인삼, 수달 가죽, 은 등 수십 가지에 이르렀다. 이를 검사하려고 비장裨將이나 역원譯員은 행장을 풀어 보이고 하인들은 바지까지 벗어가며 세세하게 검열을 받았다. 수백 명이 압록강 강가에서 옷을 벗고 벗기고 한편에선 등짐과 궤짝들이 나뒹구는 모습은 어지럽다 못해 야단법석이었다.

또 불법 월경越境을 막기 위해 본적, 성명, 거주지, 나이는 기본이고 키와 수염 유무, 얼굴의 흉터 등도 일일이 적었다. 말은 털빛까지 세세하게 기록으로 남겼다. 국경을 넘기 전 깃발을 세운 세 곳에서 검사를 했는데, 첫 번째 깃발에서 불법 행위가 발각되어 잡히면 곤장을 치고 상품을 몰수했지만 두 번째 깃발에서 발각되면 귀양을 보냈다. 마지막 세 번째 깃발에서 잡히면 목을 칠 만큼 국경 통과에 관한 법은 엄격했다. 그러나 박지원은 이 모두 겉치레라고 일침을 가했다. 왜냐하면 의주 상인들은 이미 몰래 강을 건넜기 때문이다. 정작 단속할 상단은 놔두고 애꿎은 하인들만 들볶는 형국이었다.

압록강을 건너 사신단 일행이 조선과 다르게 느낀 첫 풍경은 벽돌집이었다. 중국인들은 이미 청나라 때 벽돌집을 짓고 살았다. 벽돌집만큼 벽돌 공장도 많아 이 지역에는 지금도 성업 중인 벽돌공장이 있을 정도다. 박지원도 벽돌집에 압도당했다.

> 집이 벽을 의지하고 있어 위는 가볍고 아래는 튼튼하며, 기둥은 벽 속에 들어있어서 비바람을 겪지 않는다. 불이 번질 염려도 없고 도둑이 뚫을 위험도 없으려니와 문 하나만 닫으면 저절로 굳은 성벽이 이루어지니 집안의 모든 물건을 궤 속에 간직한 셈이다.

박지원은 청나라의 낯선 풍물만 본 게 아니었다. 압록강을 건너 드넓은 중국 대륙에서 그는 우리의 과거를 만난다. 박지원 일행이 압록강을 건너 첫날 묵은 구련성九連城도 우리 역사와 밀접한 곳이다. 단둥에서 12킬로미터 떨어진 시골 마을의 외곽에는 흙으로 된 둔덕이 마을을 둘러싸고 있다. 구련성의 흔적이다. 구련성은 금나라가 고려를 방어하기 위해 압록강 가에 쌓은 아홉 개의 토성이다. 박지원이 도착했을 때 구련성은 이미 무너진 채였다고 한다.

청석령 지났느냐 초하구는 어드메냐

봉금지대를 지나 맞닿은 청나라의 첫 국경 도시, 책문柵門. 중국에서는 변방에 있다 해서 변문邊門이라 불리기도 했다. 지금은 한적한 시골 마을이지만 청나라 때는 조선인들이 거주하던 지역이었다. 청나라는 중국 대륙 1800리 구간을 나무 울타리〔木柵〕로 국경을 만들고 17개 관문을 통해서만 입국을 허락했다. 말하자면 책문은 조선에서 청으로 들어가는 관문

봉황산 산성은 책문에서 4킬로미터 떨어진 곳에 있다(사각형 표시 부분). 이 성은 고구려의 군사 요충지 오골성으로 추정된다.

을 뜻하는 도시였다. 책문은 조선 사람들에게 낯선 공간이 아니었다. 국경을 통과했지만 산하와 풍토는 조선과 크게 다를 바 없다고 사신들은 생각했다. 지금도 이곳에는 조선족들이 많이 살고 있다.

책문은 당시에는 지금보다 훨씬 번화했다. 사신들이 지나갈 때는 벼룩시장처럼 임시 시장이 개설되었다. 많을 때는 1000명 이상의 사신단이 지나가기 때문에 조선과 청의 상인들이 이런 대목을 놓칠 리 없었다.

책문에서 4킬로미터가량 가면 험준한 산악에 촘촘히 쌓은 성벽이 나타난다. 봉황산 산성鳳凰山山城이다. 요동 벌판에 진을 친 고구려 성을 배후에서 지원했던 고구려의 오골성烏骨城으로 추정되는 곳이다. 사방이 깎아지른 절벽으로 장벽을 이룬 천혜의 요새로 낮은 구릉에는 잘 다듬은 돌을 쌓아 적의 어떤 공격에도 무너지지 않는 철옹성을 만들었다. 성 내부에는 10만 병력이 주둔했을 정도로 오골성은 고구려에게 요충지였다.

1500여 년이 지난 지금도 촘촘히 쌓은 거대한 성벽의 흔적이 남아있는데, 성벽 중간에 치雉라고 하는 돌출 부위를 볼 수 있다. 치는 고구려

(왼쪽) 청석령과 초하구는 특별한 것이 없는 마을이고 고갯길이었으나 병자호란 후 볼모로 끌려가던 봉림대군이 자신의 처지를 한탄하는 시를 읊은 탓에 연행길에서 특별한 의미를 지닌 공간이 되었다. (오른쪽) 병자호란의 시발점이 된 연산관. 조선 사신 나덕헌과 이곽은 이곳에 청 태종의 국서를 남기고 와 청나라에게 전쟁을 일으킬 빌미를 주었다.

산성을 특징짓는 방어용 시설이다. 적이 성을 공격할 때 측면을 공격할 수 있게 만든 시설이다(《HD역사스페셜 1》 7장 참조). 이는 분명한 고구려 성의 흔적이다. 조선 시대에는 봉황산 산성을 안시성安市城이라고 잘못 알고 있었다. 그러나 박지원은 "봉황산 산성을 안시라 함은 잘못이다. 안시성에서 동東으로 수암하水巖河까지 300리, 다시 동으로 200리 가면 봉황성이 있다"고 단언했다. 최근의 연구 결과 박지원의 고증대로 봉황산 산성의 서쪽, 하이청시海城市에 있는 영성자산성英城子山城이 안시성임이 밝혀졌다.

　봉황산 산성을 지나고 나면 구불구불한 고갯길이 끝없이 이어진다. 청나라 사신길에서 가장 힘든 여정이 바로 이 회령령會寧嶺, 청석령靑石嶺, 석문령石門嶺 고개를 넘는 구간이다. 회령령 고개 마루부터 박지원 일행은 발이 묶였다. 장마 때문이었다. 발이 묶인 박지원 일행은 통원보通遠堡 마을에서 엿새 간 머물렀다. 통원보를 떠난 박지원은 초하구草河構

고개에서 비극적인 역사를 만난다. 병자호란 후 소현세자昭顯世子와 봉림대군鳳林大君은 수많은 포로들과 함께 청나라에 볼모로 끌려갔다. 초하구 고개에서 봉림대군은 처지를 한탄하는 시를 읊었다. 이후 초하구는 병자호란의 애환이 깃든 장소가 되었다.

청석령 지났느냐 초하구는 어드메냐
호풍胡風도 차도 찰샤 구즌 비는 므슴일고
뉘라셔 내 행색行色 그려내여 님 겨신듸 드릴고

조선 사신들이 병자호란을 떠올리며 힘들게 걷던 길에 지금은 철길이 지난다. 이 철길 또한 일본이 만주국 건설을 위해 조선인들을 강제로 이주시킨 아픈 역사가 스쳐 지나간 곳이다.

그 사신길과 철길이 교차하는 곳. 청나라 당시 역참이었던 연산관(連山關, 롄산관)은 옛 이름을 지금도 그대로 쓴다. 병자호란을 일으킨 비극이 바로 이 연산관에서 시작되었다.

1636년 청 황제 즉위식에 참석했던 조선 사신 나덕헌羅德憲과 이곽李廓은 돌아오는 길에 연산관에 청의 국서를 버리고 왔다. 오랑캐 나라의 왕이 준 국서를 차마 조선까지 들고 들어올 수 없었기 때문이다. 청나라의 오만하고 굴욕적인 요구 사항을 임금 앞에 내밀 수 없다고 판단한 것이다. 그야말로 조선 선비의 꼿꼿한 절개를 보여준 사건이었으나 이 일이 장차 조선에 어떤 파장을 가져올지는 그 누구도 짐작조차 못했다.

나덕헌은 길주목사·창성부사·의주부윤 등을 두루 지냈고 외교 수완이 뛰어나 당시 후금의 수도였던 봉천(奉天, 오늘날의 선양瀋陽)에 여러 차례 사신으로 다녀오기도 했다. 1636년 춘신사(春信使, 봄에 후금으로 보내던 사신)로 봉천에 갔을 때, 후금의 태종이 국호를 청淸으로 고치고 스스로 황제를 칭하며 즉위식을 거행했다. 이때 조선 사신 일행에게도 황제를 배알케 했으나, 그는 하례를 완강히 거부하다가 갖은 모욕과 구타를 당했다. 청 태종은 집요한 회유와 협박도 소용없음을 알고, 볼모를 요구하는 국서를 나덕헌에게 주고 돌려보냈다. 국서를 마지못해 받아가지고 끌려오던 나덕헌은, 청나라 호위병의 경계가 허술한 틈을 타서 통원보通院堡의 호인(胡人, 만주인)에게 국서를 맡기고 돌아왔다. 그러나 당시 조정에는 척화론이 거세게 일어났다. 결국 청 태종의 즉위식에 참가하고 황제를 참칭僭稱하는 국서를 받았다고 하여 그는 돌아오자마자 삼사三司와 조복양趙復陽을 중심으로 한 성균관 유생들에게 탄핵을 받아 죽을 뻔하기까지 했다.

그러나 나덕헌과 조선의 오기 외교는 큰 재앙을 불러 일으켰다. 청 태종은 조선의 거만한 태도를 빌미로 대군을 이끌고 조선을 침공(병자호란)한다. 전쟁이 일어난 지 45일 만에 인조는 삼전도(오늘날 서울시 송파구 삼전동)에서 청 태종에게 무릎을 꿇었다.

그러나 조선 조정은 청에게 항복했지만 마음까지 복종하진 않았다. 이러한 분위기는 척화파들의 지지를 얻고 왕위에 오른 효종(孝宗, 1127~1194)의 북벌 정책으로 이어졌으나 10년 동안 계획만 세우고 실현되지는 못했다. 박지원도 그의 대표작 《허생전許生傳》에서 효종이 북벌을 추진하려고 등용한 이완李浣을 등장시켜 북벌의 무모함을 꼬집었다. 박지원이 보기에는 오히려 청나라가 문화 국가였고 우리가 모델로 삼아야 할 대상이었다. 그래서 멸망한 명나라의 문화에 집착하는 중화의식은 결코 국가 발전이나 백성들의 삶에 도움이 되지 않는다고 판단했다. 박지원은 명분이나 이념, 자존심보다는 실용과 구체적인 삶의 방식 등에 더 큰 비중을 두었다. 또한 당시 중국을 오가던 사신들이 명분에만 집착하던 모습을 《행재잡록行在雜錄》에서 날카롭게 지적한다.

청석령 가는 길. 많은 조선 사신들이 이 길을 지나며 봉림대군(효종)의 눈물을 떠올리고, 그 감회를 시 문으로 남겼다.

청나라가 일어난 지 140여 년이 지난 지금도 우리나라 식자들은 청을 오랑캐라고 생각하고 사절 내왕은 부지런히 하면서도 문서의 거래라 든가 중요한 업무를 모두 역관에게 밀쳐 맡겼다. 또 압록강을 거쳐 연 경에 들기까지 거쳐오는 2000리 길에 있는 각 군, 각 읍의 지방 장관 과 관소를 맡은 장수들의 얼굴이나마 한번 접견하기는커녕 그 이름조 차 모르고 있다. (……) 이러한 까닭은 이쪽이 너무 망령되게 잰 척하 는 데 허물이 있다.

그러나 조선 조정의 관료나 사대부들은 박지원의 지적을 받아들일 준비가 되어있지 않았다. 임금과 조정 신료들이 모두 자가당착에 빠져 있었다. 정묘호란에 이어 병자호란의 비극을 겪었지만 조선은 그 후에도 명에 대한 의리를 고집하며 청을 배척했다. 조선 조정은 아직 청나라의 국력을 너무 얕잡아 보고 있었다. 결과론이기는 하지만 국제 정세 불감증이라고 표현할 수밖에 없는 뼈아픈 역사다.

고구려의 땅, 요동!

사신길 가운데 가장 험난한 구간인 청석령으로 가는 길은 지금도 가기 어렵다. 청석령 고개를 넘어 석문령으로 통하는 길은 그 흔적조차 사라졌다.

조선 사신들이 오갔던 청석령 길을 찾을 수 있는 유일한 단서가 《연암일기》에 기록된 관우의 묘다. 명나라는 관우를 무병과 재화를 약속해주는 최고의 수호신으로 받들었다. 조선 사신들도 이곳에서 그들의 안전과 명나라를 기리는 제사를 올렸다. 박지원 일행도 제사를 올렸다. 명이 망하고 130여 년이 흘렀지만 조선은 명으로부터 전혀 자유롭지 못했다.

청석령은 골짜기의 돌 색깔이 푸른빛이라 얻은 이름이다. 이곳을 박지원과 조선 사신들은 실질적인 조선의 국경지대로 여겼다. 압록강 넘어 청석령까지는 조선의 영역이라는 것이 당시에는 지배적인 생각이었다.

> 예로부터 고구려의 옛 국경이라 일컬었다. 여기는 삼한을 위해 하늘이 만들어준 경계이니 중국과는 별 상관이 없는 땅이다.

박지원은 이곳에서 국경과 영토 회복에 대한 이야기를 나누었을 게다. 청나라 사신길에서 얻은 영토와 국경에 대한 관심은 조선의 지리학적 토대를 마련했다. 사신길을 다녀온 뒤 일부 학자들이 북방 지리와 지형, 교통로를 자세히 그린 지도를 제작하기 시작했다. 〈서북피아양계만리도西北彼我兩界萬國圖〉가 대표적인 예다. 국토를 정확하게 이해하고 지

리를 꿰뚫고 있어야 외적의
침입을 막을 수 있다고 생각
했을 터이다.

한편 청석령 고개의 마을
인 지밍춘鷄鳴村에는 지금도
고구려의 생활 방식이 고스란
히 전해온다. 마을에는 집집마
다 특이한 시설이 눈에 띈다.
야외창고인 부경桴京이다. 고
구려인들은 집 옆에 원두막처

고구려식 야외 창고 부경. 돌무지무덤과 함께 청석령이
옛 고구려의 영토였음을 부여주는 흔적이다.

럼 생긴 부경을 지어 창고로 사용했다. 조선 사신들이 청석령을 조선의
영역으로 인식한 데는 이곳이 이전에 고구려의 영역이었다는 점도 크게
작용했다. 마을 뒷산에는 고구려 무덤의 전형인 돌을 쌓아 만든 돌무지
무덤〔積石墓〕이 있다. 대략 15기 정도의 이들 무덤은 옛날부터 고구려 무
덤이라고 했다. 우리의 산하와 닮아있는 풍경을 보면서 연행길은 우리의
옛 영토와 역사를 다시 만나게 하는 통로였음을 알 수 있다. 조선의 지식
인들이 닫혀있던 세상에서 더 큰 세상으로 나아가는 깨우침의 길이 바로
연행길이었다.

가장 힘들다는 회령령과 청석령을 넘어 또 다시 석문령을 넘으면 한
점 가로막힘이 없는 넓디넓은 요동 벌판이 펼쳐진다. 박지원은 험한 고
개를 넘어 드넓은 요동 벌판을 만났을 때의 감동을 《열하일기》 중 호곡
장에 이렇게 표현했다.

어머니의 태중에 있을 때 캄캄하고 막히고 결려서 갑갑하게 지내다가
갑자기 넓고 훤한 곳에 터져나와 손을 펴고 발을 펴매 그 마음이 시원

백암성(왼쪽)은 고구려 시대 서부 지방의 주요 방위성으로 둘레는 약 2300미터다. 내성과 외성으로 쌓았다.
1500여 년 전 수·당의 대군을 맞아 고구려는 철저하게 항전했고, 중국과 별도로 존재하는 독자 세력의 기상을 지켰다. 요동 벌판과 산봉우리들이 만나는 접점에 고구려의 산성이 일렬로 줄지어있다(오른쪽).

할지니 어찌 한마디 참된 소리를 내어 제멋대로 외치지 않으리오. (……) 하늘 끝과 땅 변두리가 맞닿은 곳이 아교풀로 붙인 듯, 실로 꿰맨 듯 비구름만이 창창할 뿐이니 한바탕 울 만한 곳이 아니겠는가.

한바탕 울 만한 곳! 역시 당대 최고의 문장가답게 그 표현이 정말 멋지다.

위성사진으로 보면 요동 벌판과 산봉우리들이 만나는 접점이 있다. 이 접점에 신성新城, 백암성白巖城, 안시성 등 고구려의 산성이 일렬로 서 있다. 요동 벌판의 동쪽 끝인 이곳에 중원의 세력들이 넘어서지 못하게 고구려가 1차 방어선으로 요새들을 구축해놓았다. 수·당군을 맞아 고구

166

려가 승리를 이끈 바로 그 지역이다. 이곳은
북방 세력이 중원 지역으로 들어가는 교두보
였다. 박지원이 이곳을 지날 때, 청나라가 이
요지를 차지하고 있었다. 이미 중원의 대세
는 명에서 청으로 기울었다.

산봉우리가 끝나고 요동 벌판이 시작되
는 접점에 고구려의 백암성이 있다. 백암성
은 태자하太子河를 자연 해자로 삼아 200미
터 높이의 깎아지르는 절벽 위에 세워진 천
혜 요새로 자연 지형을 최대한 이용하는 고
구려 성의 특징을 잘 보여준다. 구릉으로 연
결되는 쪽에는 능선을 따라 잘 다듬은 돌로
거대한 성벽을 쌓았다. 성벽 아랫부분은 계
단처럼 안으로 들여쌓았다. 이 공법으로 큰
충격에도 성벽이 무너지지 않는 튼튼한 기

요동을 차지한 요나라는 라오양에
높이 71미터의 전탑을 세우고 이
곳이 자신의 영토임을 알렸다.

초를 만들었다. 백암성은 요동 벌판에서 진격하는 적군의 동태를 한눈에
파악할 수 있는 요새 중의 요새로 태자하와 요동벌이 만나는 중요한 전
략적 거점이기 때문에 고구려의 1차 방어선에서 핵심 축이었다. 고대 동
아시아 전쟁 가운데 가장 격렬한 전투가 여기에서 발생했다. 당나라가
가장 힘을 들여서 공격을 한 곳이다. 요동 벌판을 바라보는 산악 지역에
는 백암성과 같은 요새들이 빼곡히 들어서있다. 이들 성들은 이민족을
방어하기 위한 중원 세력의 최전선이면서 동시에 중원으로 진출하려는
고구려의 교두보였다.

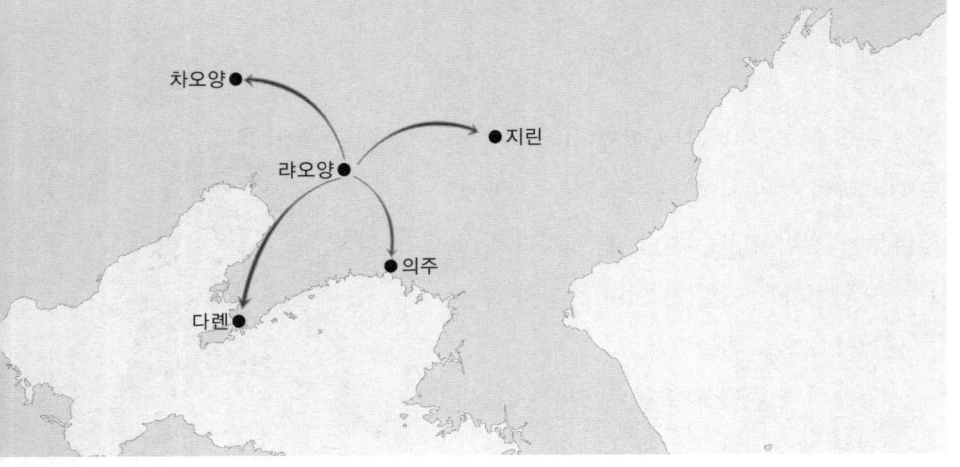

오늘날 랴오양(요양)시는 고구려의 요동 방어의 중심인 요동성이었다. 요동성은 중원을 차지하기 위해서는 반드시 함락해야 하는 요충지였다.

요양을 차지하고 중원을 넘보다

고구려의 요동 방어의 중심은 요동성遼東城이었다. 수·당 전쟁 때 가장 치열했던 전투 가운데 하나가 요동성을 차지하기 위한 공방이었다. 요동성은 오늘날의 랴오양 시遼陽市에 있었다.

박지원은 랴오양을 천하의 판세를 장악할 수 있는 요지로 봤다. 중국 왕조가 바뀔 때마다 랴오양을 차지하기 위한 치열한 쟁탈전이 벌어졌다. 거란족의 요遼나라는 랴오양이 자기들의 영토라는 사실을 널리 알리기 위해서 거대한 백탑白塔을 지었다. 백탑은 전체를 흰색으로 칠하였기 때문에 생긴 이름이다. 8각 7층의 탑신은 상층까지 올라갈 수 있도록 계단식 층탑 형식으로 만들어졌다. 외벽에 촘촘히 부조를 새기는 독자적인 기법으로 탑 전체의 모양도 매우 아름다워 요나라 전탑 가운데 백미로 꼽힌다. 8각의 한 변邊 길이는 아랫부분이 약 7미터다. 둥베이東北 지방에서는 제일 높은 탑이다.

천하의 안위는 늘 이 랴오양의 넓은 들에 달렸으니 이곳이 편안하면

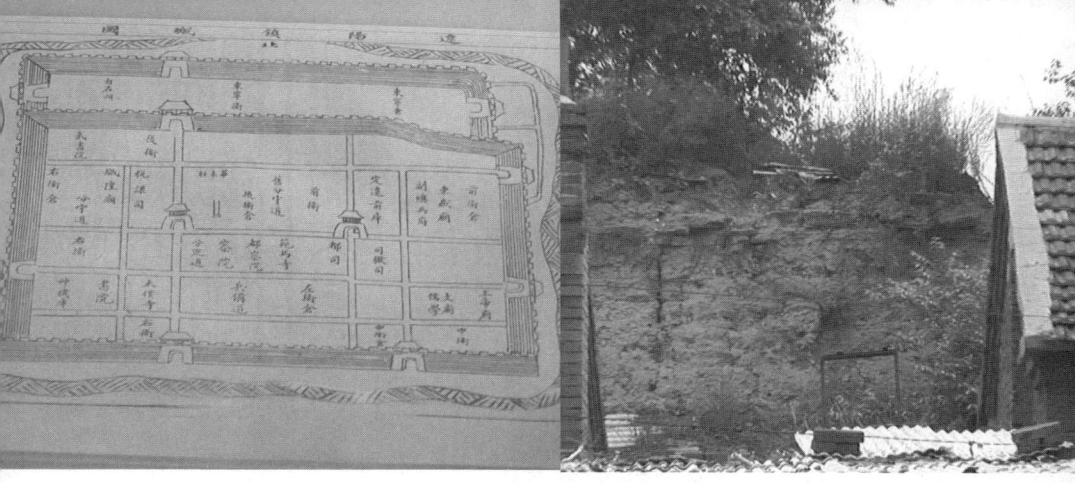

명나라 때 지은 요양성 지도(왼쪽). 1958년 시작된 고도성장 정책인 대약진운동으로 요양성은 파괴되고 그 벽돌은 집 짓는 데 썼다. 요양성 성벽이 있던 자리(오른쪽).

천하의 풍진이 자고 이곳이 한번 시끄러워진다면 천하에 싸움북이 요란히 울려 퍼졌다.

랴오양은 천하의 호전장이었던 요동의 심장부다. 의주義州, 지린吉林, 다롄大連, 차오양朝陽 등 중국 대륙의 동서남북 요지가 랴오양으로 통한다. 말하자면 사통팔달의 요충지였다.

숱한 이민족을 방어했던 고구려의 견고한 요동성은 고구려가 그 자리를 내어준 이후 요·금·원·명으로 주인이 바뀌었다. 누가 성을 차지하느냐에 따라 중원의 대세가 결정났다. 명나라는 중원을 차지한 뒤 대공사를 벌여 요동성 터에 거대하고 견고한 요양성을 지었다. 성벽의 높이만 무려 30미터인 이 철옹성을 뒤이어 중국 변방에서 일어난 후금後金이 차지한다. 다시 중원의 대세가 바뀌기 시작했다.

요양성은 1950년대 중국의 대약진운동 기간에 파괴되었는데 성벽 돌을 가져다 집을 지었다고 하니 성의 흔적을 찾을 수 없다. 위용을 자랑했을 요양성 벽은 어느 집 담벼락에서 초라하게 그 기억을 간직하고 있을

청 태조 누르하치.

뿐이다. 마을의 노인들만 요양성을 기억하고 있었다. 노인들이 학교 다닐 시절에만 해도 두 대의 마차가 다닐 수 있을 정도로 넓은 성곽이 그대로 있었다고 한다. 명나라 때 그려진 〈요동성도〉를 보면 직사각형 성벽을 따라 태자하가 남북으로 흐르다가 동서로 방향을 바꾼다. 그렇다면 태자하의 물길을 근거로 요동성의 위치를 찾을 수 있지 않을까?

누르하치는 만주 일대에 흩어져 살던 만주족을 통합해 1616년 후금을 세우고 명나라에 전쟁을 선포한다. 전면전에 돌입한 누르하치는 무순성撫順城을 단숨에 함락하고 이어 봉천을 공략한 뒤 닷새 만에 중원으로 들어가는 교두보인 요양성을 차지한다.

요동 지역을 완전히 장악한 누르하치는 요양에 새로 동경성東京城을 짓는다. 기존의 요양성을 두고 전쟁중임에도 새로 성을 쌓았다. 동경성은 후금이 요동의 새로운 주인임을 밝히고, 중원으로 뻗어나가겠다는 의지를 대외에 천명하는 건축물이다. 후금이 요양을 차지하자 대세는 명에서 후금으로 기운다. 뒷날 후금은 이름을 청으로 바꾸고 중원의 새로운 패권자로 나섰다.

이때만 해도 누르하치는 중원의 한족과는 달리, 조선을 같은 민족으로 생각하고 조선에 호의적이었다. 누르하치는 임진왜란 때 조선의 위급한 상황을 도와주겠다고 제안하기도 했다.

《선조실록》 25년 9월 14일에 기록된 우의정 윤두수, 호조판서 이성중, 대사헌 이덕형과 선조의 대화 기록을 보자.

윤두수 건주위(建州衛, 명이 여진을 누르기 위해 지린에 둔 성)의 누르하치가 와서 구원해줄 것이란 말이 있었습니다. 그 말이 사실이라면 조선은 망국의 길로 접어들 것이옵니다.

선조 그렇다면 어떻게 해야 하겠는가?

윤두수 요즈음 심유경(沈惟敬, 명나라 사신)이 하는 일을 보니 화평을 허락하여 왜군을 퇴각시키는 것으로 조선을 구하였다는 명성을 얻으려 하고 있사옵니다. 명나라도 힘이 약하여 누르하치를 시켜 왜적을 제거하려 하려는 듯싶사옵니다.

이성중 누르하치가 나오는 일은 불가불 속히 막아야 할 것이옵니다. 요동에 자문咨文을 보내거나 조관朝官을 파견하는 편이 좋겠나이다.

선조 만일 누르하치를 출동시키라고 황제가 칙서를 내리면 어떻게 하겠는가? 명군이 한번 꺾이고서 다시 오지 않는다면 오랑캐들이 어떻게 하겠는가?

이덕형 누르하치가 얼음이 언 뒤 3만의 군사를 거느리고 압록강 가에 이르러 '우리는 황제의 칙서에 따라 왔다'고 한다면 거절하기가 어려울 것이옵니다.

임진왜란으로 나라가 풍전등화에 있었던 조선에 누르하치는 3만 명이나 되는 원병을 보내주겠다는 제안을 했다. 당시 누르하치는 남만주 지역을 평정하고 자칭 왕이라 하여 명 황제에게 조공하고 있었다. 누르하치는 조선의 위급을 도와준다는 명목으로 세력을 키우기 위해 조선 출병을 고려한 듯싶다. 하지만 조선은 그 제안을 일언지하에 거절한다. 오랑캐의 도움을 받을 수 없다고 생각했기 때문이다. 그 대신 조선은 출병을 미루고 있던 명이 하루 빨리 구원병을 보내주기만을 절박하게 기다렸다. 하지만 이때 후금의 제안을 거절한 조선은 처참한 결과를 맞았다. 훗날 세력을 키운 누르하치는 조선이 명과 손잡고 후금의 배후를 칠 수 없도록 정묘호란丁卯胡亂을 일으켜 조선을 처참하게 짓밟는다. 만일 누르하치의 제안을 받아들였다면 조선의 역사는 분명 달라졌을 것이다. 역사에서 만약은 없는 법이지만, 나라의 지도층이 국제 정세를 읽는 눈이 흐려지면 백성들의 삶이 피폐해진다.

소현세자의 활로 모색

박지원이 들렀던 청나라의 옛 수도 봉천, 즉 지금의 선양은 중국 동북부 최대의 공업 도시로 중국 10대 도시 가운데 하나로 꼽는다. 새로 들어서는 초고층 건물로 하루가 다르게 변하는 도심 한복판에 있는 선양 고궁은 청이 명을 멸망시키고 연경으로 천도하기 전까지 황궁으로 사용한 곳이다. 1626년 누르하치의 뒤를 이은 홍타이지(皇太極, 청 태종)는 나라 이름을 후금에서 청으로 바꾸고 황제 자리에 올랐다. 당시 청 제국이 이룩한 세력은 현재 중국의 영토와 맞먹을 정도로 광대했다.

청 태종은 많은 형제들을 제치고 누르하치의 후계자로 정해질 만큼 카리스마가 넘치던 인물로 대제국 청의 기틀은 그의 치세 때 다져졌다. 팔기군八旗軍을 바탕으로 중원을 점령한 청 태종은 조선이 숭명반청崇明反淸을 고집하자 12만 대군을 이끌고 병자호란을 일으켜 조선을 처참하

고구려와 운명을 같이한 요동성

고대 동아시아 전쟁사에서 요동성만큼 큰 위치를 차지하고 있는 곳도 드물다. 요동성은 고구려 입장에서는 자국으로 들어오려는 외적을 막기 위한 제1관문이자 요새였고 수나라나 당나라에서는 제일 먼저 공략해야 할 거점 도시였다. 요동성총에서 발견된 〈요동성도〉 벽화를 보면, 내성과 외성으로 분리되어 방어하기에 편리한 곳이었다.

598년(영양왕 9년)에 수 문제가 30만 수륙 대군을 거느리고 고구려를 공격해왔다. 그러나 바다의 풍랑이 수나라군을 막아주었다. 그 후 수 문제는 죽고 수 양제가 즉위한다. 수 양제는 612년, 영양왕 23년에 드디어 112만이라는 중국 역사상 유례없는 대군을 거느리고 침공에 나섰는데 요수를 두고 고구려군과 격전을 치른 끝에 드디어 요동성을 공략한다. 그러나 아무리 공격해도 요동성은 끄떡없었다. 결국 30만 별동대로 평양을 직접 공격하러 나선 수나라군은 살수에서 전멸을 당하고 말았다.

이 전쟁의 여파로 수 양제가 신하에게 교살당하면서 수나라가 무너졌다. 40여 년 후 당나라가 다시 고구려를 넘보기 시작하였다. 당나라는 30만 군사를 이끌고 고구려를 침공한다. 요동성의 고구려 군사는 많아도 2~3만에 불과했다. 당나라군은 포차를 이용한 공격으로 난공불락이었던 요동성을 함락시키고 백암성을 거쳐 안시성으로 진격했지만 안시성에서 양만춘楊萬春에게 막히면서 결국 퇴각했다.

이후 요동성은 고구려의 내전으로 당군 30만을 이끌고 온 연개소문의 아들 남생南生에 의해 함락되었고 고구려도 668년에 멸망했다. 요동성은 결국 고구려와 생명을 같이한 셈이다.

(왼쪽) 소현세자는 봉천에서 서양 역법과 여러 가지 과학에 관련된 지식을 전수받고 천주교를 소개받았다.
(오른쪽) 아파트 단지 안의 좁은 정원이 소현세자 일행이 억류되었던 세자관 자리다.

게 짓밟았다. 이때 뼈아픈 고통을 겪은 조선인들에게 청나라의 수도 봉천은 무섭고도 끔찍한 곳이었다.

박지원 때도 봉천은 조선인들이 가장 가기 싫어했던 공간이었다. 조선 사람들이 앓았던 전쟁의 후유증은 선양 곳곳에서 그 흔적을 찾아볼 수 있다. 소현세자와 봉림대군이 볼모로 봉천에 끌려와 억류당했다. 소현세자와 봉림대군 외에도 이곳에는 조선에서 끌려온 인질들이 억류되었다.

8년이란 긴 시간을 소현세자와 봉림대군은 봉천에서 보냈는데 그동안 청나라는 날로 강성해졌다. 임진왜란으로 북만주에 힘의 공백이 생긴 틈을 타 하나로 뭉친 만주족은 파죽지세로 중원을 향해 나갔다. 이런 상황에서 숭명반청 정책을 고집한 조선 백성들은 엄청난 대가를 치러야 했다. 당시 봉천의 남탑 거리에는 전쟁 포로로 잡혀온 조선인들을 사고파는 노예시장이 형성될 정도였다.

왕자의 신분이라 해도 볼모 생활은 끔찍했다. 소현세자는 청 태종의

174

시대를 잘못 만난 연암골의 호랑이

박지원은 세상과 결코 하나되기 어려운 사람이었다. 한성을 벗어나 연암에서 산하를 호령하며 한 마리의 호랑이처럼 그는 자유롭고 싶어했다. 양반도 결혼도 벼슬도 마다하고 자신의 세계를 가고 싶어했던 한 지식인의 생애와 투혼은 《열하일기》 속에 빼곡히 담겨있다.

태양인 박지원에게 조선은 너무 좁은 세상이었다.

그는 양반 가문의 자제로 태어나 유안재와 이보천의 딸과 결혼했다. 장인 유안재에게 《맹자》를 배웠고 처숙인 홍문관弘文館 교리校理 이양천에게 문장 짓는 법을 배웠다. 그의 글솜씨는 파격적이고 해학적이면서 본질을 꿰뚫는 의기가 번득였다.

동무 이제마李濟馬가 사상체질론을 내놓기 전에 저 세상에 갔지만 그의 글과 언행으로 볼 때 박지원은 태양인이었던 듯하다. 얼굴이 붉고 광대뼈가 툭 튀어나온 데다 살이 쪄서 몸집이 장대했다. 그러면서도 좌중을 압도하는 카리스마가 있었는데 가끔은 지나치게 강해서 원만한 면이 부족했다. 속 시원하게 내질러야 하는 성격을 지니고 있지만 그것이 불가능한 사회에서 살았으니 불안감이 늘 그를 우울증 상태로 만들어놓았다. 그는 18세 때부터 우울증이 있었다.

그러면서도 그의 필력은 조선 최고를 자랑했다. 그는 21세 때 《방경각외전放璚閣外傳》을 썼다. 이 책은 몰락한 무반武班과 농부 등 이름 없는 하층민들을 주요 대상으로 삼은 한문 소설이다. 29세 때는 유언호, 신광온 등과 금강산을 유람하고 〈총석정 해돋이(叢石亭觀日出)〉를 썼다. 또 30세 때 홍대용洪大容이 중국을 다녀와 《건정동회우록乾淨衕會友錄》을 썼는데 그 서문을 박지원이 썼다. 박지원은 이때부터 중국에 간절히 가보고 싶어했다. 34세 때 초시와 복시에서 모두 일등을 했으나 급제에 뜻을 두지 않아 벼슬을 포기했다. 35세 때 쓴 큰누님의 죽음을 애도하는 '백자증정부인박씨묘지명'라는 글을 썼는데 그의 문하생 이덕무李德懋는 "300자도 채 안되지만 진정을 토로해 문득 수천 글자나 되는 문장의 기세를 보이니 마치 지극히 작은 겨자씨 안에 수미산을 품고 있는 형국이라 하겠다"고 극찬했다. 그의 글은 때로는 장난기 그득하고 때로는 파격이며 때로는 촌철살인의 교훈을 담고 있어 후대에 많은 감동을 전한다.

연암은 청나라에서 돌아온 후 더욱 마음을 잡지 못하고 연암협에 틀어박혀 6개월 이상 혹은 해를 넘기면서 즐거운 일이 없다며 삶을 고통스러워했다. 54세가 되어서 제릉령齊陵令, 55세에 한성부판관漢城府判官이 되었고 겨울에는 안의현감安義縣監이 되었다. 56세에 함양군에서 둑 공사를 할 때는 대엿새 걸릴 일을 하루 만에 끝내게 했고 그 뒤 5년간 둑 공사로 백성에게 부역을 시키지 않았다. 1797년 61세 되던 해에 면천군수沔川郡守가 되었을 때는 봉록을 덜어 백성을 구했다. 정조가 죽던 1800년에 양양부사襄陽府使로 승진했고 이듬해 봄 사직하고 서울로 돌아와 1805년 69세로 죽었다.

박지원은 《열하일기》에서 벽돌 굽는 일에 관심을 보였는데 뒷날 그때 배운 기술을 이용하여 수원성 건축 때 활용했다. 뛰어난 지혜와 식견, 앞을 내다보는 선각자의 혜안, 심금을 울리는 문장력, 말년에 보여준 뛰어난 행정력은 그가 탁월한 목민관 자질을 갖고 있었음을 보여주었다. 그를 활용하지 못한 조선의 조정이 안타까울 뿐이다.

궁궐 바로 근처의 좁은 세자관에서 일거수일투족을 감시받으며 살아야 했다. 볼모 생활이 중반에 이를 무렵, 소현세자는 새로운 활로를 모색한다. 봉천을 가로지르는 훈허渾河 강변의 공터에서 농사를 짓기 시작한 것이다. 그는 우선 청나라 조정이 불하해준 땅에 야채를 길러 생활비를 조달하고 자금을 만들었다. 이렇게 벌어들인 자금으로 청의 실력자들과 교분을 쌓아간다. 청의 문물을 받아들이는 데도 적극 나섰다. 서양의 놀라운 과학기술은 세자에게는 새로운 세상이었다. 그는 망원경과 자명종 같은 서양의 선진 물품을 조선에 가져가기 위해 수집했다. 왜란과 호란으로 피폐해진 백성들의 생활을 살찌우고 새로운 조선을 건설하는 데 유용하다는 판단이었다. 그러나 이러한 세자의 태도는 반청 입장을 고수하던 조선 조정에게는 배신 행위로 받아들여졌다. 결국 소현세자는 귀국 후 의문의 죽음을 당한다.

소현세자는 전쟁이라는 극악한 상황에서 청나라로 끌려갔지만 청의 선진 문물을 직접 볼 수 있었다. 만약 그가 왕이 되었다면 조선의 북학北學은 좀 더 활기를 띠었을지 모른다. 청의 선진 문물을 적극적으로 배워야 한다는 소현세자의 생각은 박지원으로 대표되는 북학파들에게 이어진다. 봉천에 당도한 박지원은 누구보다 청의 문물을 받아들이는 데 적극 나섰다.

우리는 종이를 앞에 두고 글씨를 써가며 필담을 나눴다. 이들은 비록 학문이 높지 않았지만 자기 일에 해박한 상인들이다. 골

억류 기간 동안 청나라의 선진 문화를 적극 수용한 소현세자는 귀국시에 자명종을 비롯해, 여러 서양 물건들을 가지고 돌아왔다.

동품을 고르는 법부터 수제 그릇을 만드는 법 등 청나라 문물과 풍속에 대해 밤새 얘기를 나누다 보면 어느새 날이 밝았다.

조선의 척화파斥和派들이 국제 정세도 파악 못하고 명분에 사로잡혀 있을 때 그는 청의 발상지 봉천에서 잠도 자지 않고 청나라 사람들을 만났다. 박지원은 조선 사대부들에게 뿌리박힌 편견을 없애고 세상을 제대로 배우게 하려고 노력했다. 박지원은 청나라 사신길을 견문을 넓히고 세계와 호흡하는 일생일대의 호기로 여겼다.

조선이 그나마 세계와 만날 수 있는 유일한 길은 청나라 사신길이었고 조선 사신들은 4000리 멀고 먼 길을 오가며 청의 풍물과 풍속을 보고 듣고 느끼면서 새로운 세상에 눈을 떴다. 청이 오랑캐라는 생각을 버리고 청의 선진 문물을 받아들이자는 움직임도 청나라 사신길을 통해 들어왔다. 그 움직임의 중심에는 박지원 같은 실학파들이 있었다.

박지원의 《열하일기》 대장정길은 국제 정세의 흐름을 읽고 조선의 현실을 직시하며 조선의 대안을 찾아가는 방향타였다.

07 열하에서
황제를 만나다

요하를 건너 연경에 도착한 박지원 일행.
4000리 길 내달려 온 그곳에 황제는 없었다.
만리장성 바깥의 열하에 와서야 비로소
청의 건륭제가 왜 피서 산장을 짓는지 깨닫는다.
바로 이민족을 포용하기 위해서!

요서 깊숙이 선연한 고구려의 자취

요동 땅을 지난 박지원 일행은 요하(遼河, 랴오허) 바로 건너편 신민新民
에 도착했다. 신민은 요서에서 처음 만나는 도시다. 이곳은 청나라가 명
을 무너뜨리기 전 수도인 봉천(선양)을 보호하려고 전략적으로 조성한
신흥 대도시였다. 청나라 정부는 부역까지 면제해줘 많은 사람들이 신민
으로 몰려들었고 도시의 규모가 3~4만 호에 이르렀다.

　이 정도 인구라면 대단히 큰 규모의 외곽 도시다. 만주족을 이주시켜
조성한 신도시였기에 지금도 만주족의 생활 풍습이 남아있다. 그 가운데
눈에 띄는 것은 가옥 구조다. 지붕이 일자형으로 우리나라 기와 지붕과
달리 기와를 평평하게 얹은 일자옥一字屋이다. 박지원 일행은 물론 조선
사신들이 지나갈 때에도 이 마을의 집은 일자옥이었다. 처음 대하는 일자
옥은 조선 사신들의 호기심을 자극하는 신기한 풍물이었다. 숙종 8년
(1712년) 사절단의 군관이었던 최덕중崔德中은 《연행록燕行錄》에 "집에 대
들보를 걸치지 않아서 지붕 모양이 평상 같았다. 괴이하다"고 기록했다.

요하를 건너니 낯선 이국의 집이 눈길을 끌었다. 지붕이 평평한 일자옥을 박지원도 눈여겨보고 《열하일기》에 남겼다.

무엇보다 이곳 마을 이름이 조선 사신들의 눈길을 끌었다. 백기보白旗堡는 바로 청의 군대 조직을 뜻하는 이름이다. 청은 군대를 황기, 백기, 청기, 홍기 등 팔색 깃발로 나누고 조직했다. 막강한 청의 군대, 팔기군이라는 이름이 여기서 비롯되었다. 12만 명에 달하는 팔기군은 병민兵民이 결합된 군대로 무기를 들었을 때는 군사였고 무기를 놓을 때는 농민이었다. 생산 활동은 물론이고 평상시에도 군사 훈련을 받았기 때문에, 집집마다 병사가 있는 행정 조직, 즉 마을 단위 하나가 바로 군대인 셈이다. 백기보 마을은 백색 깃발 아래에 있는 군부대를 말한다. 청이 조성한 신흥 도시 신민은 이렇게 여러 군부대로 이뤄진 군사 도시였다.

그런데 신민시 외곽 쥐류허巨流河 마을에는 얼마 전까지 고구려 성이 있었다고 한다. 마을 뒤편에 둔덕이 있는데 군데군데 무너져있지만 제법 길게 이어져있다. 바로 고구려 성의 흔적이다. 성벽 곳곳에 깨진 기와의 흔적들도 발견되며 흙을 다져서 쌓은 판축版築 자국은 토성의 흔적을 보여준다. 랴오닝대遼寧大 역사계 장즈창 교수에 따르면 이 지역은 수·당과 고구려가 전쟁을 벌이던 교전 지역이었다. 동쪽에는 요하가 넘실거리고 있었고 강 건너편은 고구려의 실질적인 장악 지역이었다. 이곳 고구려 성은 과거 전쟁 과정에서 파괴되었다. 그렇다면 이 고구려 성은 기록으로만 전해지던 무려라성武勵邏城이 아닐까? 기록에 따르면 무려라성은 요하 서쪽에 있다고 했다. 《자치통감自治通鑑》은 "요수 서쪽에 무려라성을 두어 요수를 건너는 자를 감독했다"고 전한다.

신민을 벗어나면 또 다시 벌판이 끝없이 이어진다. 벌판을 달리다가 갑자기 우뚝 솟은 산봉우리를 만나게 되는데 의무려산醫巫閭山이다. 이름난 산봉우리만도 50여 개에 이른다. 기묘한 봉우리와 아름다운 바위들 때문에 중국 동북 3대 명산 가운데서도 첫손에 꼽힌다. 벌판만 보다가 만나게 되는 산이라, 사람들에게 더 아름답고 더 반갑게 다가온다.

조선 사신들도 더없이 의무려산을 반겼다. 박지원은 의무려산을 만나는 감동을 《열하일기》에 "아침 저녁 산해진미로 떠받드는 통에 고기반찬에 물려서 식곤증이 생기고 구역질이 날 듯하다가 산뜻한 들나물 한 접시를 만나 구미가 확 돌아오는 것만 같다"고 썼다. 박지원과 조선 사신들은 힘든 여정, 지친 심신을 의무려산에서 달랬다.

의무려산은 고구려와도 인연이 깊은 산이다. 과거에 고구려가 유목민족 거란을 칠 때 이 지역을 통해서 내몽골로 건너갔기 때문이다. 광개토대왕의 정복 활동을 알려주는 광개토대왕비

청나라가 발전한 것은 정복한 각 부족을 팔기제로 편성한 데 힘입었다. 팔기군은 8종류의 깃발(황·백·홍·남색과 각 색에 선을 두른 것과 안 두른 것)에 따라 군대를 편성한 데서 유래한 명칭이다.

의무려산은 백두산, 천산千山과 함께 중국 동북 3대 명산이다. 광개토대왕은 의무려산을 부산富山이라고 불렀다.

비석에는 1775자의 비문이 빼곡히 적혀있는데, 여기에 거란 정벌 기사가 실려있다.

> 몸소 군사를 거느리고 가서 토벌하였는데 부산富山과 부산負山을 지나 염수鹽水를 건너 수많은 우마군양牛馬群羊을 획득하고 600~700영을 확보했다.

광개토대왕이 거란을 정벌하러 갈 때 넘었던 부산富山이 바로 의무려산이다. 광개토대왕은 의무려산을 울창한 산이라는 의미로 부산이라고 불렀다. 의무려산은 강력한 힘을 가졌던 대제국 고구려를 떠올리게 하는 산이다(《HD역사스페셜 1》 9장 참조).

한편 요서 깊숙한 곳 동관東關이라는 마을에서 중요한 유적을 발견했다. 《삼국사기三國史記》 기록에 보면 고구려 6대 태조왕 때 요서 지역에 열 개의 성을 쌓고 적의 침입에 대비했다는 기록이 있다. 곧 고구려가 요서 지역까지 진출했다는 의미다.

고구려 무려라성으로 추측되는 신민 외곽의 고구려성 흔적.

만리장성의 끝자락, 중원으로 들어가는 길목인 이 마을에 고구려 성이 있었다. 마을 뒷산에는 예사롭지 않은 기단석들이 곳곳에 흩어져있다. 옥수수밭 사이에 솟아있는 둔덕이 고구려 성의 흔적이다. 흙을 단단하게 다져 쌓아올린 성 벽 면에는 기와 파편도 보인다. 이 성은 당 태종이 요동 정벌

때 함락한 고구려 성이라는 것이 현지 주민들의 증언이었다. 성벽 바깥쪽에는, 해자로 보이는 물줄기가 흐른다. 박지원은 요서 깊숙한 곳에서 고구려 성의 자취를 만난 셈이다.

조선 사신단이 단둥을 출발해 연경(베이징)에 도착하기까지는 한 달 정도 걸리는데 요하를 건넌 것이 출발 후 열흘쯤 될 때니 연행 길의 3분의 1을 지난 셈이었다. 박지원 일행이 여행한 사신길은 140여 년 전에 청나라가 대군단을 이끌고 명과 최후의 결전을 치르기 위해 떠났던 진격로이기도 하다.

원하지 않은 전쟁에 파병하다

지금은 시골이지만 16세기 후반 명明의 요동총관(총사령본부)이 주둔했던 요새 도시 베이닝北寧에는 총사령관 이성량李成梁의 공적을 기리는 패루牌樓가 있다. 명나라 200년 역사상 무공이 가장 뛰어난 장군으로 알려진 이성량은 조상이 원래 한족韓族 출신이었다. 대대로 철령위지휘첨사

고구려 10성, 전설에서 역사로

고구려가 요서遼西에 성을 쌓았다고 기록한 문서는 김부식이 편찬한 《삼국사기》와 20세기에 편찬된 《환단고기桓檀古記》의 '태백일사太白逸史' 편이다. 《한단고기》는 위서 논쟁에 휩싸여있지만 《삼국사기》는 명확하게 '고구려본기'에 6대 태조대왕 3년(55년) 요서 지역에 10개의 성을 쌓은 사실에 대해 말하고 있다.

> 3년 봄 2월에 요서에 10성을 쌓아 한나라 군사에 대비하였다.

그러나 삼국사기는 구체적인 지명에 대해서 밝히지 않았다. '태백일사'는 10성의 위치와 이름까지 각각 밝히고 있는데 《환단고기》 자체가 그 신뢰성을 인정받지 못하고 있어 기록에 대한 학계의 입장은 부정적이다. 《환단고기》의 기록은 다음과 같다.

> 《조대기》에서 말한다. 태조 융무 3년, 요서에 10성을 쌓아 한나라의 침입을 대비하게 하였다. 첫째 안시安市는 개평부開平部 동북쪽 70리에 있고, 둘째 석성石城은 건안建安의 서쪽 50리에 있다. 셋째 건안은 안시의 남쪽 70리에 있으며, 넷째 건흥建興은 난하灤河의 서쪽에 있다. 다섯째 요동遼東은 창려昌黎의 남쪽에 있고 (……) 5년 봄 정월에는 다시 백암성과 요동성을 쌓았다.

《환단고기》의 내용을 무시하더라도 《삼국사기》 기록은 고구려 5대 왕인 모본왕 때 베이징 부근인 북평北平, 어양漁陽, 상곡上谷까지 공격했다고 적고 있다. 모본왕 때 요하를 건너 베이징 부근까지 깊숙이 공략하였다면 분명 이 일대에 고구려 성이 존재했을 가능성이 크지 않을까? 그렇다면 둥관 마을의 성이 고구려 성의 요서 10성일 가능성이 있다. 요서에 10성을 쌓았다는 것은 기록으로는 남아있지만 정밀한 학술 조사를 통해 보고된 바는 없다. 이 때문에 지금까지 요서 10성을 찾는 것은 학계 최고의 과제였는데 둥관에서 발견한 고구려 성의 흔적은 고구려의 영역을 새로 설정해야 할지 모른다는 과제를 남겨주었다.

고구려 세력이 요서 깊숙이 진출했음을 보여주는 둥관 마을의 토성 흔적(위 왼쪽)과 흙벽에 섞여있는 기와조각(위 오른쪽). 고구려 성을 특징짓는 판축 기법의 증거다.
베이닝에 있는 이성량 패루. 중국 둥베이 지방에서는 이성량이 유명하지만 우리나라에서는 임진왜란 때 명나라 원군 사령관으로 온 그의 아들 이여송이 더 유명하다.

를 세습한 집안으로 임진왜란에 참전한 이여송의 아비이기도 하다. 이성량은 공을 세워 요동험산참장이 되었으며 1570년에 총병관 왕치도가 전사하자 요동총병관이 되었다. 중국 동북방 이민족을 제압했던 명의 영웅이었지만 누르하치의 운명을 바꿔놓은 인물로 더 유명하다.

요동총겸을 맡고 있던 이성량이 여진을 치러갔을 때 누르하치와 누르하치의 아버지를 잡았다. 포로가 된 누르하치가 하늘을 우러러 보면서 어찌하여 여진족을 낳았고 어찌하여 여진족의 씨를 말리려 하는가 하고 하늘을 향해 울부짖자 이성량이 아비만 죽이고 누르하치는 살려주었다. 누르하치는 이성량 휘하에서 세력을 키운 뒤 만주로 돌아가 만주족을 통합하고 후에 이곳 베이닝을 점령했다. 그래서 조선 사신들은 이 길을 지나며 누르하치를 살려둔 옛일을 한탄했다고 한다. 명과 청의 운명은 이곳에서 이미 결정난 셈이다.

샤오링 강小凌河이 도심을 휘감고 흐르면서 자연 방벽을 이루고 있는 진저우錦州의 금주성은 예로부터 천혜의 요새였다. 청나라 황제를 만나러 연경으로 가는 조선 사신들은 반드시 이 금주성을 지나야 한다. 그뿐 아니라 명나라 정벌에 나선 청이 반드시 통과해야 할 곳이기도 했다. 명은 연경으로 진격하는 청을 맞아 금주성에서 대격전을 벌였다. 금주성은 명의 제일 방어성이었다.

1640년 청군은 금주성을 포위했다. 명나라에서는 홍승주洪承疇를 파견하는데 여덟 명의 참모와 13만 명의 군사를 이끌고 금주성에 주둔했다. 명은 청의 대군단을 맞아 결사항전했지만 막강한 전투력을 가진 청의 팔기군을 끝내 저지하지 못했다. 1642년에 이 지역에서 명나라 군대가 패배하였고 청 군은 계속 전진했다.

명·청 교체를 결정짓는 바로 이 금주성전투에 조선군이 참전했다. 1636년 병자호란에 패배하고 난 뒤에 조선은 청이 요구하면 언제나 군사를 보내겠다는 약속을 했다. 현재 한·미 간의 인계철선引繼鐵線 조약 비슷한 것이 맺어진 셈이다. 이에 따라 청은 두 차례나 조선에게 군사를 파병하라고 요구했고 1641년, 조선은 청을 위해 처음으로 금주성으로 군대를 파병한다. 《인조실록》에 파병 기록이 있다.

인조는 재위 19년 되던 1641년, 조선군 1500명을 파병했다. 이때 조선이 파병한 군대는 임진왜란 이후 설치된 조총 부대였다. 임진왜란 때 일본 조총 부대의 위력에 쓴맛을 본 조선은 이후 조총 부대 양성에 전력을 쏟았다. 그 결과 전력은 막강해졌다. 명과 청이 모두 인정할 정도로 조선군 조총 부대의 사격술은 뛰어났다.

당시 조선군의 사격 솜씨는 10발을 쏘았을 때 20~30퍼센트 명중률을 보였다고 한다. 청나라나 명나라 군대의 경우 10발 가운데 한두 발, 10퍼센트 내외의 명중률을 보인 사람에게 포상했다고 하니 결국 청나라군이나 명나라군에 비해서 조선군의 사격 솜씨가 월등히 높았다는 이야기다. 청나라의 원병으로 파병한 조선군 조총 부대는 명에게 위협적인 존재였다. 조·청 연합군은 금주성을 에워싸고 조총 사격을 퍼부었다. 이 때문에 사망한 명나라 병사가 매우 많았으며 그 가운데 탄환을 맞은 자가 열에 칠팔은 되었으므로 명나라 사람들은 이때부터 우리나라에 대해 유감이 깊어졌다.

조선 수군의 명성은 더 높았다. 청은 조총 부대뿐 아니라 임진왜란 때 막강한 전력을 과시했던 수군 파병을 요구한다. 조선 수군의 도움을 받아 청은 육로 대신 수로로 명나라 본토를 공략할 생각이었다. 하지만 조선은 수군 파병을 계속 미루었다. 명에 대한 의리를 저버릴 수 없었기 때문이었다. 청 황제는 조선으로 직접 사신까지 보내 파병을 요구한다. 청의 강압에 못 이긴 조선은 결국 수군의 파병을 결정하지만 군인들이 싸우기를 거부해 파병은 결국 실패하고 만다.

임금이 도승지 이기조와 내관 나업·백대규 등으로 하여금 청나라 칙사를 찾아가 보게 하였다. 칙사가 사람들을 물리치고 말하기를,
　"전에 나왔을 때에 국왕께서 회답한 말을 돌아가 황제에게 고하였

진저우 시내에 복원된 금주성의 요새(왼쪽)와 금주성전투에 참전한 조선군의 모습(오른쪽).

더니, 황제가 '마병馬兵은 전투용으로는 합당하지 않다. 수군 6천 명
만 12개월의 군량을 준비하고 전함을 갖추어서 얼음이 풀리는 2월까
지 안주安州 등지의 해변에 모이게 하라'고 하였다. 그러면 황제가 차
관差官을 보내 인솔해 가게 할 것이다." 하였다.
—《인조실록》 39권, 인조 17년 11월 25일.

　　그러나 당시의 조선 수군들은 배 위에 구멍을 뚫고 식량을 버려가면
서 일부러 파병을 지체시키고 청에게는 기간 안에 빨리 갈 수 없었다고
허위보고하는 등 실제로 전투에 참여하지 않으려 했다. 조선 군인들의
태도만 봐도 조선의 뿌리 깊은 숭명반청 분위기를 읽을 수 있다.
　　명과 청이 운명을 걸고 싸웠던 금주성전투에는 조선의 군대만 파견
된 것이 아니다. 청은 봉천에 볼모로 잡혀있던 소현세자와 봉림대군을
금주성전투에 참전시켰다. 치열한 전투가 벌어진 이곳에서 소현세자는
죽을 위험까지 겪어야 했다. 한 나라의 왕자가 겪기에는 너무나 참담한
현실이었다. 김창업金昌業의 《노가재연행일기老稼齋燕行日記》는 "크기가

산해관의 만리장성 동문 성루(왼쪽)에 천하제일관天下第一關이라 씌어진 현판이 걸려있다.
금주성 봉화대(오른쪽). 청 태종은 조선이 청의 후방을 치지 못하게 하려고 소현세자를 금주성전투에
종군시켰다.

거위알만 한 대포알이 세자의 막사에 여러 번 떨어져서 흙담을 쌓아서
대포알을 막았다"며 당시 상황을 급박하게 전한다.

명과 청의 운명을 건 금주성전투, 여기에 소현세자를 끌어들인 데는
조선이 청의 배후를 치지 못하게 하려는 청 태종의 치밀한 전략이 숨어
있다. 결국 금주성은 무너졌고 송산松山, 행산杏山, 탑산塔山까지 무너뜨
린 청은 파죽지세로 진격함으로써 명은 중원의 자리를 내주고 말았다.
《열하일기》는 금주성전투에 대해 이렇게 전한다.

슬프다! 이곳은 명나라와 청나라 군사들이 격전을 벌이던 피비린내
나는 전쟁터다. 100여 년이 지난 오늘에도 난리의 상처는 아물지 못하
고 그때의 장렬한 격전의 자취를 생각할 수 있다.

명·청 교체의 격전장을 지나고 나면 연경으로 들어가는 관문, 산해관(山海關, 산하이관)이 조선 사신들을 기다린다. 산해관을 통과하면 베이징까지는 일사천리다. 산해관은 만리장성의 동쪽 끝자락에 있다. 산과 바다를 끼고 있는 관문이라고 해서 이름을 '山海關'이라 했다. 산해관에서는 명과 청의 전투가 없었다. 내부 분열을 겪던 명은 청에게 스스로 문을 열었다.

예로부터 산해관 밖을 관외, 산해관 안쪽을 관내라고 했다. 중국 제도를 알려면 산해관을 봐야 한다고 할 정도로 이곳은 지리적으로나 문화적으로 중원과 변방을 가르는 상징적인 기준이다.

실제로 당 태종은 100만 대군을 이끌고 요동으로 쳐들어왔다가 연개소문이 이끄는 고구려 군대에 쫓겨 한쪽 눈까지 잃고 달아나다가 임유관(臨渝關, 산해관의 전신)에 이르러서야 한숨을 돌렸다고 한다.

중국의 최고 명소이자 천하제일 관문답게 산해관은 통관 절차가 무척 까다롭고 경계도 삼엄했다. 조선 사신단에게도 예외는 아니었다. 정사와 부사와 서장관은 예우를 받으며 통과했지만 하인이라든지 마부나 짐꾼은 장시간 기다리면서 상투와 옷섶까지 수색하는 아주 철저한 통관 절차를 밟고서야 이곳을 지나갈 수 있었다. 산해관에서 까다로운 통관 절차를 마치고 관내로 들어가면 조선 사신들은 꽤나 잘 닦인 순탄한 길로 연경까지 갈 수 있었다.

박지원 일행은 청나라 6대 황제 건륭제의 칠순 축하 사절단이었다. 그런데 박지원 일행이 연경에 도착했을 때 건륭제는 그곳에 없었다. 황제가 수도를 비우고 간 곳이 바로 열하였다. 황제는 연경이 아니라 열하에서 칠순 잔치를 맞이했다. 박지원 일행은 황제가 열하에 있다는 사실을 뒤늦게 알고 서둘러 열하로 향했다.

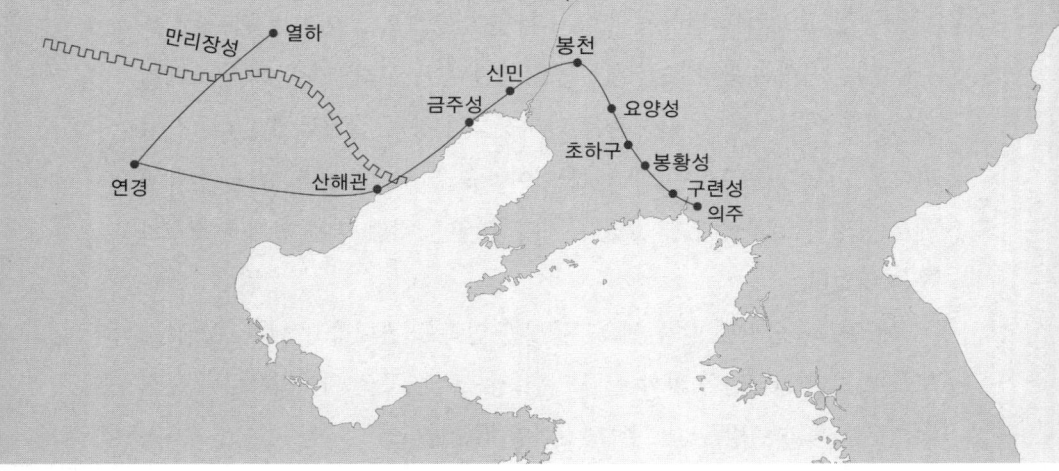

요하를 건넌 박지원 일행은 신민과 금주를 지나 산해관을 통해 만리장성을 통과한다. 연경에 있어야 할 청 황제가 열하의 피서산장에 가있자 여정은 계획보다 길어지고 만다.

만리장성보다는 피서산장이

황제의 칠순에 제때 도착하기 위해 박지원 일행은 나흘 밤을 꼬박 새며 열하로 강행군했다. 한밤중에 아홉 번 강을 건너는 고생길이었다.

> 내가 한밤중에 강물을 건너매 눈에 위태로움이 보이지 않자 위태로움
> 이 온통 듣는 데로만 쏠려서 귀가 바야흐로 덜덜 떨려 그 걱정스러움
> 을 견딜 수 없었다.

《열하일기》에서 볼 수 있듯이 몇 차례 험한 강과 고개를 지나고 만리장성을 통과해야 열하에 이른다. 열하는 만리장성 밖에 있다. 변방의 이민족을 막기 위해 쌓은 것이 만리장성인데 청 황제는 왜 만리장성 밖에 나가있는 것일까?

연경에서 내몽골로 통하는 만리장성의 관문 고북구(古北口, 구베이커

고북구는 만리장성의 유명한 관문의 하나로 청 황제는 이곳을 통해 열하로 갔다. 박지원 일행도 고북구를 거쳐 갔을 것이다.

우). 청 황제가 열하로 행차할 때 이곳을 이용했다. 강희제는 연경에서 열하로 들어가기 위해 고북구를 46회나 지나다녔다고 한다.

청나라 황제의 만리장성 밖 열하 행차는 4대 강희제 때부터다. 강희제는 만리장성만으로 이민족의 침입을 완벽히 막을 수는 없다고 생각했다. 그는 덕을 쌓고 백성을 편하게 하는 것이 나라를 보전하는 유일한 방법임을 간파했다. 강희제는 만리장성 대신 열하에서 대안을 찾았다.

열하는 강희제가 조성한 곳으로 아름다운 자연 경관과 유적지 등 볼거리가 많아 사시사철 관광객이 많이 찾는 도시다. 거대한 인공 호수에 누각과 정자가 세워진 이곳은 황제의 여름 별장이다. 청나라 황제는 여름철이면 열하의 행궁에서 피서와 사냥을 즐겼다.

열하는 청나라의 여름 수도였다. 강희제가 열하에 피서산장을 건설한 데는 고도의 통치 전략이 숨어있다. 강희제와 건륭제 모두 피서산장에서 전쟁을 지휘했고 정무를 보고 지시를 내렸다. 피서산장은 원래 사

강희제가 1702년 착공하였고 건륭제가 1790년 `완공한 열하의 피서산장(왼쪽). 현재 중국에 남아있는 가장 큰 규모의 궁궐 동산으로서, 강남 지방 명승지를 본떠 수려한 자연경치를 인공으로 만들어놓았다.

냥할 목적으로 지은 행궁이었다. 강희제는 대규모의 사냥터를 조성하고, 대신들과 군사 1만 명을 이끌고 나와 포위 사냥을 즐겼는데 이것은 단순한 사냥이 아니라 군사 작전이자 일종의 무력 시위였다. 여름이 되어 초원이 푸르러지면 유목민이 풀을 찾아 남하한다. 이때 청 황제는 대규모 군사를 이끌고 긴장이 높아진 국경에서 전략적인 목적을 가지고 사냥을 하며 유목민에게 경고의 메시지를 보내는 것이다.

청은 대제국을 건설했지만, 변방의 몽골과 신장新疆, 티베트가 언제 다시 일어날지 몰랐다. 이 위협을 없애기 위해 기본적으로 청은 포용 정책을 선택한다. 피서산장 안 초원 지대인 만수원萬壽園에 지은 몽골식 가옥이 그 증거다. 청 황제는 여기에 몽골식 가옥을 짓고 몽골 사신을 묵게 했다. 특별 배려였다. 이런 청의 의도를 박지원은 정확하게 꿰뚫었다.

열하에서 청 황제는 1만 명의 대규모 사냥을 하는데, 이는 고도의 통치 전략으로 몽골에 대한 견제의 성격을 지닌다. 긴장이 높은 국경에서 무력 시위를 한 셈이다.

내가 열하의 지세를 살펴보니 대체로 천하의 두뇌 같아 보였다. 황제가 어정거리면서 북쪽으로 온 것은 다름이 아니라 정수리를 깔고 앉아 몽골의 목을 틀어잡기 위함이다.

지금도 1년 내내 관광객으로 들끓는 곳이지만 박지원이 갔을 당시에도 열하는 서로 다른 풍속을 가진 사람들로 붐볐다. 평생에 괴이한 구경은 열하에서 다했다고 했을 정도로 박지원에게 열하는 별천지였다.

요술쟁이가 입을 벌려 사람들에게 무엇인가를 보이는데 목구멍 속에 희끔한 것이 조금 보였다. 가슴을 치고 목을 두드리며 답답하고 괴로워하는 꼴이 하찮은 재주를 자랑하다가 가엾이 이제는 죽는구나 싶었다.

청은 변방을 포용 정책으로 다스렸다. 그래서 피서산장 안에 몽골식 가옥을 짓고 몽골 사신를 묵게 했다(위). 당시 열하에는 다양한 민족이 모여 있었다. 여정문이라는 글씨를 중국어, 만주어, 몽골어, 아랍어, 티베트어로 썼다(아래).

그러나 박지원이 본 것은 요술쟁이의 장난기 어린 볼거리에 불과했다.

조선 사신단의 근거 없는 거만함

열하에는 피서산장을 감싸듯 거대한 티베트 불교 사원들이 늘어서 있었는데 지금까지 남아있는 사원만 무려 여덟 개나 된다. 티베트와 몽골의 신앙인 라마 불교의 사원들을 건륭제는 왜 대대적으로 지었을까?

그것은 티베트와 몽골의 문화를 적극 포용함으로써 이들 이민족을 자연스럽게 청의 테두리 안으로 끌어들이려는 고도 외교 전략이었다. 건륭제는 이민족의 문화를 포용하는 것이 곧 청의 변방을 안정시키는 힘이라고 생각했다.

그래서 건륭제는 자신의 칠순을 축하하기 위해 티베트의 법왕인 판첸

열하의 피서산장, 강건성세를 누리다

청나라 4대 황제 강희제로부터 옹정제, 건륭제까지 100여 년을 평화 시대를 구가하고 나라를 안정시킨 강건성세康乾盛世의 시대라고 하였다.

강희제는 대만을 수복하고 몽골을 평정했으며 삼번三藩의 난(1673~1681)을 진압하고 열하에 피서산장을 착공했다. 옹정제는 형제를 숙청하고 치열한 골육상잔骨肉相殘으로 황위에 올랐지만 정치·교육·민생에서 청나라의 위상을 높여놓은 인물이다. 건륭제는 토번(吐蕃, 티베트)과 서장(西藏, 시짱) 지역을 손에 넣고 네팔을 공격하여 중국 영토를 원 이래 최고로 넓힌 인물이다.

이 강건성세의 시기에 세워진 열하의 대표적인 관광지로 피서산장과 외팔묘外八廟를 꼽는다. 피서산장은 1703년 강희제가 짓기 시작해 1792년 건륭제 때 완성한 건축물로 약 560만 제곱미터에 성벽 길이만 10킬로미터에 이르는 대규모 여름궁전이다.

내부는 궁전구, 호수구, 평원구, 산지구로 나누어지며 한여름에도 찜통더위라고는 찾아볼 수 없고 최고 기온이 섭씨 24~28도 정도의 날씨로 황제들이 쉬면서 정무를 보기에 좋은 곳이다.

궁전구는 황제가 정무를 보던 곳으로 중심부는 담박경성전澹泊敬誠殿이다. 황제가 업무를 보거나 외국 사절단을 접대하는 장소로 쓰였다. 연암 일행이 건륭제를 만난 곳도 이곳이다. 호수구에는 겨울에도 얼지 않는 열하천이 있다. 평원구 등은 사냥과 군사 훈련이 가능한 곳이다.

외팔묘는 한족은 물론 티베트와 몽골인의 종교인 라마교 양식으로 지어져 눈길을 끈다. 타민족을 배척하지 않고 끌어안아 나라의 힘을 키웠던 청의 저력이 두드러진 건축물이다. 피서산장과 외팔묘는 1994년 유네스코 세계문화유산으로 지정되었다.

열하에는 지금도 여덟 개의 티베트 사원이 남아있다. 청은 사원의 창건이 소수민족을 정신적으로 통합할 수 있다고 생각했다. 사원 하나를 만들면 10만 대군을 이길 수 있다는 포용 정책의 결과가 열하에 있는 티베트 사원이다.

라마Panchen Lama 6세가 열하를 찾아오자 그를 위해 사원을 지었다. 황금기와를 얹은 전각에 판첸 라마를 모시고 극진히 대접했다. 심지어 판첸 라마를 스승으로 모실 정도로 건륭제는 이민족 융화 정책에 힘을 기울였다.

건륭제는 열하에 도착한 박지원 일행에게도 판첸 라마 접견을 명한다. 그러나 유교 숭상국인 조선에게는 티베트의 법왕에게 예를 표하는 일은 금기시되는 일이었다. 건륭제의 특별 배려가 오히려 조선 사신단에게 날벼락을 내린 셈이었다.

어쩔 수 없이 판첸 라마를 만나게 된 조선 사신단은 두 가지 고민에 빠졌다. 하나는 판첸 라마를 만날 것인가, 다른 하나는 판첸 라마에게 예를 표할 것인가? 조선 사신단은 황제의 명령을 거역할 수 없어 결국 판첸 라마를 만난다. 박지원은 당시 조선 사신단의 판첸 라마 접견 상황을 《열하일기》에 묘사했다.

건륭제(왼쪽)는 티베트의 정신적 지도자 판첸 라마 6세(오른쪽)를 스승으로 받아들여 다양한 민족과 문화가 뒤섞여있는 '대청제국'의 통합과 정치적 안정을 꾀했다.

앉을 때 약간 허리를 구부리는 듯하며 소매를 들고는 조선 사신이 바로 앉았다. 군기대신(軍機大臣, 청나라 군기처의 으뜸벼슬)의 얼굴빛은 황급해 보였으나 사신이 벌써 앉아버렸으니 어쩔 도리가 없어 못 본 척하였다.

연암은 이런 사신단의 행동을 "촌티 나는 일이다. 왜냐면 이 열하가 세계의 중심이다. 세계를 넓게 보려고 한다면 이 모든 것들을 포용해야 한다"고 평한다. 박지원이 만난 청 황제는 이민족과 그들의 문화를 배척하지 않고 포용할 줄 아는 인물이었다. 그것이 바로 대제국 청을 만든 힘이라는 것을 박지원은 열하에서 깨달았다. 열하에서 엿새간 머물며 공식 일정을 모두 끝낸 박지원 일행은 다시 연경으로 가서 한 달간을 머물게 되는데 공식 일정이 끝난 뒤라 여유로운 마음으로 연경을 돌아보았다.

연경에서 세 번 놀라다

연경으로 들어가는 길목에 자리한 통주(通州, 퉁저우). 항주(杭州, 항저우)에서 연경까지 이어지는 1700킬로미터 대운하의 종점이다. 1780년 박지원이 둘러 볼 당시에도 대운하의 도시였다. 박지원은 도시 외곽을 흐르는 운하를 뒤덮다시피 한 수많은 선박을 보고 큰 충격을 받는다. 통주 운하에서 본 수만 척의 선박들은 그에게는 부국강병의 조건으로 보였다.

> 강역에 닿으니 강물은 맑고 넓어 수없는 배들이 몰려다니고 있었다. 이 장관은 만리장성의 놀라움과도 비할 만했다. 10만 척이나 되어 보이는 큰 배들은 모두 용을 그렸다.

선박에서 내려진 물건을 실어나르는 수레 또한 장관이었다. 상업 활성화는 운송 수단의 혁신에서 온다는 박지원의 생각은 이때 더욱 깊어졌다.

> 길바닥에 돌을 깔아 쇠수레 바퀴들이 마주치는 소리가 놀라워 사람의 심신을 뒤흔들어 불안케 했다.

그는 목축에도 관심이 깊었다. 그가 말년에 연암(황해도 금천)으로 이주한 것도 사실 수백 마리의 말과 가축을 키워보고 싶어서였다고 스스로 밝힌 바 있다. 그런 그였기에 말이나 사람이 끄는 수레 등 운송 수단에 대해 놀라움을 표하지 않을 수 없었다.

열하에서 연경으로 들어오자마자 박지원은 당시 남당南堂이라 불리던 천주교 회당을 찾았다. 남당은 서양 문화와 접할 수 있는 공간이었다. 건물 구조는 물론 실내 장식까지 조선인들에게는 경이로운 충격이었다. 천주교 회당은 포교의 산실이자 서양 문화 전파의 요람이었다. 화재로

박지원은 열하에서 연경으로 돌아오는 길에 대운하의 끝인 통주에서 수만 척의 선박을 보고 큰 충격을 받는다.

지금은 남아있지 않지만 천장과 벽면에 그려진 정교하고 사실적인 성화聖畵는 박지원을 비롯한 조선 사신들에게는 낯선 그림이었다.

> 천장을 바라보니 수없는 어린애들이 허공에 주렁주렁 매달려 오색 구름 속에서 뛰노는데 살결은 만지면 따뜻할 듯하고 팔목이며 종아리는 살이 포동포동 쪘다.

천문과 기상 관측을 하는 관상대觀象臺는 조선의 실학파 학자들이 제일 가보고 싶어했던 곳이다. 정교함을 자랑하는 천체 관측기기 등을 볼 수 있었던 관상대는 서양 과학기술과 문명의 보고였기 때문이다. 당시 관상대 책임자는 서양 선교사들이 주로 맡았다. 선교사들은 서양 종교뿐

중국에 서양 과학을 전해준 예수회 선교사 마테오 리치(왼쪽). 박지원은 연경의 관상대에서 많은 기계 (오른쪽)들을 보고 작동해보려 했지만 관상대를 지키는 중국인은 허락하지 않았다.

아니라 서양 과학기술의 전파자이기도 했다. 호기심 많은 박지원 역시 관상대를 찾아간다.

> 여기저기 관측기계들을 놓아두었는데 이 기계들의 이름을 알 수 없었
> 을 뿐 아니라 만든 모양도 모두 이상하여 사람의 눈과 정신을 얼떨떨
> 하게 하였다.

연경에 온 조선 사신들이 반드시 들린 곳이 천안문(天安門, 톈안먼) 광장 일대의 번화한 시장 거리에 있는 유리창(琉璃廠, 류리창)이다. 박지원이 찾았을 때는 서적, 골동품, 지필묵 등을 파는 가게들이 무려 27만 칸이나 늘어서 있었다고 한다.

이처럼 청나라에 간 조선 사신들은 청나라 선진 문물에 맨 먼저 눈을 뜨게 되었다. 특히 서양의 과학기술과 문물은 사신들과 실학파 지식인들을 통해 조선에 소개되었다. 그중에서도 박지원은 서양 지식과 신문물을

연경 종합시장 '유리창'

유리창은 유리를 만드는 공장이란 뜻이다. 그러나 보통 생각하는 투명한 유리가 아니라 기와와 벽돌을 만드는 공장이 있었다. 궁정에서 쓰는 가지각색의 기와와 벽돌이 빛을 내고 반짝였기 때문에 유리라는 이름을 붙였다. 유리를 만드는 기술은 극비에 속해, 박지원이 쓴 글을 보면 출입이 엄격히 통제되었으며 전속 기술자라도 넉달 동안 먹을 것을 챙겨 들어가면 외출과 외박이 금지되었다.

유리창(위)은 조선 실학자들이 서학에 관학 책을 구할 수 있는 장소였다. 지금도 750미터 거리에 늘어선 골동품과 고서적들을 보다 보면 시간 가는 줄 모른다. 유리창에서 판매하는 골동품들(아래).

그런데 유리창은 유리 공장보다는 서적과 서화, 골동품을 파는 시장으로 이름을 날렸다. 양쪽에 점포를 배치해 그 길이만 5리(약 2킬로미터)에 이른다. 우선 서점으로는 문수당文粹堂, 오류거五柳居, 선월루先月樓 등이 있어서 천하의 지식인들과 이름난 선비들이 이곳에 들렀고 묵기도 했다.

박지원과 각별했던 홍대용도 유리창의 풍부한 상품들에 놀랐다고 기록했다. 홍대용은 서화와 골동품, 수만 권에 달하는 서적의 규모에 놀랐고 유통의 방대함에 놀랐다. 박지원도 이곳에 들러 놀라움을 표하며 재화와 보물이 넘치는 곳이라고 평했다. 조선으로 들어가는 서적은 거의 모두 이곳을 통해 거래되었다.

《열하일기》에 담은 연암의 동물기

박지원은 연행길에서 새로운 문물을 많이 접하는데 동물에 특별한 주의를 기울인다. 목축업에 관심이 많았던 탓이다. 박지원은 말에 대해서도 관심이 많았다. 말의 종자를 키워 개량하면서 조련하거나 짐을 운반하는 데 써야 하는데 말 감독이라는 자들은 이를 하찮게 여겨 말의 종자가 갈수록 적어진다고 개탄했다. 말이 작은 데다 짐을 많이 실으니 큰 손님 한번 치르면 말이 죽거나 병이 들어 말값만 비싸진다고 기록했다.

　박지원의 이런 관심은 황제의 어용 마구간에 들르게 했다. 연암은 말먹이꾼과 나눈 대화를 《열하일기》에 기록하였다. 황제의 말은 1만 마리 정도 되는데, 마침 연암이 들렀을 때 마구간에는 나이 많은 말들만 있었다고 했다. 나이가 100살이 넘어 이빨이 두 개만 남은 황제가 타던 말도 있었다. 여물을 못 씹은 지 30여 년이라 낮에는 전술 두 동이를 주고 저녁에는 엿밥과 보릿가루 두 되를 소주에 섞어준다고 기록했다.

　연암은 사자를 보지 못하고 돌아와 아쉽다고 밝혔지만 코끼리는 연경에서 열여섯 마리나 보았다. 사신단은 여행 중에 잡혀가는 많은 동물들을 보고 놀라는 표정을 지었다. 연암은 납취조蠟嘴鳥라고도 하는 밀화부리를 보며 신기하게 여겨 기록에 남겼다. 이 새는 점 치는 새와 비슷한 것으로 사람이 골패骨牌에 운수를 표하고 마구 섞어 넣으면 집어온다고 했다. 이 밖에도 박지원은 수많은 진기한 사물들에 대해 자신이 아는 대로 보이는 대로 《열하일기》에 옮겨 적었다.

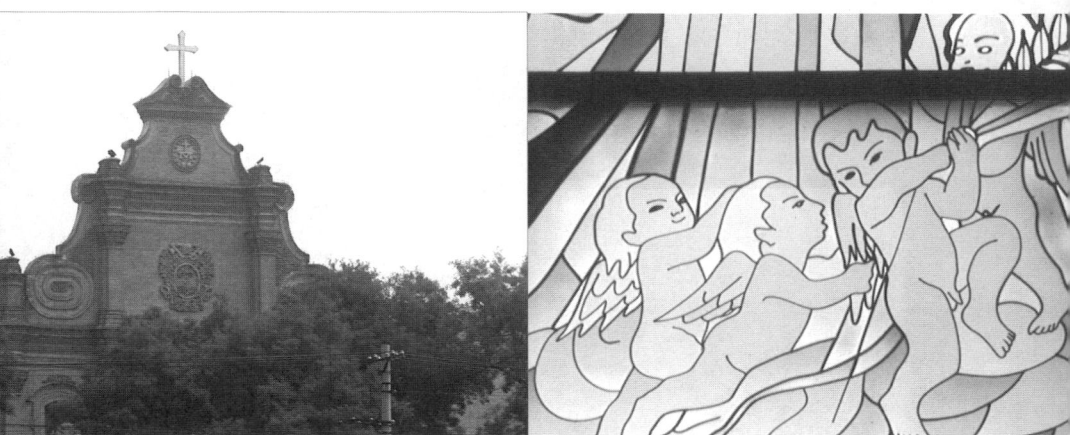

연경에는 네 곳의 천주당이 있었다. 박지원은 사신단이 머물고 있던 조선관과 가까운 남당(왼쪽)에서 성화聖畫를 보고 놀란 경험을 《열하일기》에 썼다. 연경의 천주당 안의 스테인드글라스(오른쪽).

조선에 소개하는 첨병 역할을 맡았다.

서양의 과학기술은 물론 서양의 종교까지 연경을 거쳐 들어온 최신 서적을 통해 소개되었다. 이것은 조선의 진보적인 지식인들이 조선 고유의 문화뿐 아니라 중국의 문화 그리고 서양의 문화까지도 받아들여서 새로운 문화를 건설해 나가는 데 기초 자료가 되었다.

청의 황제를 만나기 위해 박지원이 걸었던 4000리 길, 그것은 선진 문화로 나아가는 통로였다. 《열하일기》는 급변하는 국제 사회 속에서 어떻게 현실을 직시하고 어떤 선택을 해야 할지 알려주는 이정표이자 문명의 보고서다.

1780년 정조 4년, 명이 망한 지 130여 년이 지났지만 조선의 현실은 청을 중심으로 움직이고 있는 국제 동향을 외면한 채, 여전히 청을 오랑캐로 여기며 대명 사대주의에서 벗어나지 못했다. 박지원은 《열하일기》에서 명분에 얽매어 실리를 놓치고 있는 조선의 현실을 신랄하게 비판하고 조선이 눈떠야 할 현실과 대안을 조목조목 제시하였다. 4000리 사신 길을 걸으며 느낀 놀라운 경험을 책으로 꾸민 《열하일기》는 급변하는 더 큰 세상으로 나아가라는 박지원의 웅변이다.

08 누가 계몽군주 정조를
죽이려 하는가?

왕조 중흥의 꿈을 펼치던 절대 계몽군주 정조의
갑작스런 죽음으로 좌절된 조선의 르네상스.
자연사인가, 타살인가? 끝없이 이어지는 독살 의혹…
역사의 미스터리로 남은 조선 최고의 의문사,
조선 왕 독살 사건은 과연 정말일까?

보이지 않는 음모

아버지 사도세자思悼世子의 억울한 죽음 이후 등극한 정조는 24년의 재위 기간 중 한번도 마음 놓고 쉰 적이 없었다. 아버지를 죽인 세력이 자신도 노릴 것이라는 불안은 그가 정치를 하는 동안 늘 심각한 우울증을 겪게 했다.《정조실록》에 정조의 속내를 토로한 구절이 있다.

> "옷을 벗지도 못한 채 잠자리에 들었던 것이 몇 달이나 되었는지 알 수 없다. 이제 생각하니 불안하고 고독했던 나날들을 이루 다 말할 수 없다. (……) 내가 왕세손으로 있을 때 온갖 어려운 일을 겪었다. 처음 정치를 시작했을 때, 척완(戚畹, 임금의 내척과 외척으로 척리戚里라고도 한다)이면서 바르지 못한 자들을 숙청하여 나라의 기틀을 바로잡는 것이 내가 가장 고심했던 일이었다. (……) 이제는 척리와 내관이라는 두 글자만 봐도 지긋지긋하고 진절머리가 난다."
> ―《정조실록》 13권, 정조 6년 5월 29일.

정조는 집권 후반기에 들어서면서 급격하게 쇠약해졌다. 격무와 대신들과의 끝없는 의견 대립으로 인한 소모전, 보이지 않는 적의 기습에 대한 불안 등 모든 것이 왕을 서서히 죽음으로 몰아갔다.

18세기를 마감하고 새로운 19세기를 여는 1800년 6월 28일, 정조가 위독한 상태에 빠졌다. 대기하던 어의들이 긴급 소집되었다. 고심 끝에 의원들의 집중 처방이 이루어졌다. 만약 처방이 잘못 되기라도 하면 어의의 목숨은 그것으로 끝이었다. 그러니 신명身命을 다한 처방전이 나왔을 터. 하지만 정조의 증세는 계속 악화되었다. 조정은 폭풍 전야였다. 28일 저녁 왕은 결국 숨을 거두고 말았다. 병석에 누운 지 불과 보름, 순식간에 벌어진 일이었다.

조선 왕조 부흥의 새로운 둥지였던 수원 화성 근방 건릉(위)에 잠든 정조.
정조는 규장각(아래)을 설치하고 당파를 초월하여 학식이 높은 사람을 모아 우대하였다. 개혁의 지도자는 떠났지만, 그 꿈은 남아 역사의 가능성을 되묻게 한다.

개혁이 절정으로 치닫던 순간 일어난 왕의 죽음은 숱한 논란을 불러일으켰다. 왕이 독살되었다는 의문도 제기되었다. 정조를 둘러싼 친위 · 반위 세력의 끊임없는 대립이 있었기에 급작스런 정조의 사망은 곧 독살 논쟁으로 비화했다.

《승정원일기承政院日記》에 정조 독살설에 대한 내용이 나온다. 1800년 8월 29일, 승정원에 왕의 죽음과 관련한 한 건의 모반 사건이 보고되었다. 《순조실록》도 이날 같은 변란을 기록했다.

계몽군주를 꿈꾸던 조선 22대
왕 정조.

장시경張時景 등이 왕의 죽음에 의관이 개입되었다는 주장을 펼치고 나선 사건이다. 정조가 사망한 지 두 달 만에 제기된 의혹이었다. 인동부(지금의 구미)에 사는 장시경은 대대로 영남 지방에 뿌리를 내리고 살아온 유학자 집안의 후손이었다. 사건이 일어난 것은 8월 15일 추석 때. 장시경은 그의 두 형제와 노비 등 60명을 불러 모아 의관이 약을 과하게 지어 왕을 죽였으니 그 역적을 찾아 처단하자고 결의했다. 1차 목표는 인동 관아였다. 관아를 습격해 무기와 군량을 탈취한 후 한성으로 진격할 계획이었다. 그러나 인동 관아의 관원들과 관문에서 실랑이를 벌이다 세가 역전되었다. 무리는 뿔뿔이 흩어져 달아났고 장시경 형제는 추격대에 몰려 천생산으로 도주한다. 추격대에 포위된 장시경 형제는 천생산 낙수암에서 절벽에 몸을 던져 최후를 맞았다.

선비에게 왕의 죽음에 얽힌 의혹은 목숨을 걸고서라도 밝혀내야 할 만큼 중요한 일이었다. 지금 보면 계란으로 바위를 치는 어이없는 사건이지만 당시 선비로서는 참을 수 없는 사건이었다.

왕의 죽음에 대한 의혹은 급속도로 퍼져갔다. 정약용(丁若鏞, 1762~1836)도 《여유당전서與猶堂全書》에 이와 관련한 내용을 적었다. 당시 백성들 사이에 한 정승이 심연沈鍊이란 의원을 시켜 왕을 독살했다는 소문이 돌고 있다는 내용이다.

특히 경상도가 정치적 본거지인 남인南人들 사이에서는 정조가 독살당하지 않았을까 하는 의혹이 광범위하게 퍼져있었고 사건 전말을 밝히

장시경 삼형제는 정조의 독살을 문제 삼아 인동 관아를 습격했다가 곧 저지당하고 천생산 낙수암(왼쪽)에서 생애를 마친다. 지금 경상북도 구미에 위치했던 인동부(오른쪽 표시 부분).

기 위해 실천에 옮기거나 글을 저술하기까지 했다. 그래서 창원, 의령, 하동 등에서 왕의 죽음을 빌미로 백성을 선동하는 익명의 글이 연이어 나붙어 조정을 곤혹스럽게 했다고 한다.

결국 독살설은 당시 치열했던 당파 싸움의 단면이었다. 그렇다면 당파 싸움이 정조의 죽음에 직접 영향을 미쳤다고 볼 수 있을까?

현대 한의학의 증거

《정조실록》에는 왕이 사망하기 전 투병 과정이 상세하게 씌어있다. 사망 보름 전부터 기록된 정조의 병은 해묵은 화병과 그로 인한 종기였다. 정조는 6월 14일, 의원인 정윤교 등에게 처음으로 진찰을 받는다. 그러나 이틀 후인 16일, 궁중의 주치의 격인 내약원内醫院이 진찰을 청하자 이를 거부한다. 게다가 정조는 가감소요산加減逍遙散이나 백호탕白虎湯 등의

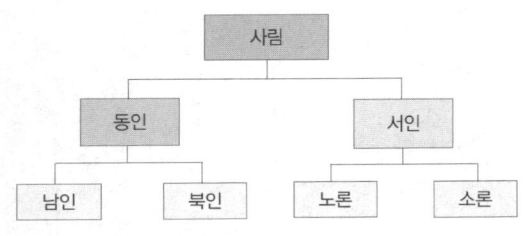

남인 세력은 영·정조 대의 탕평책 아래 오광운吳光運·채제공蔡濟恭 등을 중심으로 큰 역할을 한 적도 있으나, 서인·노론이 주도하는 정치 판도를 뒤집지는 못하다가 정조가 죽은 뒤 중앙 정계에서 완전히 축출되었다.

약을 직접 처방한다.

정조는 왜 내의원의 진찰과 처방을 거부했을까? 정조는 자신의 진료를 맡은 의원들의 신상을 꿰뚫고 있었던 것일까? 심환지의 추천으로 내의원에 들어온 의원 심연이 내린 사흘간의 처방(연훈방烟熏方)과 치료술이 정조 죽음의 비밀을 풀어줄 열쇠를 갖고 있다.

당시 내의원의 최고 책임자는 좌의정 심환지(沈煥之, 1760~1802). 그는 정조의 정적인 노론老論 강경파의 우두머리였다. 결국 정조가 내의원 의료 체제를 불신하는 배경에는 의료진을 움직이는 정치 세력이 자신을 제거할 것이라는 의심이 자리하지 않았을까.

정조는 숱한 의문을 남긴 채 역사 속으로 사라졌고, 그의 죽음은 향후 조선 역사의 흐름에 커다란 분수령이 되었다. 정조 죽음의 미스터리를 풀기 위해《정조실록》에 기록된 왕의 투병 과정과 처방 내역을 다시 한번 살펴보자.

정조는 6월 14일, 처음 진찰을 받았다. 그리고 보름 후인 6월 28일 사망했다. 이 기간 동안 가감소요산, 백호탕, 팔물탕八物湯 등 30여 가지의 처방이 이루어졌다. 이 중 가장 문제가 된 것은 바로 6월 24일부터 26일까지 사흘 동안의 처방이다. 이 기간에 정조는 심연이 처방한 '연훈방' 시술을 받는다. 장시경과 정약용이 말했던 '독약'은 바로 이 연훈방을 뜻한다. 연훈방은 어떤 치료법이기에 독살설의 중심에 떠오르게 되었을까?

대구한의대 박석준 교수 연구팀이 정조의 투병 과정을 검토했다. 정조는 오래전부터 화병으로 인한 발열 증세에 시달리고 있었고, 사망 20여일 전부터는 종기를 앓고 있었다. 연구팀은 고서적과 근래에 나온 한의학 서적을 모두 검토해 화병과 종기에 관한 당시의 처방법을 분석했다.

가장 먼저 알아본 것은 독살설의 핵심인 연훈방이었다. 《정조실록》은 연훈방 치료의 핵심이 경면주사(鏡面朱砂, 진사辰砂라고도 한다)라고 적고 있다. 경면주사는 붉은 빛을 띠는 천연 광물이다. 수은이 자연 상태에서 굳어 광물로 변한 것으로 주로 화산암 지역이나 온천 근처 암석에서 채취한다. 연훈방은 경면주사를 곱게 가루 내서 쓰는데, 태웠을 때 나는 연기를 환부에 쐬어 치료하는 민간요법이다.

당시에는 종기 치료에 흔히 쓰던 방법이다. 종기에 고름이 잘 생기게 하고 그것이 잘 나오게 해주는 치료법으로 경면주사는 인체에 흡수되지 않는다.

그런데 명나라의 약학서인 《본초강목本草綱目》은 경면주사에 대해 경고하고 있다. 경면주사는 불에 닿으면 사람을 죽일 수도 있는 위험한 물질로 변한다는 것이다.

경면주사의 황화수은은 실온에서는 단단히 결합하지만 불을 쏘이면 황과 수은으로 각각 분리된다. 이때 분리된 수은이 체내에 0.2그램 흡수되면 중독 현상이 나타나고 2그램이 넘으면 치사량이 된다. 정조는 투병 당시, 사흘 동안 연훈방 치료를 받았

정조 사망 전 15일간의 의료 기록.

6월 14일	가감소요산加減逍遙散
6월 15일	행인고杏仁膏, 백호탕白虎湯.
6월 16일	사순청량음四順淸凉飮 두 첩, 금련차金連茶, 우황고牛黃膏 다섯 알.
6월 17일	가감소요산 세 첩, 금련차 한 첩.
6월 20일	가감소요산 중지, 유분탁리산乳粉托裏散 1첩, 삼인전라고三仁田螺膏 및 메밀밥.
6월 21일	유분탁리산 3첩, 메밀밥. 우방자牛蒡子, 감초甘草.
6월 22일	죽엽차竹葉茶에 청심환淸心丸 한 알, 패모고貝母膏, 향유조중탕香薷調中湯 한 첩, 향귤음香橘飮 한 첩.
6월 23일	찹쌀밥, 우렁이 고약.
6월 24일	성전고聖傳膏. 연훈방烟薰方.
6월 25일	용뇌안신황龍腦安神丸 한 알과 댓잎을 달인 물에 우황청심원牛黃淸心元 한 알.
6월 26일	성전고, 연훈방, 경옥고.
6월 27일	가미팔물탕 한 첩, 인삼, 좁쌀 미음.
6월 28일	가감내탁산加減內托散 한 첩, 성향정기산星香正氣散.

노론 벽파의 영수 심환지. 정조 승하 당시 좌의정으로 내의원 책임자였다.

다. 이 기간 동안 환부는 물론 호흡기를 통해 수은이 유입되었을 수 있다. 그러나 사흘 간의 처방이 중독에 이르게 할 정도였는지는 의문이다.

연구팀은 연훈방을 사용한 기간이 짧고 연훈방에서 나올 수 있는 수은의 양 자체가 별로 많지 않다고 보기 때문에 중독의 가능성은 적다는 결론을 내렸다. 《정조실록》에 급성 수은 중독에서 나타나는 구토나 기침, 피설사, 복통, 불면 등의 증상이 별로 나타나지 않은 것도 연훈방으로 인한 수은 중독 가능성이 낮다는 의견의 근거라고 한의학자들은 의견을 모았다.

그렇다면 무엇이 정조를 죽음으로 이끌었을까? 정조는 의학에 조예가 깊은 임금이었다. 정조가 내의원들의 처방을 거부하고 자신이 직접 처방을 내리기까지 하는 모습을 보면 주치의들을 믿지 못했음을 보여준다. 과연 의원들의 처방은 믿을 만했을까? 정말 의원들의 처방에 문제가 있었던 것은 아닐까?

연구팀은 당시 정조가 복용했던 약들을 직접 지어보고 처방이 적절했는지 확인했다. 정조가 초기에 복용한 약은 자신이 직접 처방한 것이었다. 가감소요산은 신경쇠약과 불면증, 화병 등에 효과가 있고, 백호탕은 열을 내려준다고 한다. 이 두 가지 모두 화병에는 효과가 있으나 종기를 치료하는 약들은 아니었다. 그런데 왜 정조는 이 약을 고집한 것이었을까?

사면초가에 빠진 정조

외부의 적

정조의 적들 가운데 가장 지밀한 사람으로는 의원 심연을 들 수 있다. 그는 벽파僻派 지도자 심환지의 먼 친척이었다. 벽파는 정조의 가장 큰 위협 세력이다. 그리고 그 중심은 정순왕후(貞純王后, 1745~1805)였다고 보아야 옳다. 조선 왕후 가운데 정순왕후는 두 사람이 나오는데 단종의 비였던 정순왕후定順王后는 한자가 다르다. 정순왕후는 영조의 정비正妃가 죽자 들어온 계비繼妃로 경주 김씨 출신이며 오흥부원군鰲興府院君 김한구金漢耉의 딸이었다. 그녀는 열다섯 살에 예순여섯이나 된 영조의 비로 들어와 소생은 없었고 당쟁의 한 복판에서 외곬의 고집과 벽파로 치우친 정치적 편향을 보였다.

사도세자와 틈이 생겨 죄가 있는 것처럼 꾸며 고하고, 아버지 김한구의 사주를 받아, 나언경羅彦景이 사도세자의 부도덕과 비행을 상소하자 사도세자를 서인庶人으로 폐위시켜 뒤주 속에 가두어 굶어죽게 하는 데 일조했다. 그 후 당쟁으로 죽은 세자를 동정하는 시파時派를 미워하고, 벽파僻派를 항상 옹호했다. 정조가 죽고 순조가 어린 나이로 즉위하자, 수렴청정垂簾聽政을 하면서 벽파인 공서파攻西派 등과 결탁, 정치적으로 그에 반대하는 시파의 신서파信西派를 모함하여 천주교에 대한 일대 금압령(신유박해)을 내리기도 하였다.

정조의 외가쪽 친척이기도 했던 홍인한洪麟漢, 영조의 외손인 정후겸鄭厚謙 등도 정조를 지극히 미워한 인물이었다. 그리고 벽파의 우두머리였던 심환지와 그의 추종 세력도 모두 정조의 적이었다.

내부의 적

정조 스스로 병을 키우고 스스로 몸을 돌보지 않았다는 증거가 제법 나와있다. 상언上言과 격쟁擊錚이라는 제도가 그 증거다. 정조 이전에는 백성이 억울한 일을 임금에게 호소할 길은 글로 써서 올리는 것(상언)밖에 없었다. 그러나 한문을 모르는 백성에게는 무용지물이었다. 이를 개선한 것이 임금이 지나갈 때 꽹과리를 두드리면 볼기 몇 대를 맞고 왜 두드렸는지를 글로 받아 적어 임금에게 올릴 수 있게 한 격쟁 제도였다. 신하들은 임금의 업무가 폭주할까 걱정했으나 정조는 고집을 부렸다. 이 제도로 인해 정조가 직접 판결한 격쟁 건수가 1335건이나 되었다고 하며 상언上言의 판결도 무려 3092건이나 해결했다고 한다. 정조 스스로 격무를 만들어냈으니 만성 피로는 당연한 결과였다.

어린 나이에 사도세자의 죽음을 목격한 트라우마와 대궐에 침입한 자객 사건도 정조의 울화를 만들어낸 내부의 적이었다. 몸 안의 질병으로 정조는 스스로 무너져갔다.

〈홍화문사미도〉. 혜경궁 홍씨의 회갑을 맞아 정조는 직접 백성들에게 쌀을 나누어주었다. 이렇듯 백성을 가까이하고자 한 정조의 마음도 과로의 원인이다.

아무도 믿을 수 없어

과인(정조)은 체제공을 통해 천주학이 어떤 학문인가 비로소 알게 되었으나 사실 그것보다는 서양이 전하는 신문명에 관심이 생겼다. 그렇지만 책을 집중해서 읽기가 쉽지가 않다. 요즘은 몸과 마음이 점점 쇠약해지는 것을 피부로 느낀다. 어의御醫들은 이런저런 소리를 하는데 과인은 내 병을 다 알고 있다.

그런데 청나라 사신을 통해 들으니 서양 의학에서는 사람의 내장을 칼로 째고 직접 고친 다음 다시 실로 기워 멀쩡하게 살려낸다고 한다. 나는 화타華陀가 살아 돌아온 것인가 하는 생각을 하였다.

마침 청나라 사신 가운데 천주학을 알고 있고 정신 의학을 연구하는 자가 있다 하여 호기심을 참지 못하고 그를 불러 서양 의학에 대해 물었다. 그의 대답을 듣고 나서 더 혼란에 빠졌지만 과인이 해야 할 치료가 무엇인지 확실히 알게 되었다.

"상(上, 임금의 높임말)께서는 우울증이라는 병을 앓고 계신 듯합니다. 이것은 약으로 다스릴 만하지만 심해지면 스스로 목숨을 끊기도 하는 중한 병이오니 정밀한 심리 진단이 필요하다고 판단되옵니다."

"그건 말도 되지 않는 소리다. 내가 무엇이 아쉬워서 목숨을 끊는다는 말인가? 동서고금東西古今을 통해 왕이 스스로 목숨을 끊는 예가 어디 있다는 말이냐?"

"우울증은 극도의 울화를 참고 계셔서 생긴 병이라 생각되옵니다. 그뿐 아니라 전하께오선 심한 피로 증세를 보이고 계시옵니다. 이 두 가지가 겹치면 수壽가 급격히 줄어들게 되옵니다. 부디 옥체玉體를 보존하옵소서."

"그럼 어떻게 해야 이 병을 고칠 수 있느냐?"

정조의 치료에 사용된 처방들. (위부터) 연훈방. 가감소요산. 백호탕.

"화火를 다스려야 하옵니다. 화를 다스리는 데는 양약洋藥도 좋은데 조선에서 구하기는 어려우니 가감소요산이나 백호탕을 의원에게 달이라고 하시면 좋겠습니다."

"음, 가감소요산이나 백호탕이라……."

"예, 울화를 다스리고 열을 내리게 하는 데는 이만한 약이 없을 것이옵니다."

그렇다면 종기 치료는 어떻게 된 것일까? 처음 진찰을 받은 6월 14일, 종기는 이미 커져 있었다. 치료시기를 놓친 것이 아닌가 생각되는 부분이다. 당시 치료 상황을 보자.

정윤교 종기의 근(根, 뿌리)은 없지만 고름이 아직 다 나오지 않았습니다.

정조 터진 곳이 작으니 상처를 침으로 찢는 것이 어떠한가?

정윤교 이미 고름이 나왔으니 침을 다시 쓸 필요는 없습니다.

정조는 고름을 짜낼 것을 제안했지만, 의원은 다른 견해를 보였다. 결국 고약(웅담고熊膽膏)과 탕약으로 종기를 치료하기로 했지만, 탕약은 앞에서 보았듯이 주로 화병 치료에 집중되었다. 그래서 치료할 시기를 놓치고 병을 키운 것으로 추측할 증거를 제공해준다.

《정조실록》에 따르면 종기에 대한 처방은 시기뿐 아니라 내용에도 문

CSI가 1800년 조선에도 있었다면

성분 분석

주사朱砂 경면주사를 줄여서 부르는 말이다. 진사·당사·광명사라고 부르기도 한다. 황화물 한약으로, 황화수은HgS을 주성분으로 하는 천연 광석이다. 평양 상원군과 삼석 지역, 평안남도, 황해도, 함경북도 등에서 산출된다.

경면주사는 황화수은으로 이루어져있는데, 실온에서는 단단히 결합하지만 불을 쏘이면 황과 수은으로 각각 분리된다.

맛은 달고 짜며 성질은 차다. 북한의 《동의학사전》은 주사에 상당 지면을 할애하고 있다. 심경과 간경 등의 경맥에 작용하며 정신을 안정시키고 경기를 멈추며 열을 내리고 독을 푼다고 했는데 약리 실험 결과 진정 작용, 진경 작용 등이 밝혀졌다. 그래서 주사는 잘 놀라고 가슴이 두근거리는 데, 수면 장애, 정신병, 경기, 간질, 열이 심하고 정신이 흐리면서 헛소리를 하는 데, 피부가 헌 데 등에 쓰인다. 하루에 1~3그램을 그대로 먹거나 알약에 넣어 먹는데, 너무 많은 양을 쓰거나 오래도록 먹는 것은 좋지 않다.

훈법熏法 약물을 태울 때 생기는 연기나 약물을 끓일 때 생기는 증기를 몸에 쏘여서 치료하는 방법을 훈법이라 한다. 기혈을 잘 순환시키고 부은 것을 삭이며 아픈 것과 가려운 것을 멎게 하고 풍을 없애준다. 주로 부스럼, 치질, 피부병에 쓰는 치료법이다. 크게 두 가지로 나누는데 열기훈법과 연훈법이 있다. 열기훈법은 입구가 좁은 가마에 약을 넣고 끓여서 증기가 날 때, 환부를 입구에 가까이 해서 직접 더운 증기를 쏘이는 치료

연훈방에 사용되는 경면주사는 수은이 자연 상태에서 굳어서 생긴 광물이다.

법이다. 연훈법(연훈방)은 병의 증세에 따라 약을 골라 보드랍게 가루 내어 참지에 발라 비벼 기름에 담가둔 다음 불을 붙이면 연기가 나온다. 이 연기를 환부에 쏘이는 것으로 치료가 이루어진다. 정조는 이 연훈법으로 치료 받은 후 숨을 거두었다. 그래서 약물 중독설이 나오게 되었다.

약물 부작용의 가능성

가감소요산과 백호탕이 적확한 처방이었을까? 가감소요산은 백출·백작약·백복령·시호·당귀·맥문동 각 1웅큼과 감초·박하 각 5분에 생강 세 쪽·호황련·맥문동·지골피·황금·진교·목통·차전자 등을 추가한 것이다. 소요산이라는 약은 원래 옆구리가 아프고 오슬오슬 추웠다가 열이 났다가 하며 머리가 아프고 어지러우며 입맛이 없고 명치 밑이 트적지근한 데 쓰는 약이다. 신경쇠약, 만성 간염, 생리 장애에 쓰인다.

    정조가 계속되는 집무에 지쳐 만성 피로에 절어있었고 사도세자의 죽음과 자신을 노릴지 모르는 견제 세력에 대한 울화로 병을 앓고 있었다면 이 처방은 정확한 것이다. 그러나 결코 종기 치료제는 아니었다.

제가 있었던 듯하다. 왕의 진찰에 참여했던 의원 중 한 명인 강명길(康命吉, 1731~1801)은 그의 책 《제중신편濟衆新編》에서 종기에 나쁜 아홉 가지 증상을 적었다. 눈 자위가 긴장되고 작아지는 것, 음식 맛을 모르는 것, 배가 아프고 갈증이 심한 것, 팔다리가 무거운 것, 입술이 푸르고 팔다리가 부은 것, 기침과 설사, 탁한 고름이 흐르는 것, 숨이 차고 정신이 혼미해지는 것, 얼굴빛이 푸르고 입술이 검어지는 것이 그 증상인데 이 중 가장 나쁜 증상이 눈자위가 작아지거나 입맛이 없어지는 것이었다. 그러나 강명길은 정조가 연훈방 치료를 받은 후, 입맛이 없어졌다고 호소하자 병이 호전되고 있다고 말했다. 이 점이 제때 치료를 하지 않았다는 의문을 불러일으킨다.

계속해서 연구팀의 분석 내용을 살펴보자. 26일이 되면 전날부터 다량의 고름과 피가 나왔기 때문에 아마 몸이 나빠졌을 것이다. 이때부터 정조는 정신이 많이 혼미해지기 시작한다. 그런데 내의원의 권유로 보약인 경옥고瓊玉膏를 복용하면서 한편으로는 연훈방과 성전고聖傳膏를 다시 사용한다. 연훈방과 성전고를 썼다는 것은 종기가 아직 다 치료되지 않았다는 말인데, 다른 한편에서는 증세가 호전되고 있기에 몸을 보해야 한다는 상반된 치료가 진행되었음을 알 수 있다. 정조는 정신을 차리고 있을 때 자신은 경옥고를 먹으면 안 된다고 했다. 어려서부터 더운 약을 먹지 못했고 또 경옥고를 먹어보니 5~6일 정도 밥을 먹지 못했다는 과거의 경험을 정확하게 이야기하고 있다. 이런 점으로 볼 때 내의원이 상반된 치료를 동시에 시행했고, 정조의 상태는 이런 가운데 계속 나빠진 듯싶다.

경옥고는 병을 앓고 난 후 기력 회복에는 도움이 되지만 종기 치료에는 오히려 해가 되는 약이다. 종기를 앓고 있는데 보약을 먹이다니 결코 납득이 가지 않는 처방이었다. 결국 정조는 26일 밤부터 혼수 상태에 빠지는 일이 빈번해지며 위독해졌다.

이 기간 동안 의원들은 팔물탕, 인삼차, 성향정기산星香正氣散 같은 약을 처방한다. 이것들은 모두 몸을 보하지만, 동시에 종기를 악화시키는 약이었다.

결과적으로 연구팀은 첫째 치료 시기를 놓친 것, 둘째 늦게 시작했지만 연훈방과 성전고를 지나치게 짧은 기간에 많이 처방함으로써 다량의 출혈을 유발한 것, 마지막으로 정조의 종기가 완전히 치료되지 않았는데도 경옥고와 같은 보약을 복용하게 하고 방 안의 공기를 덥게 하였으며 기름진 음식을 많이 먹인 점 등이 증상을 악화시킨 원인이라고 분석했다. 그러나 연구에 참여한 전문가들은 독살 가능성이 크지만 기록을 통한 분석에는 한계가 있기 때문에 섣불리 독살이라고 단정 짓는 것을 조심스러워했다.

어둠의 장막, 수정전 미스터리

정조는 죽기 직전 마지막으로 '수정전壽靜殿'이라고 생각되는 말을 남겼다. 어떤 뜻을 전달하려고 이 말을 내뱉었을까? 수정전은 창덕궁의 후원 쪽에 자리 잡은 건물로 효종 원년에 만든 정각政閣이다. 주로 대비전大妃殿으로 사용되었는데 정조 때는 정조의 할머니뻘인 정순왕후가 거처한 곳이다. 그렇다면 정순왕후가 정조의 죽음과 관련이 있었다는 뜻일까?

열다섯 살의 정순왕후가 66세의 영조와 결혼했을 때, 그녀는 사도세자보다 열 살 어렸고, 손자인 정조와는 일곱 살 차이밖에 나지 않았다. 그리고 16년 후 남편 영조가 사망하자 서른한 살의 정순왕후는 왕실의 최고 어른이 된다. 왕대비王大妃가 된 것이다. 이렇게 나이 차가 나지 않는 할머니는 손자의 최대 정적이 되었다.

생존 당시 정조를 둘러싼 정치 상황을 정리해보자. 영조 38년 5월 13

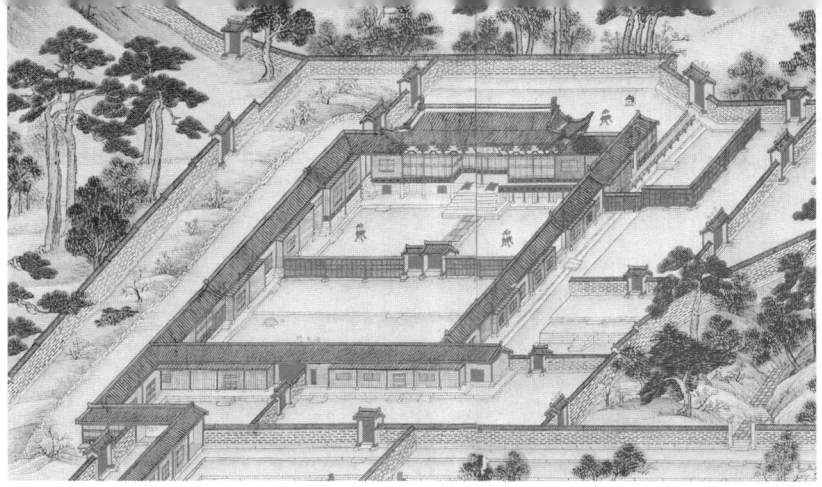

왕대비 정순왕후의 거처였던 수정전. 대대로 대비들이 머물던 곳으로, '수정'에는 장수를 기원하는 의미가 담겨있다.

일, 조정에는 참혹한 비극이 벌어졌다. 영조는 아들 사도세자에게 자결을 명령했다. 세자가 명령에 따르지 않자 아비를 살려달라는 세손(世孫, 정조)의 애원에도 아랑곳하지 않고 세자를 뒤주에 가두라고 명했다. 뒤주에 갇힌 지 여드레 만에 세자는 굶주림과 갈증에 지친 채 목숨을 잃었다. 당시 열한 살이었던 세손은 아버지가 뒤주에 갇혀 죽어가는 것을 두 눈 뜨고 지켜보는 수밖에 없었다.

　영조는 도대체 무슨 이유로 하나 남은 아들을 죽였을까?《영조실록》은 사도세자의 죽음이 노론과 소론少論의 당파 싸움 때문이었다고 분명히 적고 있다. 사도세자는 정치적인 성장 배경에 소론이 있었다. 그래서 소론 신료들을 적극 지지하고 노론 신하들과는 시종일관 불편한 관계였다. 그러니 당시 노론의 거두였던 홍계희洪啓禧, 홍인한洪麟漢 같은 인물들은 사도세자가 보위에 오르면 노론의 일당독재가 지속될 수 없다는 생각을 갖게 되었고 결국 그를 제거하고 말았다. 일국의 왕세자를 죽음으로 몰고 간 노론 세력은 그 아들의 즉위 또한 원하지 않았다. 사도세자 사후 조정에는 세손의 왕위 등극을 반대하는 투서가 끊이지 않았다. 죄인의 아들은 왕이 될 수 없다는 내용이었다.

반대 세력은 세손이 왕위에 올라 자신들을 죽이려 들까 걱정했다. 그러나 영조는 아들의 죽음만으로 충분하다고 생각했다. 영조는 세손을 어린 나이에 세상을 뜬 효장세자(사도세자의 형)의 양자로 입적시켜 세손의 왕위 계승권을 보장해주고 왕위 계승을 지지했다.

1776년, 세손은 마침내 스물다섯의 나이로 보위에 올랐다. 조선 22대 왕 정조였다. 즉위 첫날, 정조는 영조의 빈전(殯殿, 국상 때 왕이나 왕비의 관을 모시던 전각) 문 앞에 나가 대신에게 선포했다.

"과인은 사도세자의 아들이다!"

반대파(노론)의 얼굴이 노랗게 변했다. 왕위에 오른 정조는 아버지 사도세자의 추존을 서둘렀다. 그는 사도세자의 호를 '장헌莊獻'으로 고치고 묘호를 영우원永祐園으로 격상했으며 사당을 지어 '깊이 사모한다'는 뜻의 경모궁景慕宮이라 불렀다.

그러나 정조가 할 수 있는 일에는 한계가 있었다. 권력은 노론이 완벽하게 장악하고 있었다. 그들은 의정부와 삼사(사헌부·사간원·홍문관) 등 주요 관직과 중앙 오군영(五軍營, 훈련도감·총융청·수어청·어영청·금위영)까지 장악해 막강한 군사력도 확보하고 있었다.

정조 어보. 사도세자가 죄인의 몸으로 죽음을 맞았지만, 정조는 영조의 후원을 받아 스물다섯에 무사히 왕위에 올랐다.

《영조정순후 가례도감의궤》〈반차도〉의 정순왕후 가마. 정순왕후 김씨는 영조 35년(1759년) 15세로 51세 연상인 영조와 결혼하며 왕비로 책봉된다. 사도세자의 죽음에 적지 않은 역할을 했던 인물로, 정조의 장례가 끝나자마자 사도세자에게 동정적이었던 인물들을 대대적으로 숙청했다.

개혁의 전진기지, 화성

정조는 새로운 세상을 꿈꾸고 있었다. 정조는 재위 기간 내내 탕평책蕩平策으로 당쟁을 효과적으로 조율하며 새로운 조선을 건설할 준비를 해나갔다.

첫째, 화성을 개혁의 전진기지로 삼았다. 재위 13년 정조는 서울에 있던 사도세자의 묘를 지금의 수원 남쪽 화산으로 이장하고 현륭원顯隆園이라 이름 붙이고 거의 매년 방문했다. 정조의 능행陵幸은 단순한 참배가 아니었다. 총 13회에 걸친 능행은 정조의 개혁을 선포하고 백성들의 힘을 얻는 정치 쇼의 성격이 짙었다. 정조 18년 마침내 왕은 그동안 구상해오던 승부수를 꺼내들었다. 화성華城의 건설이었다.

정약용과 채제공 등 정조의 측근들이 대거 참여했다. 정약용이 설계

사도세자의 묘 융릉(위). 정조는 끔찍한 죽음을 맞은 아버지의 넋을 위로하기 위해 현륭원(정조 당시 융릉의 명칭)을 조성하고 몇 차례나 참배하는 등 지극한 효심을 보였다. 영조는 노론과 소론의 당파 싸움 사이에서 아들 사도세자를 죽음으로 내몰고 말았다(아래 왼쪽). 사도세자와 그의 비 헌경왕후 홍씨의 사당인 경모궁 위궤(아래 오른쪽). 지금의 서울대학교 의과대학 자리에 있었다.

하고 채제공이 공사 총책임을 맡은 화성은 공사 예정 기간을 8년이나 단축해 불과 2년 반 만에 완공되었다. 당시로서는 최첨단 성곽이었고 완벽한 방어 전략을 갖춘 요새였다. 화성을 통한 정조의 개혁을 정리해보자.

화성은 단순한 성이 아니라 정조의 꿈이었다. 이러니 천도설遷都設이 모락모락 퍼졌을 법하다. 그러나 왕조를 바꾸지 않는 한 도성을 옮기는 것은 결코 쉬운 일이 아니었다. 고려의 서경 천도가 김부식 등 구세력에게 좌절된 역사에서 보이듯이 한성에 사는 기득권 세력의 반대는 불 보듯 뻔한데, 과연 그런 일을 정조가 생각하고 있었는지는 의문이다.

둘째, 왕권 강화를 위한 무력 과시와 친위부대 육성을 위한 공간으로 화성을 활용했다. 화성에는 정조의 친위부대 장용영壯勇營이 배치되었다. 늘 자신의 안위安危를 걱정해야 했던 정조는 재위 17년, 장용영을 조직하고 한양에 내영內營, 화성에 외영外營을 설치해 화성에만 5000명의 병사를 두었다. 특히 정조는 병력을 키우고 무예를 발전시키는 데 큰 관심을 보였다. 정조 스스로 활을 잘 쏘아서 백발백중의 실력을 자랑했으나 일부러 한 발씩 실수하는 배려를 보여줄 정도로 그의 국궁 실력은 조선 최고 수준이었다. 정조 때 발간된 《무예도보통지武藝圖譜通志》는 사도세자가 정리해놓은 열여덟 가지 무예, 즉 십팔기十八技에 말을 달리며 싸우는 마상무예 여섯 가지를 더해 무예 이십사기二十四技를 만들고, 이를 책으로 정리해 남긴 것이다. 정조는 이십사기를 장용영의 병사들에게 수련시켜 단병單兵 전술에 뛰어난 최강의 군대를 양성했다. 그는 이 군대를 통해 개혁에 불을 붙일 생각이었다.

셋째, 전국에서 인재들을 모았다. 정조는 인재를 등용하는 방법으로 벽파를 점차 축출하고 개혁을 완수할 생각이었다. 인재 개혁의 전초 작업으로 정조는 즉위 2년째 되던 해, 왕실도서관을 표방한 규장각을 설치하고 당파에 물들지 않은 젊은 인재를 선발해 키웠다. 규장각에서 육성한 초계문신抄啓文臣들은 곧 왕의 친위 세력으로 성장했다.

넷째, 경제 개혁을 단행했다. 화성은 자족도시 체제를 표방하면서 수원읍의 네 개 구획에 상업시설을 조성하고 각종 금융 특혜를 마련해 인구를 끌어들였으며 저수지를 축조하고 국영농장을 경영하는 등 새로운 농업경영 제도를 도입했다. 화성 안에서 자급자족할 수 있는 시스템을 구축한 것이다.

〈화성전도〉. 정조는 화성을 건설하면서 새로운 세상을 꿈꾸었다. 화성은 1997년 유네스코 세계문화유산으로 등록되었다.

정조의 초기 개혁은 인재 교육과 국가재정 확충, 그를 위한 균역법均役法 추진과 지방 행정력 강화 등으로 요약된다. 그리고 재위 15년 정조는 신해통공辛亥通共이라는 명을 내린다. 사대부를 겨냥한 회심의 노림수였다. 농민의 잉여생산물을 서울에 자유롭게 풀어놓고 팔게 하는 자유시장 정책이었기에, 이는 곧 조선의 유통망을 장악한, 사대부와 권문세가, 상인의 결탁 등을 뿌리 뽑겠다는 야심찬 계획이었다.

자객 그리고 배후 세력

정조의 사대부 죽이기는 보수세력인 양반귀족의 거센 반발을 불러왔다. 사실 정조에 대한 반발은 집권 초기부터 있었다. 정조가 즉위하던 해, 사상 초유의 사태가 일어났다. 자객들이 한밤을 틈타 궁궐에 침입한 것이다. 궁중에 자객이 난입한 전대미문의 사건, 표적은 왕이었다. 정조가 밤을 새우며 책을 읽지 않았다면 불상사가 날 뻔한 사건이었다. 이날 밤 기록에 보면 호위무사나 도승지도 없었고 사관까지도 자리를 뜬 상황에서 자객이 지붕 위에 올라왔다. 이렇게 절묘하게 모두 자리를 비웠을까?

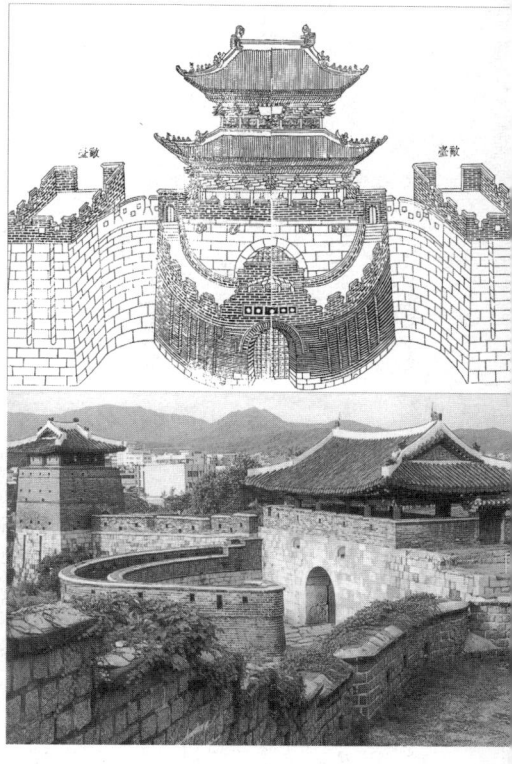

《화성성역의궤》 중 〈팔달문 외도〉(위)와 화서문의 실제 모습(아래).

죽음을 면한 정조가 친히 심문에 나섰고 놀라운 내막이 밝혀졌다. 정조를 시해하려고 잠입한 자객은 놀랍게도 궁성 호위군관 강용휘와 천민 출신 장사 전흥문이었다. 그리고 이들의 배후에 숨어있던 무서운 음모가 드러났다. 이들을 사주한 이는 홍상범. 사도세자를 죽이는 데 결정적인 역할을 한 노론 강경파 홍계희의 손자였다. 조사 과정에서 또다른 역모도 실체를 드러냈다. 홍계희의 조카 홍술해의 아내는 주술呪術을 이용해 임금을 살해하려 했던 것. 정조를 폐하고 배다른 동생인 은전군恩全君을 추대하려는 사건까지 일어났다. 이 사건의 배후인물 역시 홍계희 일가였

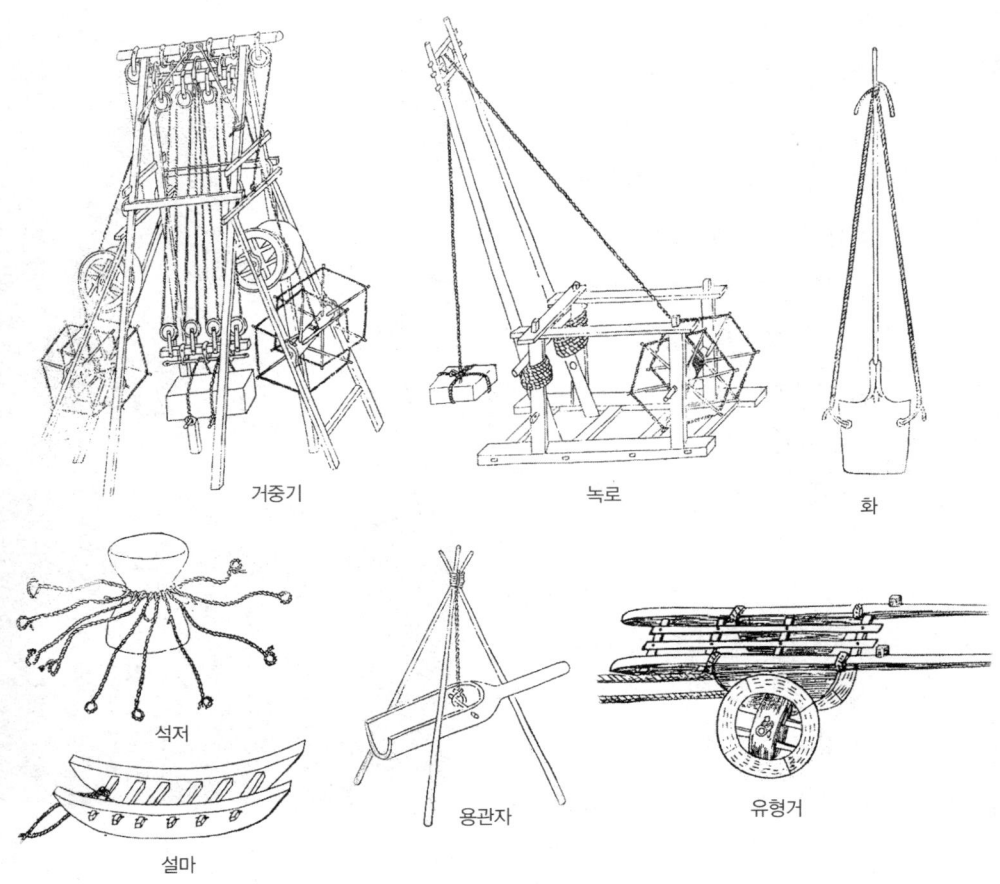

거중기　　　　　　　녹로　　　　　　　화

석저

설마　　　　　용관자　　　　　　유형거

화성 축조 당시에 쓰인 첨단 기기들.

다. 계속해서 놀라운 사실이 밝혀졌다. 궐내의 환관과 궁녀까지 역모에
결탁해 자객이 궁궐에 잠입하도록 길을 안내했다.

그런데 이 사건에서 특히 주목할 부분이 있다. 상궁尙宮 고수애高秀愛
에 대한 심문 기록이다. 고수애와 친했다는 김귀주金龜柱는 정순왕후貞純
王后의 오빠다. 김귀주와 밀접한 고수애가 정조 시해에 직접 가담했다는
것은 당연히 정순왕후와 관련이 깊다고 봐야 한다. 사도세자의 죽음과 정

230

조 살해 기도. 이 모든 사건의
중심에는 정순왕후가 있었다.
《정조실록》의 기록을 잠깐 들
여다보자.

정조의 현륭원 능행은 단순한 묘소 참배가 아니라 정
조의 개혁을 문무백관과 온 백성에게 과시하는 정치적
스펙터클의 의미가 강했다.

문초하는데 대질심문을
하자 홍상길의 말이 꿀려
서 털어놓았다.

　"무릇 주상(主上, 임금)
의 시해 시도에 관한 일에
있어서는 신이 모두 참여하여 간섭한 것입니다"라고 죄인이 고했다.
하여 "네가 주상을 모해하고서 그 뒷일을 장차 어떻게 하려 한 것이
냐?" 하니, 대답하기를, "종친宗親 가운데 현명한 분을 가려 보위에 올
리기로 했습니다"하였다.

　"그게 누구냐?" 물으니, 답하기를 "삼왕손(三王孫, 사도세자의 서자
은언군, 은전군, 은신군을 말한다)께서 어질다는 명망이 있으므로 추대하
려고 했습니다." 하였다.

　"추대하려는 모의는 누구와 함께 했느냐?" 하니, 털어놓기를 "홍
계릉洪啓能이 맨 먼저 이런 모의를 했습니다. 3~4월 무렵에 홍계릉이
그의 아들 홍신해 및 그의 조카 홍이해와 함께 신에게 말하기를, '금
상(今上, 정조를 말한다)'은 국정을 잘못한 것이 많다. 다른 임금을 추
대推戴하지 않을 수 없으니, 인조반정仁祖反正 때처럼 해야 한다'고 했
습니다." (……)
—《정조실록》 4권, 정조 1년 8월 11일.

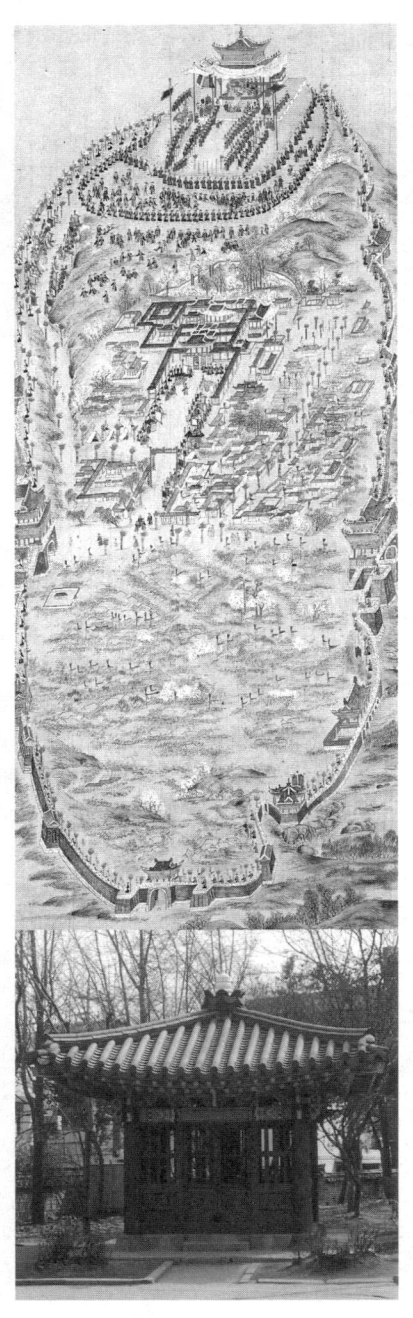

한두 명이 아닌 반역 집단의 음모가 발각된 사건이었다. 정조로서는 가슴을 쓸어내리는 한편, 수정전의 정순왕후에 대한 두려움이 엄습했을 터이다. 다시 한번 주변 방비를 튼튼히 해야 했다.

끝내지 못한 르네상스

정조를 둘러싼 음모의 그림자는 좀처럼 걷히지 않았다. 가족들이 차례로 의문의 죽음을 당했다. 정조 10년 5월, 아들 문효세자文孝世子가 사망했다. 9월에는 임신 중이던 후궁 의빈宜嬪 성씨가 갑자기 세상을 떠났다. 이어 11월에는 조카인 상계군常溪君마저 의문의 죽음을 맞이했다. 이 모든 죽음이 불과 6개월 사이의 일이었다. 여기에 정순왕후는 정조가 아끼던 동생 은언군(恩彦君, 사도세자의 서자로 상계군의 친부)을 숙청하라고 들고 일어난다. 정조는 막아보려

〈서장대 성조도〉(위). 정조는 화성에서 이루어진 대규모 군사훈련에 노론 강경파를 초청하는 것을 잊지 않았다. 서장대는 화성의 군사훈련장이었다.
탕평비(아래). 정조는 남인 출신인 정약용 등을 재상으로 등용하고자 했으나 실현되지 못했다.

했지만 신하들까지 가세해 몰아붙이자 결국 은언군을 귀양 보내고 만다.

　이런 상황에서도 정조는 정치적 압력을 이겨내고 자립하기 위해 화성과 장용영이라는 친위 세력의 틀을 만들었다. 정조 19년, 정조는 화성에서 대규모 군사 훈련을 벌인다. 정조 스스로 황금갑옷을 입고 훈련을 진두지휘했다. 5000명의 군사가 그를 겹겹이 에워싸고 호위했다. 왕은 이 자리에 노론 강경파 신하들을 부르는 것을 잊지 않았다. 요즘으로 말하자면 화력 시범인 셈이었다. 훈련을 지켜본 노론은 불안감에 휩싸였다. 노론 벽파는 몰락과 죽음 앞에 내몰린 기분이었다. 정국은 극단으로 치닫고 있었다.

　정조는 드디어 승부수를 던졌다. 사도세자의 죽음에 관련된 자는 용서를 빌라는 경고와 함께 이가환(李家煥, 1742~1801)이나 정약용 등 남인 출신 인물을 재상으로 등용하겠다는 선언이었다. 100년 동안 일당독재로 권세를 누려온 노론에게는 커다란 충격이었다. 그러나 정조의 이 의지는 실현되지 못했다. 이 발언 이후 한 달 만에 정조는 갑자기 사망하고 말았다.

　죽음으로 그의 꿈들도 사라졌다. 규장각과 장용영은 폐지되었고 노론은 정권의 핵심을 사수했다. 정조의 꿈은 끝내 이루어지지 못했다. 좌절된 꿈은 사라진 미래에 대한 아쉬움으로 남아, 정조의 죽음이 독살이었다는 의혹을 키우고 말았다.

　정황이나 기록으로 볼 때, 적어도 당시 어의들은 최소한 미필적 고의로 정조의 죽음을 방조한 혐의를 벗어나기 어렵다. 정조가 수은 중독으로 죽었다고 단정하기는 힘들지만 의심스러운 면이 적지 않다. 치료 시기를 놓친 것도 의심스러운 일이며 부적절한 시기에 보약을 처방, 화를 일으켜 죽음으로 몰고 간 것은 알면서도 모른 체한 의료사고일 가능성이 있다. 그렇지 않고 단순 사고였다 해도 의원들 뒤에 있던 벽파의 힘이 느껴지는

정조의 국장 모습. 왕조의 르네상스를 꿈꾸던 젊은 군주는 숱한 의혹과 아쉬움을 남긴 채 역사의 무대에서 사라졌다. 하지만 강력한 국가, 백성의 살림에 대한 열정 등 그의 꿈은 지금도 요청되는 지도자의 덕목이다.

것이 사실이다.

정조에게는 개혁을 위한 24년이라는 시간이 있었다. 그 기간이 지나치게 길었다고 주장하는 학자들도 있다. 더 과감하고 급속하게 밀어붙였으면 개혁이 성공할 수 있었다는 말이다.

만약이라는 말이 필요 없는 것이 역사지만 조선의 진정한 문예부흥이 이루어질 수 있었던 시기였기에 짙게 배어나는 아쉬움을 숨기기 힘든 것 또한 사실이다.

09 흥선대원군,
그는 진정 개혁가인가

60년 동안 지속된 노론 세도정치와의 한판 승부!
유생들의 거센 반발 속에 강행한 서원 철폐!
환곡제와 호포제를 정비해 민생을 살린 흥선대원군.
성공 가도를 달려온 개혁 드라마의 결말은
해피엔딩이 아닌 쇄국주의의 나락이었다.

파락호는 없다

흥선대원군 이하응(興宣大院君 李昰應, 1820~1898). 흔히들 대원군이라고
하는 이를 떠올리면 어떤 이미지가 그려질까? 아마도 많은 독자들이 나
라 밖 정세를 잘못 판단하고 개방이라는 대세를 외면한 쇄국론자라는 생
각부터 떠올릴 것이다. 그런데 일부 역사학자들은 오히려 흥선대원군을
조선 왕조의 '마지막 개혁가'라고 부른다.

  '쇄국론자'와 '개혁가'. 뭔가 어울리지 않아 보이는 말이다. 우리에
게 익히 알려진 흥선대원군의 모습은 김동인(金東仁, 1900~1951)의 역사
소설 《운현궁의 봄》에 그려진 대로다. 소설에서 아직 흥선군인 이하응은
상갓집 개라 불릴 정도로 비루한 생활을 하는 파락호破落戸로 묘사된다.
파락호란 재산이나 세력이 있는 집안의 자손으로 타락한 생활을 하는 사
람을 일컫는 말이다. 과연 그러했을까? 왜 흥선대원군의 평가는 극과 극
을 달릴까?

  파락호라 불리던 그의 실체를 알려면 그의 정치 무대였던 운현궁에

신미양요 때 우리나라를 공격한 미국 군함 콜로라도 호. 제국주의 서구 열강이 물 밀듯이 아시아로 몰려오던 19세기 말, 흥선대원군의 개혁은 우리에게 어떤 의미를 지니는가.

서 시작해야 한다. 운현궁에서 고종을 낳았고, 열두 살의 어린 아들을 왕위에 올렸다. 운현궁이란 이름은 고종이 조선의 26대 임금으로 즉위하면서부터 쓰였다. 고종이 즉위하면서 고종의 사가였던 운현궁은 대규모로 증축되었고, 조선의 국정을 좌우하는 역사의 공간으로 바뀌었다. 조선시대에 왕의 아버지, 즉 대원군으로서 살아있는 유일한 사람이 흥선대원군이었고, 그런 그가 정치의 주역으로 떠오르다 보니 운현궁에서 실질적인 정치 행위가 이뤄지면서 정청政廳 구실을 하게 되었다.

그렇다면 대원군이 되기 전의 흥선군 이하응은 과연 어떤 생활을 했을까? 이를 엿볼 수 있는 유물이 서울역사박물관에 전시되었다. 헌종憲宗이 흥선군에게 내린 교지教旨에는 흥선군이 스물여섯 살 되던 해에 노비 여섯 명과 밭 50결을 받았다고 나와있다. 50결은 약 16만 평으로, 이 땅에 대해 세금을 걷는 권리를 흥선군에게 준 것이다. 이것은 결코 적은 액수가 아니다. 즉 흥선군의 살림 형편은 꽤 풍족했다는 의미다. 더 중요한 것은 이 시기에 흥선군이 종친부宗親府의 유사당상有司堂上을 맡아 종친

고종 즉위 후 왕의 생가인 운현궁(왼쪽)에서 흥선대원군의 정치가 이루어졌다.
왕실의 일을 관장하던 종친부(오른쪽). 흥선군은 왕실 족보 편찬에 힘을 기울이며 앞날을 대비했다.
서울시 종로구 정독도서관 관내에 있다.

들의 세력 확장에 힘쓰고 있었다는 점이다. 흥선군이 역점을 둔 종친부
사업은 왕실 족보 편찬이었다.

철종 재위 기간의 후반부에 이르면 흥선군은 실무를 담당하며 종친
부의 권한을 강화하기 위해 당시 세도가이던 안동 김씨들과 정치적인 거
래를 했던 것으로 보인다. 그 결과 전주 이씨 전체 족보를 편찬하는 권한
을 종친부가 가져갔고 흥선군이 그 핵심 실무를 맡아 철종 말년까지 계
속 추진했다. 흥선군의 역할은 안동 김씨들도 충분히 인지하고 있었기
때문에 그들의 눈을 속이기 위해서 파락호 생활을 벌였을 가능성은 거의
없다. 그러면 왜 이런 이야기가 널리 퍼진 것일까?

그것은 갑자기 나타난 흥선군과 그의 개혁을 미화하기 위한 개혁주
도층의 헛소문일 수도 있지만 인기 작가이자 현대 소설계를 주름잡았던
김동인의 소설과 그것을 근거로 쏟아져나온 TV 드라마의 영향이 크다고

봐야 할 듯싶다. 하지만 흥선군은 야망이
있는 인물이었음에는 틀림이 없었다. 새로
운 시대를 열기 위한 그의 준비는 이미 철
종 말기부터 은밀히 이루어졌다.

깊은 밤, 흥선군이 써내려간 편지 한
통, 이 편지에는 후사를 보지 못하고 병세
가 깊어진 철종의 사후 대비책이 들어있었
다. 과거 강화도에서 철종을 데려와 왕위
에 올리고 국정을 주물렀던 안동 김씨의
폐단을 익히 지켜본 흥선군은 다음 국왕마
저 안동 김씨의 손에 맡겨둘 수 없었다.

왕위 계승에 대한 내용을 담은 그의 편
지는 왕위 결정권을 가진 왕실의 최고 어
른, 신정왕후神貞王后 조씨에게 전해졌다.

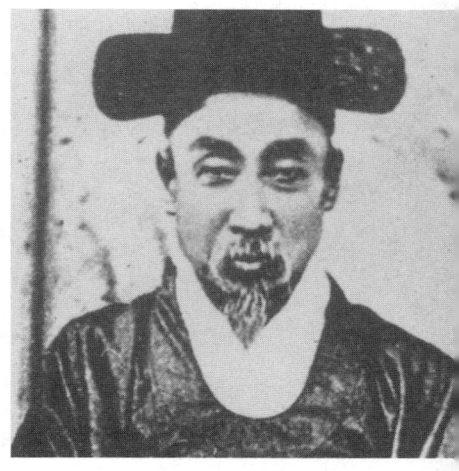

당파를 초월한 인재 등용, 서원 철
폐, 법률제도 확립으로 중앙집권적
정치기강을 수립한 개혁가이자 개방
이라는 대세를 외면한 쇄국론자라는
두 얼굴을 지닌 흥선대원군 이하응.

신정왕후는 순조純祖의 아들인 효명세자(孝明世子, 1803~1830), 즉 익종翼
宗의 비다. 흥선군은 편지에서 자신의 어린 둘째 아들을 익종의 양자로
입적하면 신정왕후가 수렴청정을 할 수 있다고 제안한다.

1863년 12월 오랫동안 병석에 누워있던 철종이 마침내 승하했다. 옥
새를 손에 넣은 신정왕후는 즉시 대신들을 불러들였다. 새 임금을 발표
하는 자리였다. "흥선군의 둘째 아들로 대통을 잇게 하라!" 누구도 예상
치 못한 전격적인 발표! 안동 김씨들이 왜 후사를 준비해두지 않았는지
는 알 길이 없다. 그러나 왕실 최고 어른의 결정에 아무도 반대하지 못했
다. 이렇게 열두 살 어린 나이에 고종은 즉위했다.

흥선군 이하응이 역사의 전면에 등장하며, 대원군이 되는 순간이었
다. 대원군은 왕에게 후사가 없어 종친 가운데서 왕위를 계승하게 될 경

우, 임금의 생부에게 주어지는 호칭이다. 조선 역사에서 대원군에 오른 사람은 네 명뿐이며 이들 가운데 살아서 대원군이 된 사람은 흥선대원군이 유일하다. 살아있는 대원군의 존재는 정치 참여를 둘러싼 논쟁에 불을 붙였다.

가마의 정치학, 기선을 잡았다

조선에서는 종친들, 즉 왕의 친척은 되도록 정치에 참여하지 않게 하는 법을 만들었다. 종친부라는 기관을 만들어서 명목상으로는 배려하지만 3대에 걸쳐서 과거에 응시를 하지 못하게 하는 등 정치 개입을 철저하게 차단했다. 그런데 왕의 아버지라는 사람이 홀연히 정계의 핵심으로 떠올랐으니, 조정 대신들은 흥선대원군의 정치 참여를 막아보려고 상당한 노력을 기울였다.

흥선대원군의 정치 참여를 둘러싼 논란은 신정왕후와 신하들이 가마 문제를 두고 언쟁을 벌인 것에서 시작되었다. 사소한 언쟁이었지만 상대방의 기를 꺾기 위한 탐색전이었다. 조선 시대에는 신분에 따라 가마의 종류가 정해졌다. 가마꾼 여덟 명이 드는 팔인여八人輿는 왕실 대군용 가마다. 종1품 이상의 정승급 대신은 가마꾼 네 명이 드는 교자轎子를 탔다. 원칙대로라면 흥선대원군은 팔인여를 타야 한다. 그런데 왜 신정왕후는 조정 대신의 반대를 무릅쓰고 흥선대원군의 가마를 교자로 하라고 영을 내렸을까? 또 흥선대원군은 도대체 무슨 까닭으로 대군의 예를 마다하고 교자를 타겠다고 했을까?

여기에는 대신들과 흥선대원군의 서로 다른 속내가 숨어있다. 대신들은 대원군을 팔인여에 태워 격을 높이면서도 '당신은 종실 어른이오. 그러니 이제 정치에 나서지 마시오!' 라는 속내를 담아냈다. 이에 반해 신

안동 김씨의 의표를 찌른 필살기—
조대비의 눈물샘을 자극하다

흥선군은 후사가 없는 철종이 병약해져 곧 승하할 것을 예감하고서 다음 왕위를 누가 이을 것인지 세심하게 살펴보기 시작했다. 그러나 서슬 퍼런 안동 김씨가 견제하는 한, 다음 임금 또한 철종 이상으로 무기력하고 말 잘 듣는 사람으로, 사돈의 팔촌쯤 되는 종친 하나를 시골 구석에서 찾아내 등극시킬 것임에 틀림없었다. 재빠르게 계산을 해본 흥선군은 안동 김씨와 신정왕후 조씨의 반대가 없다면 자신의 아들이 후사를 이을 가능성이 크다고 판단했다.

그리하여 왕실의 가장 큰 어른인 신정왕후를 공략할 묘수를 찾아내고 밀서를 들여보냈다. 편지는 죽은 효명세자를 불러내 그의 명예와 위업을 되살려내자는 내용이었다. 신정왕후가 왕비가 되지 못한 점과 시어머니와 며느리 그리고 철종비까지 모두 안동 김씨인 가운데 쌓인 한을 헤아려 차기 대권을 노리자는 속내였다.

효명세자는 정조의 손자이고 순조의 아들이자 원자로 태어났다. 그런데 왜 효명세자는 왕이 되지 못했을까? 여기에 신정왕후의 한이 서려있다.

효명세자의 아버지 순조는 병약하기도 하고, 세도정치에 끌려다니는 데 몸서리를 치고는 정치에 거의 손을 떼고 있었다. 그러나 아버지와 달리 할아버지 정조의 성품을 그대로 닮은 효명세자는 똑똑하고 활달했으며 고집도 있고 뚝심도 있었다. 나라를 걱정하고 할아버지처럼 당쟁에 휘말리지 않으려는 정치관도 갖고 있었다. 그는 예술(특히 궁중무용)에도 조예가 깊어 봄 꾀꼬리가 노는 것을 보고 창작했다는 〈춘앵전春鶯囀〉과 모란꽃을 들고 추는 대표적인 궁중무용

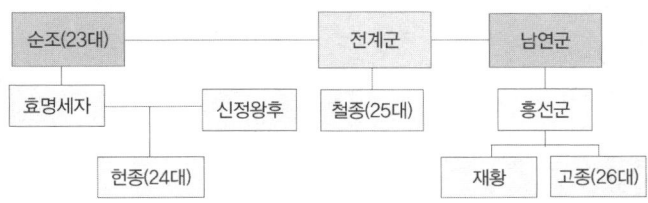

순조 이후 조선 왕의 가계도.

〈가인전목단佳人剪牧丹〉 외에 〈고구려무高句麗舞〉, 〈향령무響鈴舞〉, 〈장생보연지무長生寶宴之舞〉 등 대궐 안 잔치 때에 벌이던 춤과 노래를 집대성했다. 아버지인 순조 재위 27년, 효명세자는 왕세자로서 정치 전면에 나서는 기회를 잡았다. 순조가 효명세자에게 섭정하도록 명하고 일선에서 물러났기 때문이었다. 효명세자가 19세 되던 해였다.

전권을 잡은 효명세자는 안동 김씨를 과감하게 퇴출하고 소외된 소론, 남인, 북인을 고루 등용하며 국가 중흥에 나섰다. 언관들의 반대도 꺾어버리고 소신 있게 정책을 밀어붙였다. 그러나 3년 3개월의 섭정을 끝으로 그는 요절하고 말았다. 왕위에 올라보지도 못하고 개혁의 꿈도 펴지 못한 채 세상을 떴다. 부인 조씨 역시 왕비가 되지 못하고 대비로 물러나 앉았다. 신정왕후는 먼저 간 남편의 죽음이 한없이 안타까웠을 것이다. 흥선군은 이런 신정왕후의 과거를 잘 알고 있었다.

그래서 흥선군은 신정왕후의 눈물샘을 자극하고 한을 풀어주면서 자신은 섭정으로서 정권을 잡을 승부수를 던진 것이다.

효명세자가 집대성한 궁중무용 가운데 정재무.

네 명이 드는 대신용 교자(위)와 여덟 명이 드는 대군용 팔인여(아래). 안동 김씨 세력은 흥선대원군에게 팔인여로 정치 참여가 원칙적으로 금지된 대군에 대한 예를 올리려 했지만, 대원군은 교자를 선택해 정치 진출을 선언했다.

정왕후나 흥선대원군은 "격이 낮은 가마를 탈지언정 정치는 포기하지 못한다"는 선언을 한 셈이다.

신정왕후와 대신들이 논쟁을 벌인 다음날, 흥선대원군은 곧바로 교자를 들 수행원을 권력의 핵심기관에서 한 명씩 차출한다. 다시 말해 여태까지 정사에 관여하지 못했던 종친부가 권력의 핵심기관들에게 명령을 내릴 수 있음을 공식화한 것이었다.

흥선대원군의 역할을 법으로 정한 바는 없었다. 그러하기에 역설적으로 법적 제약에서 자유로웠고 대신들의 반대를 하나씩 이겨내기만 하면 자신이 마음먹은 대로 모두가 그의 역할이 될 수 있었다. 흥선대원군이 권력을 장악하는 방식이었다.

이렇게 만들어진 권력 구조는 고종이 왕, 수렴청정은 신정왕후, 국정 실질 책임자는 흥선대원군이라는 3층 구조였다. 물론 전권은 흥선대원군에게 있었다.

조정 대신들과 처음 대면하는 자리에서 그는 자신의 정치 구상을 이렇게 밝혔다. "나는 천리千里를 끌어들여 지척으로 삼고자 하며 태산을 깎아 평지로 만들고자 하며 남대문을 높여 3층으로 만들고자 하오. 여러분들은 어찌 생각하오?" 선뜻 알 수 없는 은유법이지만 태산을 깎아서 평지로 만들고자 한다는 것은 그동안 태산처럼 비대해진 노론 세력과 세도 정치를 청산하겠다는 '선언'이었다.

정치 개혁—세도정치·탐관오리를 혁파하라

철종의 국상을 치룬 뒤, 고종과 대신들의 첫 공식회의가 열린 1864년 1월 13일 흥선대원군이 구상한 정치 개혁의 신호탄은 수렴청정에 나선 신정왕후의 입에서 터져나왔다.

"지금까지 비변사備邊司에서 국정을 전담했는데, 이제부터는 의정부와 나누도록 하시오!"

첫 공식회의부터 비변사를 언급하고 나선 이유는 무엇일까? 비변사는 1510년 삼포왜란 이후, 국방 경비를 담당하는 전시비상기구로 설치되었다가 임진왜란 이후 상설기구로 격상된 조직이다. 그런데 비변사가 조선 후기에 이르면 행정과 군무를 관장하는 국정 최고기관으로 바뀐다. 국방부 정도라고 생각되는 비변사가 인사권과 재정권까지 장악한 셈이다. 사실을 말하자면 국방부 정도가 아니라 국무총리실 이상의 기능을 가진 계엄사령관실이라고 할 수 있다.

순조 이후 세도 가문별 비변사 인사 추천 수.

서울시 종로구 부암동에 있는 대원군의 별장 석파정. 흥선대원군이 안동 김씨의 수장 김흥근에게 이 정자를 팔기를 청했으나 거절하자 아들 고종과 함께 묵어버렸다. 결국 김흥근은 '임금이 묵고 가신 곳에 신하가 살 수 없다'고 헌납했다.

　비변사가 인사권까지 장악하면서 각 정파는 비변사를 세력 확장의 발판으로 삼았다. 비변사의 인사 구성을 보면 실권을 누가 잡고 있는지를 가늠할 수 있었다. 붕당정치기(선조~정조)에는 어느 정도 견제와 균형이 이뤄지면서 비변사를 완전히 한 당파가 독점하는 사례가 없었지만, 19세기, 특히 세도정치기(순조~철종)에 들어서면서 세도 가문이 비변사에 자기 세력을 심으려는 경향을 극심하게 보였다.

　순조 때부터 60여 년간, 안동 김씨와 풍양 조씨 등 세 가문이 비변사 요직의 60퍼센트를 차지했다. 그 중에서도 안동 김씨의 영향력은 무소불위였고 막강했다. 그런데 이것을 흥선대원군이 바꿔놓겠다고 시비를 건 셈이다.

　흥선대원군은 명분을 내세워 싸움 걸기를 좋아했다. 서울 종로구 부암동에는 흥선대원군의 별장 석파정石坡亭이 있다. 원래 삼계동정사三溪洞精舍라 불리던 이 별장의 주인은 안동 김씨의 수장이었던 김흥근金興根으로 안동 김씨들이 세도를 휘두르기 위해 모이던 작전회의실이었다. 그런데 고종이 왕위에 오른 직후 흥선대원군은 어린 임금을 데리고 와서 이곳에서 하루 묵어버렸다. 천하를 호령하던 김흥근도 임금이 묵은 곳을 더 이상 개인 별장으로 사용할 수 없어 내놓고 말았다.

이러한 흥선대원군의 압박에도 안동 김씨의 영향력이 쉽게 약해지지 않자, 흥선대원군은 그 측근들을 제거해갔다. 이번에는 내놓고 확실하게 안동 김씨들을 몰아부쳤다. 먼저 세도가의 문벌정치에 빌붙어 부정을 일삼은 자들에게 철퇴를 내렸다. 적발된 탐관오리는 종각 앞에 가마솥을 걸어놓고 삶는 시늉을 하는 팽형烹刑에 처했다. 이러한 소문이 퍼지면서, 지방 수령들은 더 이상 부정을 저지르지 못했다. 이렇게 흥선대원군의 개혁은 민생에서 시작되었다.

인사 개혁—인재는 등용하고 무신은 배려

부패를 상대로 한 전쟁은 인사 개혁으로 이어졌다. 흥선대원군은 북인과 남인 계열에 속한 인재들의 명단, 즉 '북보'와 '남보'를 만들었다. 세도 정치 기간 동안 정치에서 소외되었던 북인과 남인 계열의 인재들을 드디어 등용하기 시작한 것이다. 효명세자가 시행하려던 탕평책이 이루어지는 셈이었다. 신정왕후는 이것만으로도 감격할 만했다. 이러한 인사 정책에 따라 우의정에 오른 유후조柳厚祚는 남인의 영수였던 유성룡柳成龍의 후손이다. 남인 계열에서 정승이 나온 것은 정조 이후 처음 있는 일이었다.

또 하나 흥선대원군은 1866년 평안도에서 과거를 실시해 세도 가문의 의표를 찔렀다. 그리고 과거에 합격한 평양의 선우업鮮于業을 발탁해 동부승지同副承旨로 임명했다. 서북 출신을 승지로 임명한 경우는 조선 건국 이래 유례가 없었던 일이다. 인사 개혁이 어느 정도 마무리되자, 흥선대원군은 안동 김씨의 세도정치에 마지막 쐐기를 박는다. 다시 신정왕후가 동원되었다. "비변사를 폐지하여 의정부에 합치고 비변사 도장을 녹여서 영원히 없애도록 하시오!"

정치와 군사 업무가 통합되었던 비변사를 폐지한 흥선대원군은 삼군부를 설치하여 의정부 기능을 강화하고, 정치와 군부를 분리했다.

결정타였다. 세도정치의 거점이 되었던 비변사는 1865년, 설치된 지 358년 만에 완전 폐지되었다. 이는 언뜻 보면 신료들의 권한을 강화하는 것처럼 볼 수 있다. 비변사를 폐지해서 의정부의 권한을 강화시키는 한편 삼군부三軍府를 나중에 설치해서 의정부와 삼군부, 두 기관이 서로 균형을 맞추도록 했기 때문이다. 그러나 흥선대원군의 속내는 따로 있었다. 양대 최고 권력기관이 서로 견제하게 만들고 그 위의 최고 권력자, 흥선대원군 자신과 국왕의 권한을 강화하려 함이 기본 의도였다.

흥선대원군 인사 정책의 중요한 특징 가운데 하나는 무관을 중히 등용한 것이다. 고종의 첫 공식회의가 있던 날, 신정왕후는 비변사의 기능을 축소하면서 함께 무신의 예우 규정을 다시 정하라고 지시했다. 겉으로는 단순히 문·무관의 상견례 규정을 고치는 것처럼 보였지만 사실은 문관과 무관의 차별을 없애고 무신들에게 힘을 실어주겠다는 뜻이었다. 흥선대원군의 무신 중용 정책은 군제 개혁으로 이어졌다. 삼군부는 비변사를 폐지하고 설치한 조선 최고의 연합사령부다. 흥선대원군은 비변사가 장악했던 군권을 삼군부로 이관해 국방 업무를 전담하는 전문성을 부여하고 문관이 무관보다 윗자리라는 관행을 뿌리 뽑아버렸다.

흥선대원군은 조선 건국 시기를 정치 개혁의 모델로 삼았던 듯싶다.

홍선대원군은 조선 전기가 문신 중심 사회가 아니라, 문신과 무신이 서로 균형을 이룬 문·무 양반의 균형된 사회라고 보았다. 자신도 조선 전기처럼 이를 잘 관리하면 개혁이 순조롭게 진행될 것으로 판단했다. 홍선대원군은 비변사 폐지는 소수의 세도정치 세력이 지배하던 국가 기구를 공적 체계로 돌려놓는 일이기도 했다. 국방 업무는 삼군부가 관장하고, 정치·행정은 의정부가 담당하는 정부 시스템은 그 동안 누구도 해내지 못한 진정한 개혁의 성과였다.

서원 개혁—서원이 바로 서야 경제가 산다

조선 말, 백성들 사이에서 만동묘萬東廟를 지키는 묘지기의 위세가 임금보다 더 크고 위력적으로 보인다는 노래가 유행했다. 임금 위에 설 만큼 힘이 있다는 만동묘는 명나라 황제의 사당이다. 모화사상慕華思想의 근본이 중국 황제에서 나왔으니 조선 임금도 그곳 앞에서는 머리를 숙일 수밖에 없었다.

고종 2년 3월 29일, 홍선대원군이 만동묘 철폐를 전면에 내걸었다. 유생들의 반발은 격렬했다. 전국의 유생들이 창덕궁 돈화문 앞으로 몰려와 항의했다. 임진왜란 때 나라를 구해준 명나라의 은혜에 대한 배반이며 국가 기강의 훼손이라고 주장했다. 그러나 홍선대원군은 창덕궁에 있는 대보단大報壇에서 더 잘 받들겠다는 명분으로 만동묘 철폐를 관철시켰다. 만동묘 철폐는 홍선대원군의 서원 처리 방향을 암시했다.

우리나라 서원의 역사는 1543년, 주세붕周世鵬이 세운 백운동서원에서 시작했다. 백운동서원은 곧 학문과 덕행을 겸비한 인물을 기리고, 유생의 교육을 담당하는 사설 교육기관으로 자리매김했다. 그런데 명종이 이곳에 소수서원紹修書院이라는 현판과 함께 세금을 내지 않아도 되는 토

만동묘의 계단은 폭이 좁고 높은 것이 특징이다. 정면을 보고는 오를 수 없고 옆으로 올라가는 구조로 만들었다. 당시 노론의 숭명 사상을 보여주는 단면이다.

지와 노비를 하사함으로써 여러 특권을 가진 사액서원이 되었다. 서원의 성격이 점차 바뀌었다. 단순한 사설 교육기관에서 양반 유림의 이익을 대변하는 기구로 변질되면서, 서원 건립이 유행처럼 되었다.

조선 후기에 이르자, 안동 지역에만 21개의 서원이 생겨났고 전국으로는 1000여 개에 이르는 서원이 생겼다. 특권화된 서원이 만들어낸 폐해는 국가 경제와 사회 기강을 도탄에 빠뜨렸다. 서원이 여러 가지 세금을 면제받는 토지를 운영하고 노비를 불법으로 운영했기 때문에 국가 재정에 부담이 되었다. 이에 흥선대원군은 모든 사원을 철폐하고 나라에서 인정한 사액서원마저도 47개만 남기라고 지시한다.

하지만 유생들의 항의는 처음부터 격렬했다. 유생들에게 서원 철폐는 상상조차 할 수 없었던 일이라 충격이 컸다. 유생들은 집단으로 명령을 철회하라는 상소를 올렸다. 관철되지 않으면 죽음도 불사하겠다고 맞섰

흥선대원군은 국가 경제와 사회 기강을 흐트리는 서원들을 철폐한다. 최초의 서원인 경상북도 영주의 백운동서원 현판(아래 왼쪽). 명종의 친필로 된 '소수서원紹修書院'이란 편액扁額(아래 오른쪽)이 걸린 강당(위). 소수서원(백운동서원)은 철폐를 면한 47곳 서원 가운데 하나로 지금도 옛 모습을 그대로 간직하고 있다.

다. 서원을 없애는 과정에서 흥선대원군은 동방의 진시황이라는 비난까지 받았다. 분서갱유를 단행했던 중국의 진시황에 버금가는 폭군이라는 뜻이다. 그러나 흥선대원군은 단호했다. "진실로 백성에게 해가 되는 것이 있으면, 공자가 다시 살아난다 하더라도 나는 용서하지 않겠다."

조세 개혁—백성의 부담을 덜어주어야

흥선대원군이 집권하기 직전인 1862년 경상도에서 시작된 민란은 삽시간에 전라도, 충청도로 번져나갔다. 한 해 동안 농민들의 봉기가 일어난 지역은 무려 71곳. 정부에 공식 보고된 민란의 숫자만 해도 이처럼 많았으니 백성들의 고통은 극으로 치닫고 있었다.

말도 많고 탈도 많았던 만동묘와 화양서원

화양서원華陽書院은 숙종 때 송시열宋時烈을 기리기 위해 세운 곳이다. 조선 후기 화양서원의 권위는 막강했다. 어쩌면 임금의 권위를 뛰어넘는 공간이었다. 노론의 영수 송시열의 위패를 모신 곳이면서 만동묘까지 세워졌기 때문이다.

화양서원 제일 위쪽에 만동묘가 세워진 것은 1717년, 임진왜란 때 지원군을 파병한 명나라의 신종과 의종을 기리기 위해 사당을 건립했다. 송시열의 뜻에 따라 세워진 만동묘는 그 권위를 상징하듯, 계단부터 예사롭지 않아 정면을 쳐다보고는 오를 수 없는 구조로 되어있다. 발을 옆으로 디뎌야 오를 수 있을 정도로 계단의 폭을 좁고 가파르게 만들어 제작자의 의도가 배어나온다. 삼가고 들어서서 공손하게 절하라는 의미가 계단의 기묘한 배치 속에 담겨있다. 이런 존명의리의 상징인 만동묘까지 갖춘 화양서원은 조선 후기 노론이 정권을 주도하면서 거대한 정치 세력을 형성했다. 화양서원은 1년 내내 전국에서 찾아오는 유생들의 발길이 끊이지 않는 성역이 되었다. 노론의 영향력을 확대시키는 사상적 구심체였다.

화양서원은 백성들에게도 무소불위의 권력을 행사했다. 서원의 제사가 다가오면 백성들은 두려움에 떨었다. 강제로 제사 비용을 백성들에게 부담시키는 기부금 명세서인 묵패를 돌렸기 때문이다. 지정한 액수를 내지 않으면, 붙잡아서 곤장을 치고 고문을 하기도 했다. 화양서원의 이러한 수탈과 횡포는 이미 정조 때부터 지적되던 문제였지만 역대 어느 임금도 손을 대지 못했다. 그런데 흥선대원군이 이를 척결한 것이다.

조선 후기 주자학을 이끈 대학자이자 노론의 영수로 추앙받은 송시열.

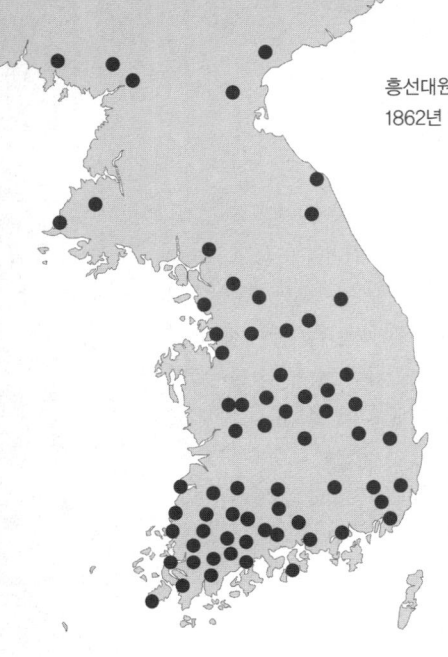

흥선대원군이 집권할 당시 전국은 민란의 소용돌이에 빠져있었다.
1862년 한 해에만 71곳에서 농민 봉기가 일어났다.

이걸이 저걸이 갓걸이 진주망건 또 망건
짝발이 휘양건 도래 줌치 장도칼
머구밭에 덕서리 칠팔월에 무서리 동지
섣달 대서리
—진주농민항쟁 당시 반란군 사이에서
불리던 노래.

                1862년 진주농민항쟁을 주도한 류
계춘柳繼春은 몰락한 양반이었다. 지배층인 양반이 농민항쟁에 참여한
이유는 무엇일까?

    당시의 세금 체제는 마을 단위로 이루어졌다. 그렇기 때문에 마을 전
체에 일정한 양의 세금이 매겨졌기 때문에 류계춘 같은 몰락 양반들 혹
은 농사를 생업으로 하는 잔반殘班 계층들은 일반 평민이나 농민, 양인들
과 똑같이 세금을 물어야 했고, 똑같이 고통을 당해야 했다.

    가혹한 세금 징수를 견디다 못한 농민들은 진주성으로 몰려갔다. 당
시 원성을 산 세금은 환곡還穀이었다. 진주에서 환곡을 운영한 행정 기관
은 진주목牧과 경상우병영慶尙右兵營이다. 원래는 행정 기관에서만 환곡
을 운영하도록 했지만, 이 시기에는 군사 기구인 경상우병영에서도 운영
하고 있었다.

    환곡은 빈민구제를 목적으로 춘궁기 때 곡식을 빌려주고 추수 후 갚
도록 하는 제도다. 원곡 보존을 위해 절반만 대출하도록 했는데 관리들

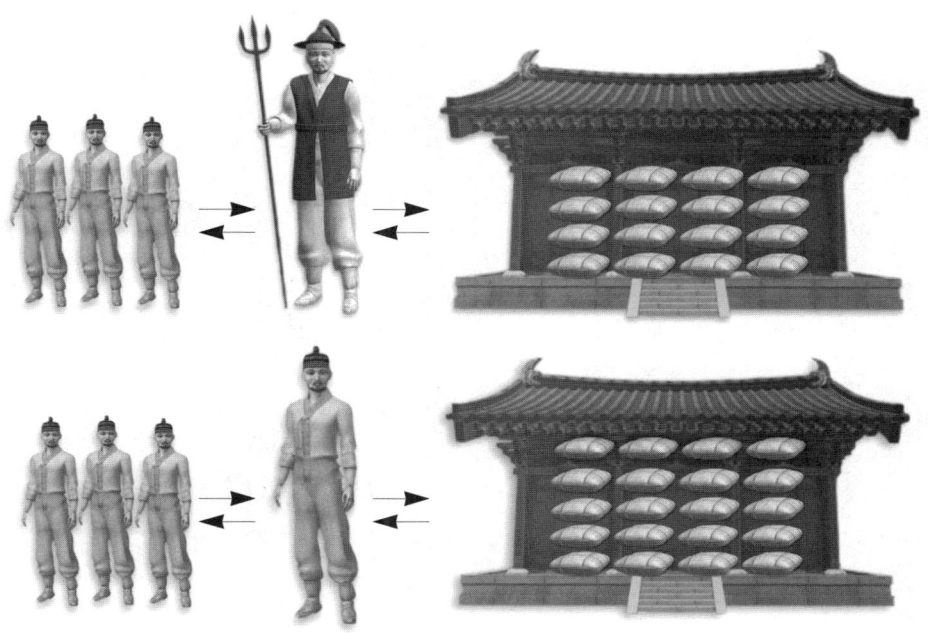

지방 관아에서 관리한 환곡제는 관리가 중간에서 부정부패를 일삼아 문제가 되었다(위). 사창은 관리가 곡물을 대여하지 않고 마을 사람들에게 자치적으로 운영하게 했다(아래).

이 이자 수입을 위해 나머지 절반도 빼돌리거나 착복하는 일이 다반사로 벌어졌다. 심지어는 그렇게 빼돌린 몫까지, 농민들에게 부담시키는 일까지 발생했다. 빌려줄 때는 쭉정이와 풀들이 섞인 것을 빌려주고, 받을 때는 제대로 된 쌀을 받았으며 환곡을 회수하는 과정에서 이자를 높게 책정했기 때문에 많은 문제가 발생했다. 진주목과 경상우병영은 환곡 제도를 이용해 앞 다투어 농민들을 수탈했다. 결국 참다못한 농민들이 들고 일어났다. 농민봉기는 삽시간에 경상도, 전라도, 충청도로 번져갔다. 비슷한 고통을 겪고 있던 농민들의 분노가 한꺼번에 터져 나온 것이다.

흥선대원군은 이런 폐단을 없애기 위해 1866년에 사창제社倉制를 도입했다. 사창제는 관리를 배제하고 마을 사람들이 자치로 환곡을 운영하

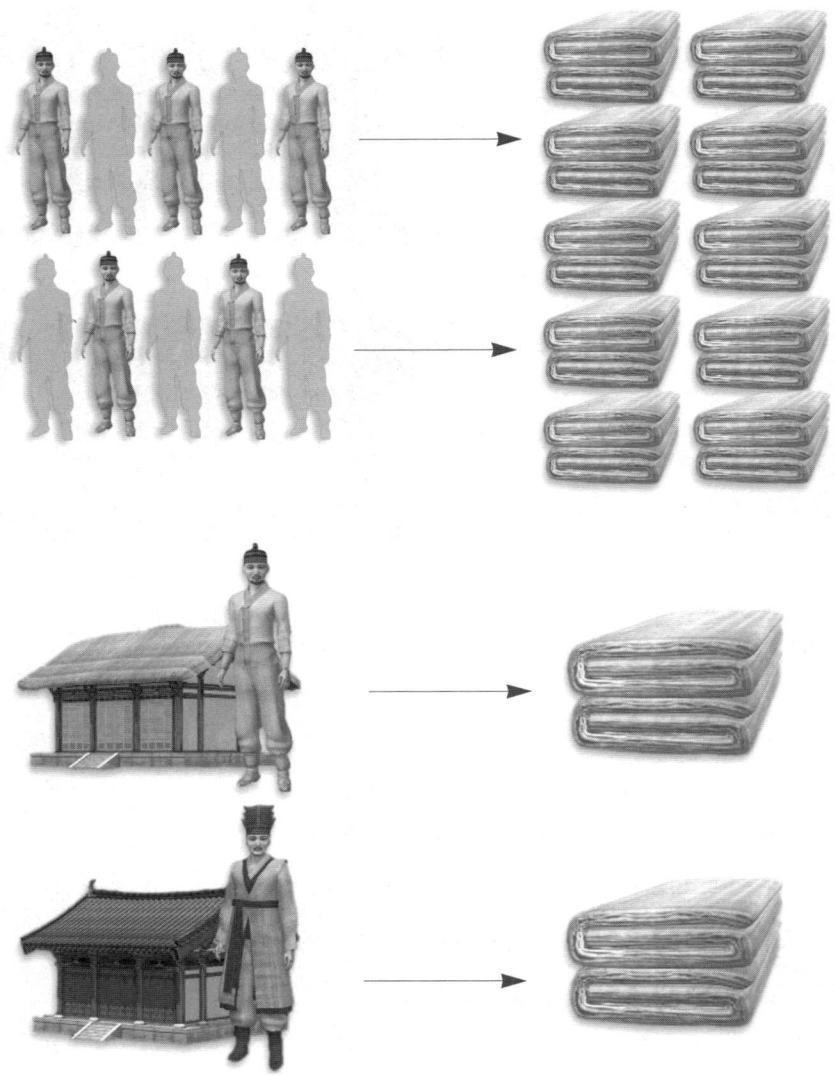

군역제는 마을 단위로 군포가 할당되었는데, 신분제가 무너져 군포를 내는 사람들이 많이 없어지면서 마을에 남아있는 사람들의 부담이 늘 수밖에 없었다(위). 호포제는 군포를 마을 단위로 부가하지 않고 가구당 부가했다. 이는 양반에게도 군포를 받는 것을 말한다(아래).

도록 한 제도다. 관리들이 농간을 부릴 가능성을 원천 차단한 것이었다. 이 제도는 갑오개혁 이후 근대식 금융조합이 출현하는 밑바탕이 되었다.

군역제軍役制는 군포 두 필을 납부하고 국방의 임무를 대신하는 제도였다. 그런데 역시 마을 단위로 부과되다 보니, 마을 인구가 절반으로 줄더라도 부담해야 하는 액수는 그대로였다. 결국 남은 사람들이 나머지까지 모두 채워야 하는 상황이었다.

공주민란에서 농민들이 군역제의 폐단을 해결할 호포제戶布制를 요구하였다. 가구 단위로 군포를 부과하자는 주장이었다. 농민들은 조세 저항 대신 조세 개정을 원했다. 가구 단위로 군포를 걷게 되면 그동안 군역을 면제받았던 양반도 군포를 부담하게 된다. 호포제는 영조 때도 시도된 적이 있었다. 영조가 직접 창경궁 홍화문에 나가 호포제 시행에 대한 양반 유생들의 의견을 물었다. 하지만 그동안 면세의 특권을 누려왔던 양반들은 받아들이지 않았다. 백성들의 요구는 절실했지만 100년이 지나도록 실시하지 못하고 있었던 호포제를 고종 8년 전격 시행한 것이었다. 양반의 경우 군포를 노비의 이름으로 내게 해, 신분제 사회에서 양반들이 받을 정신적 타격을 완화하고 체면을 차리게 해주었다.

호포제 실시 효과는 즉시 나타났다. 경상도 영천 지방은 15퍼센트에 불과하던 군포 납부층이 시행 후에 74퍼센트로 늘어났다. 그만큼 백성들의 부담은 줄고, 국가 재정은 늘어났다.

대책 없이 문만 잠그지는 않았다

흥선대원군만 쇄국 정책을 실행한 것처럼 이야기하는 데는 무리가 있다. 사실을 말하자면 조선 왕조 자체는 중국을 사대하는 외교 정책을 제외하고는 줄곧 쇄국 정책을 펴왔다. 일본에 대해서도 쉼 없이 묶었다 풀었다

해왔지만 대체로 쇄국이었다. 조선 왕조의 주자학적 특성상 쇄국은 국가 기본 이념에 가까운 정책이었다. 그렇지만 서구 열강이 조선으로 몰려든 특별한 시기에 흥선대원군은 척화비까지 세우며 나라문을 걸어 잠갔다. 흥선대원군은 과연 나라 밖 국제 정세를 잘못 판단한 것일까? 과연 그는 당시 국제 정세를 어떻게 이해했을까?

흥선대원군도 처음부터 쇄국 정책을 편 것은 아니었다. 한국교회연구소에는 흥선대원군 집권 시기 조선에서 활동한 프랑스 선교사들의 기록이 남아있는데 프랑스인 리델Félix Ridel 신부의 편지에서 흥선대원군에 관한 내용이 확인된다. 그의 편지에는 흥선대원군이 일찍이 선교사들과 접촉을 시도한 내용이 적혀있다. 흥선대원군의 선교사 접촉 시도는 1864년으로 거슬러 올라간다. 그 배경에는 급박하게 돌아가는 국제 정세가 있었다. 아편전쟁의 결과로 중국은 홍콩을 영국에 넘겨야 했고, 일본은 미국에게 강제로 개항됐으며, 영국·프랑스 연합군이 베이징을 함락한 서세동점西勢東漸의 상황에서 흥선대원군은 러시아의 남하에 대한 위기의식을 느끼고 이에 대응해 프랑스 함대의 힘을 빌려 막아보겠다는 구상을 한 듯싶다. 하지만 흥선대원군과 프랑스 선교사들의 접촉은 1866년 초 갑자기 중단된다. 그리고 병인박해丙寅迫害가 일어난다. 프랑스 선교사 세 명을 포함해 천주교 신자 6000여 명을 처형한 대규모 탄압이었다. 천주교를 이용하여 프랑스와 접촉하려던 흥선대원군의 태도가 이처럼 돌변한 이유는 무엇일까?

일단 확인된 사실로는 이 무렵 러시아가 물러나면서 남하 위협이 사라졌다는 것이다. 그래도 여전히 의문은 남는다. 프랑스와의 접촉이 러시아 견제용이었다면 관계를 끊으면 그만이다. 그런데 왜 대규모 처형으로 이어졌을까?

리델의 다른 편지에서 그 단서가 확인된다. 1866년에 쓴 편지에서는 병인박해를 주도한 김병학과 김병국 등을 '악한 대신들'이라 칭하고 있다. 즉 안동 김씨 세력이 흥선대원군과 선교사들이 접촉한 점을 공격해 흥선대원군이 정치적으로 위기에 몰린 것은 아닐까. 흥선대원군과 정치적으로 불편한 관계에 놓여있던 조정의 안동 김씨 대신들이 박해를 강력하게 주장하면서 흥선대원군이 자신의 입지를 위해 한 발 물러선 결과가 병인박해가 아닐까 추측한다.

병인양요의 원인이 된 프랑스의 천주교 신부 펠릭스 리델.

1866년 벽초부터 일어난 병인박해는 흥선대원군이 주도했다기보다는 자신의 권력을 방어하기 위해 불가피하게 시행된 측면이 강하다.

이처럼 초기에는 정치적 이유로 천주교 탄압에 나섰던 흥선대원군이었지만, 서양 세력과의 연대를 더 이상 시도할 수 없게 하는 상황들이 연이어 일어난다. 1866년 7월, 프랑스 함대가 병인박해를 빌미 삼아 강화도를 침략했다. 군함 일곱 척에 2000명의 군사를 싣고 갑곶진에 상륙한 프랑스군은 강화읍을 점령하고 병인박해에 대한 책임과 배상을 요구했다. 강화성도 이때 프랑스군에게 점령당했으며 외규장각에 보관되었던 조선 왕실의 귀중한 유물과 책들이 약탈되었다.

상황이 이렇게 되자 흥선대원군은 무력 대응에 나섰다. 서둘러 서북 지방의 포수들로 이루어진 정예 부대를 정족산성으로 잠입시켰다. 양헌수가 이끄는 조선군과 프랑스군 사이에 치열한 접전이 벌어졌다. 조선군은 매복 공격으로 프랑스군의 우세한 화력을 이겨냈다. 상황이 불리해지자 프랑스군은 철수했다. 강화도를 점령한 지 한 달 만이었다. 그로부터

홍선대원군은 러시아의 남하라는 국제 정세에서 프랑스 선교사와 협력하다가 안동 김씨 가문의 공세를 받자, 정치적 입지를 지키고자 병인박해(왼쪽)를 일으켰다.
병인박해를 이유로 강화성을 점령하고 순찰하는 프랑스군(오른쪽). 프랑스군은 외규장각에서 《직지심경》을 비롯한 도서와 유물을 약탈했다.

2년 뒤인 1868년에는 홍선대원군이 절대로 용서 못할 상황이 발생했다.

미국이 독일 상인 오페르트Ernst Oppert를 앞세워 홍선대원군의 아버지인 남연군南延君 묘를 도굴하는 만행을 저지른 것이다. 무덤을 파헤친 이 사건은 홍선대원군의 마음뿐 아니라 전국의 유생들을 들끓게 했다.

분노한 홍선대원군은 서구 열강의 통상 요구에 철저한 쇄국 정책으로 맞섰다. 전국의 주요 지점마다 척화비를 세우고 쇄국의 의지를 만천하에 공포했다. 서양 오랑캐와 싸우지 않으면 화친이 있을 뿐이고, 화친은 곧 나라를 팔아먹는 것이라며 강경하게 쇄국 정책을 끌고 갔다.

서양 제국주의 국가의 잇따른 침입은 국방력 강화 노력으로 이어졌다. 1872년 홍선대원군의 긴급 지시로 전국 각 고을에서 만들어 올린 관방 지도(국방용 지도)는 서구 열강과 대치하는 가운데 제작된 군현지도다. 당시 각 고을의 주요 시설을 한 눈에 볼 수 있는 지도인데, 강화도의

1868년 독일인 오페르트가 흥선대원군의 아버지 남연군의 묘를 도굴하는 사건이 일어나자 흥선대원
군은 강경한 쇄국 정책을 실시한다.

경우 해안가에 있는 진, 보, 포대 등 군사 시설이 상세히 그려졌다. 서구
열강의 침입에 대처하기 위한 노력의 흔적이 역력하다.

　흥선대원군은 엄청난 물량의 화포도 수리하고 제작했다. 프랑스와
미국의 화력에 대응하기 위한 화포를 제작하는 데 5만 냥을 투입했다.
당시 훈련대장이었던 신헌申櫶이 군사 장비를 기록해놓은 《훈국신조군
기도설》에는 흥선대원군 집권기에 개발된 신무기가 실려있다. 그 가운데
하나가 수뢰포水雷砲다. 수뢰포는 수중에 설치하여 적함을 폭파하는 무
기로 설치하고 일정한 시간이 지나면 내부에 물이 차올라 수압에 의해
작동되는 수중 시한폭탄이었다. 흥선대원군은 아무런 대비나 대책 없이
나라 문을 걸어 잠근 것이 아니었다. 서구 열강의 위협에 맞설 수 있는
힘을 기르기 위해 노력을 기울였다.

　그러나 국내 정국은 흥선대원군의 뜻과는 전혀 다른 방향으로 흘러가
고 있었다. 흥선대원군의 집권 10년째 되던 1873년, 유림의 대표인 최익

경상남도 산청에 세워진 척화비(왼쪽)와 관방 지도 가운데 강화도 부분(오른쪽).

현(崔益鉉, 1833~1906)의 탄핵상소로 흥선대원군의 정치는 사실상 끝났다. 성년이 된 고종과 명성황후 민씨의 힘이 그를 이기기 시작한 시점이었다. 이로써 고종의 친정이 시작되었다.

아쉽다, 역사의 흐름을 놓치다니

흥선대원군의 집권 10년은 참으로 숨 가쁘게 달려온 나날이었다. 세도정치와 맞서 싸우며, 부국강병을 위한 민생 개혁을 단행했다. 그 모든 노력은 무너져가는 조선을 일으켜 세우기 위한 것이었다. 하지만 새로운 방향으로 흘러가는 거대한 역사의 흐름은 놓치고 말았다. 그것이 흥선대원군의 한계였다.

흥선대원군의 개혁 주제는 왕권 강화와 부국강병으로 요약된다. 그렇게 해서 국력을 많이 키운 것이 사실이다. 하지만 그 부국강병이 전근대적

병인박해 이후 강화의 갑곶돈대(왼쪽)과 정족산성(오른쪽)을 정비하는 등 해안 지역의 경비가 강화되었다.

인 관점에서 이루어진 것이 문제였다. 무리한 경제 정책, 외세와의 무리한 대결 정책들이 개혁의 골간을 이루었기에 국력의 근간인 경제 재생산성을 약화시켜 흥선대원군 스스로 정권을 유지하기 어렵게 하고 말았다.

특히 경제 정책의 미숙을 입증하는 당백전當百錢의 발행은 이상과 현실의 조화를 이루지 못한 대표적 실패작이었다. 원래의 뜻은 고갈된 재정을 보완하고 국민 생활을 구제하며 흔들리는 민심을 바로잡자는 것이었다. 그러나 당백전의 실질 가치가 상평통보의 다섯 배 정도에 불과한 데 반해 명목 가치는 100배 이상 강조하여 배포하다 보니 당백

흥선대원군은 프랑스와 미국 등 제국 열강에 대항하기 위해서 5만 냥을 투입해서 화포를 수리하고 신무기를 개발했다. 불랑기포(왼쪽), 수뢰포(오른쪽)가 이때 개발되었다.

경기도 남양주에 있는 흥선대원군의 묘.

전은 제대로 유통되지 않았고 오히려 유통질서만 파괴하여 백성들의 삶은 더욱 파탄에 빠졌다.

개화파의 고뇌가 잘 기록된 박제형의 《근세조선정감近世朝鮮政監》은 흥선대원군을 이렇게 평가한다.

> 만약 공(흥선대원군)이 아니었더라면 능히 개화를 막아서 완고함을 보존하지 못했을 것이며 후일 개화하고 진보하는 것 또한 바라기 어려울 것이다.

일부에서는 쇄국 정책을 편 흥선대원군을 망국의 주모자라고 말하기도 한다. 물론 일본이 메이지유신을 통해 근대화의 조류를 인정하고 서양의 신문물 도입에 적극 나서 부국강병을 이룬 것과 비교하면 흥선대원군이 가장 중요한 시기에 나라의 빗장을 닫아 건 일은 비판의 소지가 충분하다.

그러나 그렇게 단순하게 볼 수만은 없다. 조선 중기 이후 쇠약해진 조선의 국력이 회복할 수 없을 만큼 나라가 엉망이었기에 개항은 곧 서구 열강의 침탈로 이어질 수 있었기 때문이었다. 조선이 개방의 시기를 놓친 것은 그동안의 세도정치가들과 군주들이 공동으로 책임져야 한다.

또한 흥선대원군에게서 사심을 발견하기 어렵다는 점에서 정책상의 오류는 인정하지만 망국의 주모자라는 평가는 지나치다는 주장도 있다. 실제로 그는 나라가 어려워지자 스스로 생계비를 줄일 정도로 검소했고 왕실의 살림도 내핍을 강조했다. 부패의 고리를 끊었고 환곡과 군역 문제

콜랭 드 플랑시가 본 흥선대원군

주한 프랑스 초대 공사 콜랭 드 플랑시의 이름이 요즘 젊은이들 사이에 널리 알려졌다. 리심이라는 조선 궁궐 무희와 나눈 사랑을 그린 소설(《리심》, 2006)에 등장했기 때문이다. 리심은 이 남자와 결혼하여 모로코까지 동행했고 다시 조선으로 돌아와 죽었다고 한다. 이 화제의 인물 콜랭 드 플랑시는 세계 최초의 인쇄물 《직지심체요절》을 처음 발견한 사람이기도 하다.

쇄국론자로만 알려진 흥선대원군은 사실 현실론자에 가까운 인물이었다.

그런데 콜랭 드 플랑시 공사가 프랑스 외무부 장관에게 보낸 편지에 흥선대원군에 대한 평가가 적혀있어 우리의 관심을 끈다.

그는 이미 실각한 흥선대원군을 방문하고 돌아온 소감을 적어 보냈다. "대원군의 나이가 예순이 넘었고 모든 권한이 없음에도 불구하고 그의 이름만으로 실제 공포를 느끼는 일이 지속되고 있다"고 했다. 그는 흥선대원군에 대한 다양한 소문을 들었는데 특히 공포 정치가로 그를 기억했다. 하지만 막상 만나본 다음 그의 태도는 다소 변했다.

외딴 방에서 흥선대원군을 만났는데, 허리가 꼿꼿하고 눈이 강렬하며 예민한 지혜를 지닌 노인을 만났다고 술회한다. 그리고 흥선대원군이 말하기를 자신이 외국인의 적이라고 들었겠지만, 이제는 잘 깨우쳐서 그들의 친구가 되었다며 방안에도 외국 물건들을 많이 두고 있음을 보여주었다고 기록했다.

그러나 콜랭 드 플랑시는 섭정이 다시 시작된다면 이러한 흥선대원군의 호의적인 태도가 어떻게 변할지 장담하기 어렵다며 정치적 측면에서는 의심을 풀지 않았다. 하지만 종교에 관해서는 태도가 달라졌고 관용적 인물이 되었다고 썼다. 이 편지는 비록 실각한 후의 흥선대원군을 표현한 기록이지만 흥선대원군이 꽉 막혀 쇄국을 펼친 장본인이라는 주장이 근거없음을 보여준다. 흥선대원군은 현실론자에 더 가까운 모습을 취하고 있기 때문이다.

도 개혁했다. 그런 그였기에 일방적 매도는 오히려 역사를 왜곡할 우려가 있다.

그의 집권 시기는 아무런 준비 없이 외세에 의해 강제로 개방당해 근대화로 갈 것인가, 자주적 개방을 꾀할 것인가를 선택해야 하는 격동의 갈림길에 섰던 때였다. 흥선대원군은 처음에 쇄국을 내세웠지만, 임오군란 당시 2차로 집권했을 때는 청군에게 도움을 청했고, 일본의 침략을 막기 위해 러시아·영국·미국과도 접촉을 시도하는 실리주의 성향으로 변화했다는 평가도 있다.

조선 왕조의 마지막 개혁가. 흥선대원군은 기울어가던 나라를 다시 일으켜 세우고자 했던 미완의 개혁가였다고 평가해야 하지 않을까?

10 근대 유학생 1호,
유길준의 꿈과 좌절

조선 최초의 해외 유학생, 유길준.
미국 유학을 마치고 유럽 각국을 순방한
국비 유학생은 귀국 즉시 전격 체포되었다.
7년 유폐 그리고 12년간의 일본 망명,
개화를 꿈꾼 지식인의 파란만장한 삶을 조명한다.

부강하고 싶다면 '개화' 하라!

《서유견문西遊見聞》의 저자 유길준(俞吉濬, 1856~1914). 그가 살았던 19세기 말 조선은 그야말로 격동의 시기였다. 임오군란·갑신정변·갑오개혁·동학농민혁명 등 당대를 뒤흔든 굵직굵직한 역사적 사건과 청과 일본의 팽창 속에서 끊임없이 선택을 강요받던 조선의 운명이 교차하던 바로 그 시대에 유길준은 조선 최초의 해외 유학생이 되었다.

그가 쓴 《서유견문》은 조선인 최초의 서양 견문록이다. 구한말, 조선의 개화를 두고 고뇌했던 유길준은 자신의 긴 해외 여정에서 조선의 희망을 꿈꾸었다. 그는 26세 되던 1881년 봄에 신사유람단紳士遊覽團으로 일본에 건너갔다가 유학 생활을 시작했다. 2년 뒤인 1883년 민영익(閔泳翊, 1860~1914)을 대표로 한 보빙사報聘使의 수행원으로 선발되어 이듬해 11월까지 미국에 머물면서 체득한 갖가지 견문과 지식 그리고 귀국하면서 유럽에서 얻은 경험을 바탕으로 책을 엮었으니 이것이 바로 《서유견문》이다.

266

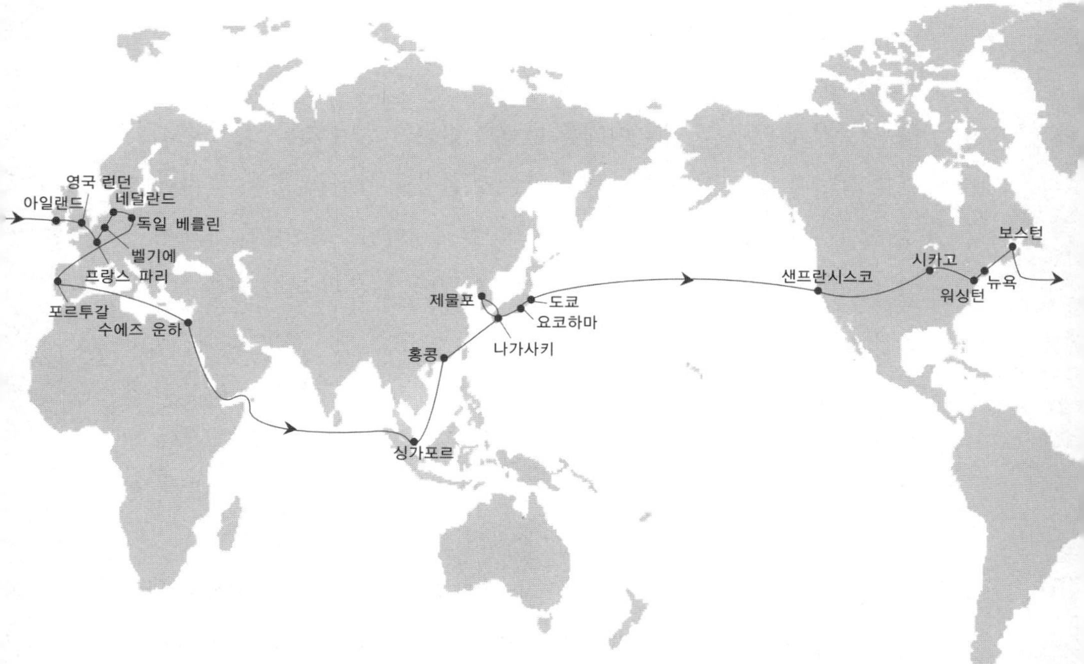

(위) 유길준의 유학과 여행 경로. 유길준은 나가사키·요코하마·도쿄 등 일본, 샌프란시스코·시카고·워싱턴·뉴욕·보스턴·세일럼 등 미국, 대서양건너 아일랜드, 영국 런던, 프랑스 파리, 독일 베를린, 네덜란드, 벨기에, 포르투갈, 수에즈 운하를 지나고 싱가포르, 홍콩 다시 일본을 돌아오는 긴 여정을 마쳤다.
(아래) 미국 유학 시절 과감하게 상투를 자른 유길준.

　근대 유학생 1호 유길준의 행로는 지금 시점에서봐도 정말 긴 여정이었다. 조선을 출발, 일본 유학을 거쳐 미국 유학, 그리고 대서양을 건너 영국과 유럽, 지중해, 인도양, 동남아시아를 둘러 보고 다시 조선으로 돌아왔다. 《서유견문》은 우리나라 최초의 국한문 혼용체 기행기이며 무려 20편에 달하는 구성을 갖추었다. 당시로서는 대작이었는데 일본 고준샤交詢社에서 출간하였다.

　1880년대 초반, 조선은 개화 문제로 고민했다. 이때는 이미 서구 열강과 일본의 영향을 받기 시작하던 때였다. 마침내 고종은 일본이 얼마나 앞섰기에 서구 열강과 어깨를 나란히 하는지 궁금했고 '신사유람단'으로 유명한 일본 시찰단을 꾸려 일본의 실정을 살피게 했다. 그러나 이도 쉬운 일은 아니었다. 척화파의 반대가 극심하자 고심 끝에 고종은 시찰단을 암행어사로 위장시켜 부산으로 보냈다. 일본의 모든 것을 살피고 돌아오라는 특명과 함께.

1881년 신사유람단은 일본으로 가는 배에 무사히 올랐다. 바로 이때 유길준도 수행원의 일원으로 일본에 건너갔다. 신사유람단은 일본에 머물면서 도쿄, 오사카 등 도시와 지방을 시찰했다. 일본의 문교·내무·농상·외무·군부 등 거의 모든 분야에 관해 조사가 이루어졌다.

넉 달 후 신사유람단이 귀국할 때 유길준은 유학을 위해 일본에 남았다. 유길준이 처음 유학했던 곳은 도쿄의 게이오의숙慶應義塾, 일본의 명문 대학인 게이오대의 전신이다. 지금은 150여 명의 한국인 유학생이 게이오대학에서 공부하고 있지만 당시에는 유길준이 최초의 조선인 학생이었다.

유길준은 이곳에서 어학을 전공했다. 게이오대 자료실에는 유길준과 관련된 자료가 남아있는데 유학 당시 찍은 것으로 보이는 사진도 있다. 사진으로 보는 그는 전형적인 스물여섯 살 조선 청년이다.

관련 자료 가운데 유길준의 귀국 이후에도 이 대학과 그의 인연을 말해주는 귀한 기록이 있다. 일본인 스승이 나중에 귀국한 유길준에게 보낸 한 통의 편지가 그것이다. 편지는 고종의 다섯째 아들인 의화군義和君의 일본 유학 문제에 대해 의논하는 내용이다. 일본 측에서 조선 왕실의 문제에 관해서 의논할 상대로 생각한 사람은 최초의 유학생 유길준이었다. 유길준에게 편지를 보낸 스승은 게이오의숙의 설립자인 후쿠자와 유키치福澤諭吉. 지금도 일본 개화기의 대표적인 지식인으로 유학 당시 유길준에게 가장 큰 영향을 끼친 인물이다.

일본 도쿄의 게이오의숙(왼쪽)은 유길준이 처음 유학했던 곳이다. 게이오대 자료실에 남아있는 유길준의 사진(오른쪽).

하급 무사 출신으로 출세에 한계를 느낀 그는 기존 일본 질서를 부정하면서 전통을 버리고 서양 문명을 따라가야 한다고 주장했다. 그러나 인식의 한계도 뚜렷했다. 서양 유학 후 그가 쓴 책 《서양사정西洋事情》은 처음에는 서양의 민권, 자유주의 사상 등에 심취했음을 보여주었지만, 점차 현실론자가 되어 강한 일본을 강조하는 국권론을 펼친다. 이후 후쿠자와의 사상은 제국주의 일본을 이끄는 핵심 논리가 된다.

이미 서양 문물에 심취했던 후쿠자와 유키치의 영향을 받으며 유길준은 개화 사상을 더욱 키워갔다. 일본의 모든 것에 관심을 기울였지만 그의 궁극적인 관심사는 일본이 갑자기 부강해진 원인을 찾는 데 있었다. 그리고 유길준은 그 원인을 개화라고 판단했다. 그러나 유길준은 일본 유학을 갑작스레 중도 하차하고 만다. 본인의 뜻은 아니었다. 1882년 봄, 조선과 미국 간에 조·미조약이 체결되고 여름에는 임오군란이 일어나는 등 조선을 둘러싼 국내·외 정세가 긴박해지자 조선 정부는 일본 유학생 유길준을 불러들였다. 외교·문화 방면의 전문가를 절실히 필요로 했기 때문이다.

하버드 법대를 지망한 준재

미국 동부의 작은 해안 도시 세일럼Salem, 이 도시 인근에 미국 유학생 유길준이 다닌 학교가 있다. 세일럼에서 내륙 쪽으로 약 50여 킬로미터 떨어진 바이필드Byfield의 거버너스 아카데미The Governor's Academy, 미국이 건국되기도 전인 1763년에 개교해서 250여 년의 역사를 지닌 이 학교는 지금도 미국의 명문 학교로 이름이 높은데 유길준은 이곳에서 유학했다.

1884년부터 1885년까지의 이 학교 학적부를 보면 'Seoul, Korea, Yu KilChun(서울, 코리아, 유길준)'이라는 글씨가 선명하다. 도서관 앞에는 2001년에 세운 유길준기념비도 있다. 기념비는 유길준을 사회개혁가, 정치가, 교육가, 저술가라고 소개한다.

유길준이 이 학교로 유학하게 된 사연은 조선과 미국의 외교사와 닿아있다. 1882년 조선과 미국은 조·미조약을 체결하고 상대국에 공사를 설치하기로 합의한다. 그러나 조선은 재정이 부족해 미국에 공사를 설치하는 대신 1883년 보빙사라는 사절단을 보냈다.

유길준은 바로 이 보빙사의 수행원으로 태평양을 건넜다. 당시 조선 보빙사의 미국 방문을 보도한 미국 신문에 삽화가 남아있다. 사절단이 조선의 전통 예법에 따라 미국 대통령을 예방하는 바람에, 큰절을 받은 아서Chester A. Arthur 대통령이 당혹해하는 모습이 그려져있다. 당시 보빙사가 미국 대통령에게 전달한 국서는 한문으로 썼는데 〈뉴욕헤럴드〉가 한글로 번역 보도했다. 미국 신문에 실린 최초의 한글이다.

보빙사는 조선 조정의 실세 민영익을 단장으로 홍영식洪英植, 서광범徐光範 등 개화기의 핵심 인물로 이루어졌다. 단장 민영익은 유길준을 미국에 남아서 유학하도록 한다. 민영익은 유길준을 몹시 아낀 듯하다. 당시 유길준의 유학 소식은 미국 신문에 실릴 정도로 관심의 대상이었다. 유길준이 조선 옷을 벗어버리고 양복을 입은 채 모스Edward S. Morse 교수

1882년 미국을 방문한 보빙사 일행. 보빙사는 개화기의 핵심 인물들로 구성되었다. 단장 민영익(①), 홍영식(②), 서광범(③)과 유길준(④)이다.

의 지도 아래 공부를 하고 있다는 사실을 보도하는가 하면, 뉴욕에서 길을 잃었는데 영어를 사용해서 숙소로 돌아갔다는 사소한 일화까지 소개했다. 이 시기 유길준은 과감하게 상투를 잘랐다. 미국으로 건너올 때까지 틀고 있던 상투였다.

세일럼의 피버디박물관The Peabody Essex Museum에는 한국관이 따로 있는데 유길준의 의복과 일상용품이 전시되고 있다. 유길준이 갓을 보관하던 갓통과 조선에서 가져간 부채가 완벽한 상태로 남아있고 여름철, 의복이 살갗에 닿는 것을 막아주는 일종의 피서용품인 등등거리까지 있다. 한국을 비롯한 아시아에 관심이 많던 모스 박사는 한국관 설립을 원했고 유길준은 자신의 물건을 기증했다. 이 인연으로 모스 박사와 사제 관계를 맺은 유길준을 피버디박물관 측은 지금도 매우 중요한 인물로 여기고 있다.

점진적 사회개혁론자였던 에드워드 모스 박사는 조선 유학생 유길준

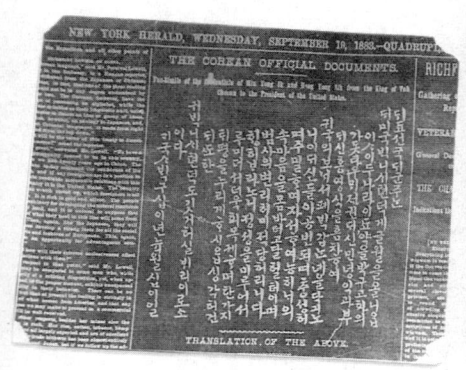
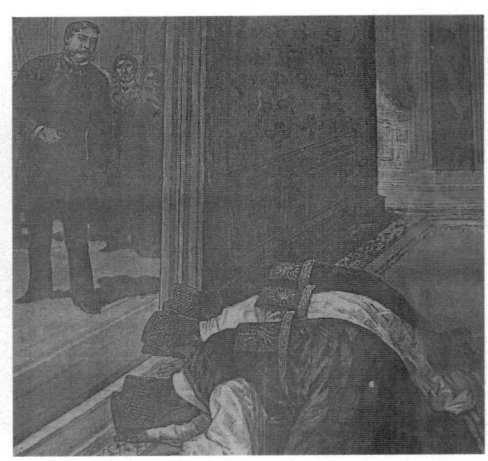

〈뉴욕헤럴드〉는 보빙사가 미국 대통령에게 전달한 국서를 한글로 번역해서 신문에 게재했다(왼쪽). 조선 예법에 따라 미국 대통령에게 큰절을 하는 보빙사 일행(오른쪽).

에게 가장 큰 영향을 준 사람이다. 피버디박물관의 도서기록보관소는 유길준이 스승 모스 박사에게 보낸 편지를 보관하고 있다. 20여 통의 편지에는 미국 유학 시절 유길준의 모습이 생생하게 담겨있다. 모스 박사를 '큰 사람'이라 표현한 데서 유길준이 모스를 대하는 태도를 엿볼 수 있다. 조선 조정의 후원과 모스의 배려를 받으며 유길준은 유학 생활을 잘 헤쳐갔다. 자신보다 열 살이나 어리던 10대 후반의 미국 학생들과 영어·수학·지리·라틴어 등을 공부했다. 새로운 세상과의 만남이었다.

교수님을 즐겁게 해드릴 일이 생겨서 매우 기쁩니다. 어제 오후 시험을 치러 87점을 맞았습니다. 다른 학생보다 16점이나 높은 점수였습니다. 물론 100점에서 13점이나 낮기는 합니다만…….

유길준의 적응력과 학습 능력은 뛰어났다.

미국 동부 세일럼에 있는 거버너스 아카데미. 유길준은 이곳에서 조선의 개화를 꿈꾸면서 하버드 법대에 진학하고자 했으나 갑신정변으로 귀국하고 만다.

> 화산과 지진, 대륙의 생성 과정에 대한 시험을 치러 94점을 맞았습니다. 그리고 20문제가 나온 수학 시험은 100점을 맞았습니다. 맹세하건대, 교수님의 충직한 제자가 될 것입니다.

유길준은 하버드 법대에서 국제법을 공부하고 싶어했다. 꿈이 있어 그의 유학 생활은 활기찼다. 미국 유학 시절, 유길준은 단연 두각을 드러내는 학생이었다. 일설에 의하면 유길준은 독학으로 석 달 만에 간단한 영어 회화를 할 만큼 준재俊才였다.

현재 미국과 유럽, 일본 등에 유학 중인 한국인 학생은 약 20만 명이 넘지만 구한말이었던 1883년에는 외국, 특히 미국까지 가서 유학한다는 것은 정말 상상하기 어려운 일이었다. 더구나 유길준은 노론계 명문가 출신이다. 조선 시대의 양반이라면 당연히 과거를 목표로 한학 공부를 해야 한다. 그런데 유길준은 미국 유학을 감행했다. 과거에 대한 미련을

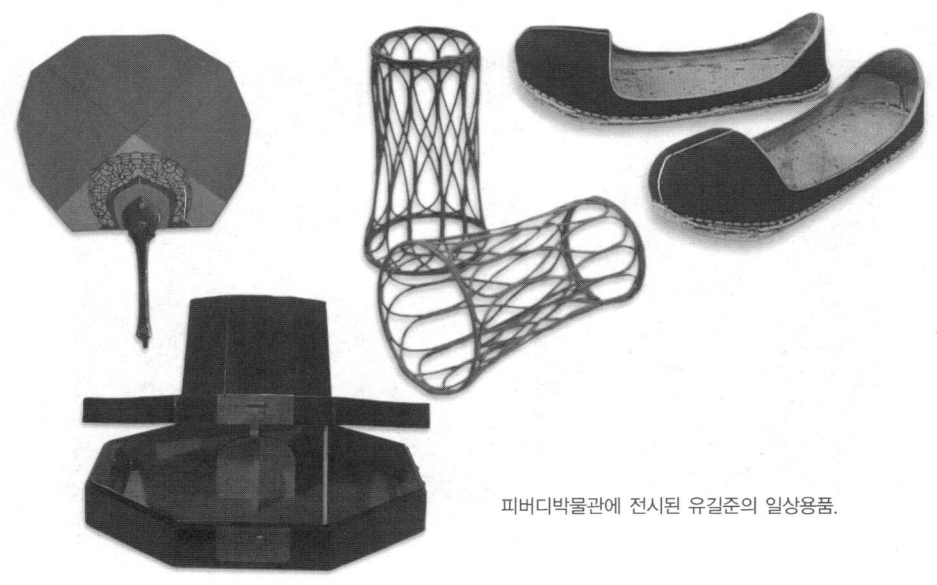

피버디박물관에 전시된 유길준의 일상용품.

버리고 서구 유학의 길을 과감히 선택한 것이다. 유길준이 미국행을 결심한 배경은 무엇일까?

나의 노선은 온건 개혁

서울 종로구 재동의 헌법재판소 뒤뜰, 천연기념물 8호로 지정된 수백 년 된 백송白松이 있는 곳이 바로 박규수(朴珪壽, 1807~1876)의 집터다. 1870년대 후반, 연암 박지원의 손자이자 조선의 개화를 주장하다가 정계에서 은퇴한 박규수의 집은 자연스럽게 젊은 개화파의 사랑방이 되었다. 뒷날 갑신정변甲申政變의 주역이 될 김옥균金玉均, 박영효朴泳孝, 서광범, 홍영식 등이 모여 박지원의 《연암집》과 서양의 신학문을 공부하며 개화 사상을 싹 틔웠다. 유길준 역시 이들과 교류했다.

박규수는 이들에게 《해국도지海國圖志》라는 책을 소개한다. 중국의 위원(魏源, 1794~1857)이 세계의 역사와 지리부터 바다로부터 쳐들어오

는 적을 막는 방법까지 써낸 경세서經世書
였다. 《해국도지》를 비롯한 중국과 서양의
서적이 유길준에게 던진 충격은 컸다.

이후 유길준은 경세經世에 관심을 두고
실학實學과 중국의 양무운동洋務運動에 대
한 서적을 탐독했다. 과거 준비를 위해 읽
던 유교 경전은 뒷전으로 밀려났다. 마침
내 열아홉의 유길준은 과거를 포기한다.
나아가 '과문폐론科文弊論'이라는 글로 과
거 제도를 비판했다.

> 과문은 국가를 병들게 하는 근본이자
> 인민을 학대하는 기구이니 과문이 존재
> 하면 백해가 있을 뿐이며, 과문이 없더
> 라도 하나도 손해가 없다.

유길준이 개화 사상을 지니게 된 것
은 박규수의 역할이 크다. 헌법재판
소 뒤뜰 백송(위)이 있는 자리가 박규
수의 집터다. 유길준은 박규수의 집
에서 《해국지도》(아래) 등에 담긴 세
계지도를 보고 큰 충격을 받았다.

유길준은 일본을 거쳐 미국 유학까지
갔지만 유학 2년 만에 공부를 그만두고 귀국한다. 일본 유학이 중단되었
듯이 본인의 뜻은 아니었다. 유길준이 미국 유학 중이던 1884년, 조선에
서는 갑신정변이 일어난다. 김옥균, 박영효, 서광범 등 이른바 급진 개화
파가 정변을 일으켜 정권을 잡았다. 그러나 이 정변은 청나라의 개입으
로 삼일천하로 끝나고 만다.

1884년 겨울, 미국의 거버너스 아카데미 강의실에서 어려운 문제와
씨름하고 있던 유길준은 동료 학생이 건네준 신문을 보고 큰 충격을 받
았다. 〈뉴욕타임즈〉가 보도한 갑신정변 실패 기사였다.

나는 얼굴빛이 바뀐 채 기숙사로 돌아왔다. 큰 눈이 정원 소나무 위에 쌓이고 음산한 바람이 유리창을 두드려 밤이 다하도록 침상에서 엎치락뒤치락하며 잠을 이루지 못하였다. 고국 생각이 만리 큰 바다를 사이에 두고 오락가락하였다.

유길준의 고민은 깊었다. 오랜 세월 자신의 후원자였던 민영익이 김옥균 등 동료 개화파의 손에 죽을 뻔했다. 동료들의 급진성도 부담이 되었다. 고심 끝에 유길준은 자신의 노선을 온건 개혁파로 정리한다.

갑신정변은 개화파에 대한 부정적인 인식으로 이어졌다. 결국 조선 조정은 귀국을 명령한다. 유길준은 귀국길에 올랐다. 그러나 태평양을 건너는 대신 대서양을 건너 영국과 유럽으로 갔다. 그리고 지중해와 인도양, 동남아시아와 일본을 거쳐 조선으로 돌아왔다. 석 달이 넘는 여정이었다. 이 여정을 바탕으로 후일 《서유견문》이 탄생했다.

고종의 비호와 대작의 탄생

제물포항(인천)에 도착한 유길준은 곧바로 체포되어 구금당한다. 돌아오는 길에 일본으로 망명한 갑신정변의 주역 김옥균을 만난 것이 화근이었다. 그러나 이미 유길준은 김옥균과 노선을 달리하고 있었다. 그가 모스 박사에게 보낸 편지에서 그 사실이 엿보인다.

저는 여러 번 저의 부모님과 친구들에게 혁명당(개화파)이 임금과 나라에 충성을 다할 때는 좋은 벗이지만 역적이 되어 나라에 큰 해를 끼친 이상 이제는 나의 큰 원수라고 써 보냈습니다. 이러한 편지들은 조정의 의심을 해소시키기에 족하였고 임금님과 부모님을 기쁘게 했습니다.

276

유길준의 성격은 극단적이었다?

유길준에 대한 다양한 연구가 나와있지만 그의 성격을 나타내는 자료는 찾아보기 어렵다. 그런데 1926년 일제강점기에 출간된 잡지 《개벽開闢》의 편집부 기자가 쓴 '조선의 위인'이라는 기사 가운데 유길준 특집 기사가 발견되었다. 기자는 유길준의 유년 시절부터 성장 과정과 유학 시절, 관료 시절, 은퇴 후의 상황까지 제법 상세하게 정리했다.

　　이 기사에 따르면 유길준은 어려서부터 남에게 베풀기를 좋아해 명절이면 매번 음식을 친구들에게 나눠주었고 가세가 빈한해졌음에도 외조부에게 받은 거금 50원을 가난한 사람에게 주어 집을 사도록 도왔다. 한성부민회 회장을 역임했고 흥사단도 조직했으며 개혁을 성공시키려는 마음으로 가득 찬 인물로 묘사되었다.

　　그러면서도 유길준의 성격은 극단으로 치달은 면이 있다고 기자는 기록했다. "그는 위하는 자를 극단으로 위하고 미워할 자는 극단으로 미워하였다"고 한다. 입으로는 잘 나타내지 않았지만 뼛속에 새기는 편이었다. 그런 성격 탓인지 유길준은 원하는 일을 할 때도 정면에 나서지 않고 매번 배후에 숨어있으면서 조종했다. 그래서 그를 음험하다고 할 정도였다. 그러나 기자는 유길준의 이런 성격이 일을 성사시키기 위한 것으로 다른 뜻은 없었다고 했다. 기자는 유길준의 모든 관심은 개혁에 있었기에 단발령을 시행한 실책만으로 그를 평가해서는 안 된다고 덧붙였다. 그가 본 유길준은 마지막까지 사회 문명의 진흥과 산업의 개발을 위해 동분서주하는 모습이었다.

유길준을 이끈 세 스승
— 박규수, 후쿠자와 유키치, 모스

앞서 언급했지만 유길준의 눈을 틔어준 스승은 박규수였다. 유길준은 14세 전후에 서울과 청주 등에서 당대 최고 유학자로부터 유교의 사상과 학문 체계를 익혔다. 그러나 열다섯에 만난 첫 스승 박규수의 실학사상은 주자학·성리학

박규수(왼쪽), 후쿠자와 유키치(가운데). 에드워드 모스(오른쪽).

타령으로 꽉 막혀있던 조선의 정치 체제에 대해 심각한 불만을 품게 했다.

두 번째 스승은 후쿠자와 유키치다. 그는 유길준에게 서구의 자유주의 정치 체제와 메이지 치하의 국권론을 가르쳤다. 그는 탈아론脫亞論을 주장, 아시아를 벗어나 세계로 나가려는 일본의 야심을 부채질하고 이론화한 인물이다. 한 자루의 붓으로 오직 일본의 국권신장과 부국강병만을 꾀하며 한 시대를 풍미했던 지식인 후쿠자와에게 유길준은 많은 영향을 받았다. 그러나 유길준은 도가 지나친 일본의 개화 압력과 무력을 앞세운 도발을 보며 친일 정권과 어느 정도 거리를 둔다. 이런 시각은 미국인 스승 모스의 영향이었다.

세 번째 스승 에드워드 모스는 사회진화론자로 유길준에게 영향을 미쳤다. 사회진화론은 사회 제도의 개혁과 관련하여 비관론적 시각을 가진다. 인위적 개혁은 극히 어렵다는 인식 아래 점진적 개혁을 추진해야 한다는 주장이다. 유길준은 이 영향으로 김옥균 등의 급진적 개혁파와는 일정한 거리를 두었기에 목숨을 보전했다.

갑신정변 후 일본 유학생들도 모두 귀국 명령을 받았고 이들은, 유길준의 동생을 포함, 대거 처형당했다. 개화파를 억압하는 배후에는 청나라가 있었다. 당시 한성에는 조선의 개화 열기를 억누르려고 청의 원세개가 군대를 이끌고 주둔했다. 이런 분위기 속에서 유길준은 포도청에 구금되었다. 당시의 심경을 읊은 유길준의 시를 보자.

갑신정변을 주도한 급진 개화파 김옥균.

세월이 덧없어 이해도 저무니 이런 생각 저런 생각 잠 못 이루네.
3년 동안 여러 나라를 헤매던 몸이 멀리서 이제 겨우 돌아왔노라.
나라가 약하매 군주의 근심이 더하고 집이 가난하니 어버이 생각 간절하구나.
매화만이 내 고적함을 알아주는 듯 찬 눈 속에 곱게 피었구나.

조국 조선은 개화와 수구, 체제와 반체제 등으로 혼란을 겪고 있고 주변 강대국들은 성큼성큼 발전했다. 이를 직접 목격하면서 유길준의 고민도 커지고 그럴수록 새로운 조선에 대한 개혁 열망도 커졌다. 그런데 귀국하자마자 체포되어 구금됐으니 그 답답한 심정이 오죽했을까? 그러나 유길준은 포기하지 않았다. 유폐 기간 중 《서유견문》을 집필해 자신의 사상과 조선의 비전을 담아냈다.

서울 가회동에서 삼청동으로 넘어가는 고갯길은 구한말 개화파들과 인연이 깊은 곳이다. 두 달간 포도청에 갇혀있던 유길준은 고갯길에 있던 취운정翠雲亭에 연금된다. 취운정은 포도대장이자 애국지사인 한규설의 별장인데 이곳으로 유길준을 옮긴 데는 고종의 치밀한 계산이 있었다. 고종은 유길준이 해를 입을까 봐 이곳에 두고 보호하려 했다. 고종의 비호와 한규설의 보호 아래 유길준은 취운정에서 독서와 저술에 몰두했다. 연금 아닌 연금이었다.

취운정 연금 시절, 그는 《국권론國權論》, 《세제의稅制議》, 《지제의地制議》, 《중립론中立論》 등을 통해 세금 제도, 토지 제도, 외교 제도 등 근대화 방안을 기술했다. 또한 한규설의 요청으로 청나라와 조선 사이의 외교 문서도 작성했다. 연금 중에도 그는 지식인의 면모를 잃지 않았다.

> 깊은밤 산속에 풍설風雪이 몰아치는데
> 조촐한 서탑書榻에는 책이 한 권 놓여있다.
> 주인은 매화 보며 웃는데 봄빛이 이웃집에 왔네.

연금 기간 유길준은 《서유견문》 집필에 몰두했다. 반듯한 서체의 《서유견문》 초고를 보면, 육필 원고 곳곳에 붉은색으로 수정한 흔적이 있다. 그가 이 책에 얼마나 심혈을 기울였는지 짐작케 한다.

1889년 탈고한 《서유견문》은 모두 20편, 530여 페이지에 달하는 대형 저술이다. 또한 청의 간섭으로 〈한성순보漢城旬報〉가 폐간된 후의 조선 지성의 암흑기를 밝혀주는 책이다. 유길준은 일본·미국을 유학하고 유럽까지 둘러본 자신의 경험을 《서유견문》에 실었다. 당시 세계사의 조류이던 자본주의, 자유주의, 개인주의, 법치주의 등을 소개하면서 자신의 분석도 함께 실었다. 또한 서구의 문화와 풍습도 함께 소개했다. 그러나 《서유견문》의 핵심은 역시 개화다.

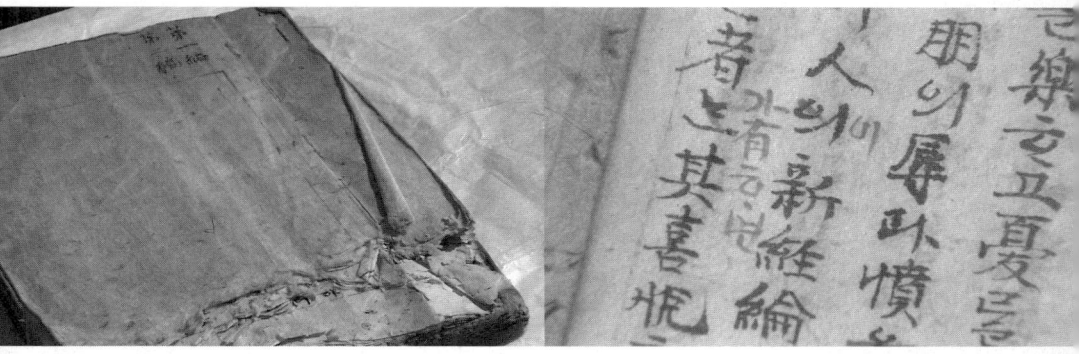

《서유견문》의 육필 원고(왼쪽)를 보면 유길준이 이 책의 저술에 얼마나 공을 기울였는지 알 수 있다. 원고 곳곳에 붉은색(흐린 글씨)으로 수정을 했다(오른쪽).

개화란 사람이 온갖 사물의 가장 선하고 아름다운 경지에 이르는 것을 말한다. 그런 까닭에 개화의 경지란 한정하기 어렵다. 세계 어느 나라를 돌아보든지 개화가 극진한 경지에 이른 나라는 없다. 그러나 대강 등급을 구분해보면 개화한 자, 반_半개화한 자, 미개화한 자 등 세 가지로 나누어볼 수 있다.

그는 동시에 농촌까지 양주洋酒가 등장하던 당시 풍토를 예로 들면서 지나친 개화의 폐해도 지적한다.

입에는 외국 담배를 물고 가슴에는 외국 시계를 차고서 소파나 의자에 걸터앉아서 외국 풍속을 이야기하거나 외국 말을 얼마쯤 지껄이는 자를 어찌 개화인이라고 할 수 있겠는가. 이런 자는 개화의 죄인도 개화의 원수도 아니다. 개화라는 헛바람에 들떠 마음속에 주견主見도 없는 한낱 개화의 병신이다.

《서유견문》의 가치는 국한문 혼용체라는 데도 있다. 유길준은 말과 글을 일치시켜 대중들과 소통을 추구했다. 당시로서는 혁신적인 발상이었다. 《서유견문》은 국어학계에서 볼 때 당시 최초의 문법 교재이면서 최초의 서양 견문록이라는 두 가지 목적을 달성한 희귀한 도서다.

변화의 시작은 머리부터

은인자중隱忍自重하며 자신의 구상을 키워나가던 유길준에게 드디어 기회가 왔다. 1892년 유길준은 마침내 해금된다. 취운정에 갇힌 지 7년 만이었다. 서울을 벗어나지 않는다는 조건부 해금이었다.

그런데 이즈음 조선은 또 한번 격랑에 휩싸인다. 봉건 지배 체제에 대항하여 동학농민혁명이 일어났다. 동학혁명군은 단숨에 전주성을 함락하는 등 기세를 올렸다.

동학군의 기세에 놀란 조선 조정은 청나라 군대에게 개입을 요청한다. 청군이 진주하자 일본군 역시 조선에 상륙한다. 청·일 양국이 조선 땅에서 대치하는 상황이었다. 이때 조선 상황에 대한 유길준의 입장을 주한 일본공사관 기록에서 볼 수 있다. 당시 일본은 조선 지식인의 움직임을 유심히 관찰하고 분류했다.

김가진金嘉鎭 씨를 방문했는데 마침 유길준이 거기에서 무엇인가 말을 건네고 있기에 나는 먼저 인사를 청한 뒤 청병들이 들어온 사건에 대해 물어보았다. 그랬더니 청병을 끌어들이는 것은 안 된다고 하면서 매우 비판적이었다. "전라 지방민의 폭발이 이 지경에 이른 것은 지방관들의 탐학(貪虐, 탐욕이 많고 포학함) 때문인데, 애당초 그 지방관들을 잘못 선택한 책임은 민씨 일가에 있다. 소위 매관매직賣官賣職이 원인이다."

유길준은 농촌까지 양주병이 등장하던 풍토를 비판하면서 개화의 폐해를 지적한다.

유길준의 이런 발언으로 일본은 유길준이 자신들에게 우호적이라고 판단했다. 그리고 이 시기, 유길준의 노선을 결정하는 결정적 사건이 발생한다. 청·일 양국 간에 긴장이 고조되자 조선 정부는 양국 군대의 철수를 요청하였다. 청은 이를 수용했으나 일본은 거절하고, 내정간섭을 시도한다. 1894년 7월 무장한 일본군이 경복궁을 불법으로 점령, 고종을 구금한 다음 흥선대원군을 내세워 친일 정권을 수립했다. 경복궁 습격 직전, 관료로 발탁되었던 유길준은 일본에 우호적인 인물로 분류되어 승승장구한다.

각종 요직을 거쳐 1년 만에 내무부 장관격인 내부대신이 되었다. 일본군의 경복궁 습격 이후 설치된 군국기무처軍國機務處는 군사·정치 등 모든 업무를 관장하면서 갑오개혁甲午改革을 추진했다. 갑오개혁 안에는 동학혁명군의 요구도 많이 반영되었다. 유길준은 갑오개혁의 주역으로 활약했다. 그의 나이 서른여덟, 최초의 국비 유학생으로 오랫동안 새로운 조선을 구상해온 젊은 개화파 유길준의 지식과 식견이 격동기 조선의 현실에 활용되는 순간이었다.

1894년 10월, 유길준은 다시 일본으로 건너간다. 차관을 들여오기 위해서였다. 그리고 일본에서 마침내 《서유견문》을 출간한다. 초고가 탈고된 지 5년 만이었다. 유길준은 자비를 들여 1000권을 인쇄해서 조선의 관료들에게 무상 기증했다. 아직도 보수적인 관료들에게 자신의 식견을 알리고 향후 정책에 적용시키기 위함이었다. 《서유견문》은 신지식에 목말라던 조선 지식인에게 필독서가 되었다.

1894년 7월, 서해 풍도해전으로 시작된 청일전쟁은 8개월 만인 1895년 3월, 일본의 승리로 끝이 난다. 일본의 승리는 급격한 정세 변화를 가져왔다. 일본은 태도를 바꿔 유길준 등이 펼치던 갑오개혁을 간섭하기 시작한다. 이에 많은 관료들이 친일로 기울었고 유길준이 추진하던 자주 개혁은 차질을 빚기 시작했다.

1895년, 일본은 명성황후 시해 사건(을미사변乙未事變)을 일으켰다. 명성황후는 조선을 식민지로 삼으려는 일본의 저의를 꿰뚫어보고 친러파와 의병들을 규합하여 친일 정권을 와해시키려 했다. 이에 일본은 자객을 동원하여 경복궁을 습격, 명성황후를 시해했다. 이 사건은 조선 유생과 백성들 사이에 극심한 반일 운동을 불러 일으켰고 유길준 등의 친일 정권에도 큰 부담이 되었다.

가장 크게 문제가 된 것은 유길준이 주도한 단발령이었다. 단발령은 반일 감정과 맞물려 의병 봉기 등 대규모 저항을 불러일으켰다. 이미 12

유길준의 대한제국 훈장과 호패.

유길준은 38세에 대한제국 내부대신(왼쪽)이 된다. 오랜 유학 시기에 구상한 개혁을 실현할 수 있는 길이 열린 것이다.
주한 일본공사관의 기록(오른쪽). 동학혁명으로 인해 청군이 개입하자 일본은 유길준 등 조선 지식인의 움직임을 관찰하고 분류했다. 유길준은 청보다는 일본 측에 기울어 있었다.

년 전 미국 유학 시절 상투를 자른 유길준에게 단발은 개화의 상징이었다. 내부대신 유길준은 관리들에게 강제로 백성들의 머리를 자르도록 지시했다.

유길준은 왜 그토록 반발이 심한 단발령을 강제로 집행했을까? 당시 유길준은 이 문제를 어떻게 보고 있었을까? 유길준의 생각을 들어보자.

나 유길준은 단발령이 지나치게 힘과 권위만을 앞세운 개혁이 아니었냐는 질문에 대해 답답한 심경을 털어놓지 않을 수 없소. 나는 위로부터 아래까지 주자와 성리학에 매달려 도끼자루 썩는 줄 모르는 소위 사대부들의 정신을 차리게 만들고 싶었소. 상투는 그들에게는 생명과 같은 것이오. 나는 급진파는 아니지만 이 상징성을 꺾지 않고는 조선에 희망이 없다고 생각했소.

물론 전국적으로 시위까지 벌이면서 반대하는 것을 강제로 밀어붙인 점은 좀 지나쳐 보일 수도 있지만 형식에서 실리로, 쇄국에서 개화

일본의 경복궁 습격 사건 이후 설치된 군국기무처는 갑오개혁을 추진했다.

로 가는 가장 큰 변화의 시작은 생각의 틀이 바뀌는 것이라오. 생각이 바뀌려면 옷과 머리부터 바뀌어야 했소. 갓 쓰고 도포 입고 상투 틀고 앉아서 뜀박질하는 양인洋人들을 어떻게 상대하겠소? 일본이 강해진 이유를 보고도 모르겠소?

나를 반대하고 욕하는 인물 중에는 지도층만 상투를 자르게 하면 될 일이지 일반 백성까지 단발을 시킨 것은 너무 하다고 하는데 그건 조선의 실정을 정확히 보지 못한 소치所致요. 우매한 백성을 강제로라도 고쳐놓아야 개혁이 성공하는 것이오. 지금 서구 제국주의 열강들은 겉으로는 개인의 자유를 인정하는 듯하지만 속으로는 국익을 우선시하오. 나는 이 단발령이 성공하지 못하면 개혁도 좌초한다고 믿고 있소. 그만큼 우리 사회는 경직되고 개혁에 저항하는 보수 폐쇄주의자들이 많아서 정말 걱정이오.

이국 땅에서 또 다시 유배

유길준의 걱정대로 조선은 변화에 능동적이지 못했다. 고종은 급진적인 친일 정권과 맥을 같이하는 유길준을 버리고 러시아인에게 희망을 걸었다.

마침내 친일 정권에 대한 반격이 시작되었다. 고종이 러시아 공관으로 옮겨간 아관파천俄館播遷이 일어난다. 러시아 공관으로 옮긴 고종은 즉시 유길준, 김홍집金弘集, 정병하鄭秉夏, 조희연趙羲淵, 장박張博 등을 5대 역적으로 규정하고 포살(捕殺, 잡아죽임) 명령을 내렸다.

'급전직하急轉直下'라는 말이 너무나도 잘 어울리는 상황이었다. 김홍집, 정병하 등은 군중의 돌에 맞아 죽었고 유길준은 조희연 등과 함께 일본으로

유길준이 강제로 집행한 단발령은 백성들에게 많은 반발을 일으켰다.

망명했다. 이로써 갑오개혁은 막을 내린다. 일본으로 탈출한 유길준은 그곳에서 친러 정권에 대한 쿠데타를 모의하다가 적발된다. 외교적 부담을 느낀 일본 정부는 유길준을 유배 보낸다.

유배길은 멀었다. 도쿄에서 남동쪽으로 270여 킬로미터 떨어진 하치죠지마八丈島, 지금은 일본인들의 관광 명소로 남해의 낙원이라 불린다. 섬 전체가 아열대성 식물로 뒤덮인 아름다운 곳으로 지금은 일본 고유의 전통을 살려 말끔하게 가꾸어졌지만 예전에는 일본의 수많은 정치범이 최후를 맞은 유배지였다.

하치죠지마에는 유길준의 흔적이 아직도 남아있다. 섬의 숲속에 높다랗게 서있는 비석은 유길준이 도착하기 1년 전, 인근 섬에서 화산 폭발로 사망한 120여 명을 위로하는 초혼비다.

유길준은 죽은 넋을 기리고 유족을 위로하는 명문장을 초혼비에 남겼

일본 당국은 예로부터 정치범들을 귀양 보내던 하치죠지마(왼쪽)에 유길준을 유배시키고 조선 정부에 대한 압박에서 벗어나고자 했다.
아관파천의 현장, 구 러시아 공관(오른쪽). 고종은 이곳에서 유길준 등 갑오개혁 세력을 역적으로 규정하고 곧이어 대한제국 수립을 선포한다.

다. 그리고 이름 앞에 자신의 정체성을 알리는 '한韓' 자를 새겨두었다.

하치죠지마의 민속박물관에는 유길준의 친필 시도 걸려있다. 힘든 상황이지만 오히려 마음은 맑다는 시는 유길준이 머물던 집 주인에게 선물한 것이다.

> 거친 삼베옷을 벗어 오른쪽 어깨에 늘어뜨리고
> 헤어진 갓을 비스듬히 쓰고 이제 멀리 여행을 떠나지만
> 내 마음은 거울처럼 맑구나.

그의 나이 마흔일곱, 유길준의 유배는 외롭고 쓸쓸했다. 사라진 개화의 꿈, 물거품이 된 새로운 조선의 꿈이 그를 더욱 외롭게 했다.

유길준은 1907년, 망명 12년 만에야 고국에 돌아왔다. 순종은 유길준에게 고위 관직을 제의했지만, 유길준은 정치 무대에 나가지 않았다. 그리고 평소 자신의 신념에 따라 교육과 계몽 활동에 전념하다가 한일병합(1910년)이 강행된 지 4년 만에 54세의 나이로 세상을 떠났다.

유길준 사후 120년 만에 그가 유학했던 미국 거버너스 아카데미 졸업장이 그의 증손자에게 전달되었다. 120년 만의 이 졸업장은 유길준의 파

〈해유가〉와 〈셔유견문록〉

유길준의 《서유견문》은 최초의 서양 견문록이자 국한문 혼용체 실용서이다. 그런데 《서유견문》과 체제나 내용이 일견 비슷하면서 전혀 다른 구도로 쓰인 서양 견문에 대한 작품이 있어 눈길을 끈다.

최초의 장편 미국 기행가사인 〈해유가海遊歌〉의 저자 김한홍金漢弘은 1877년 경상북도 영덕군 강구면 원직리에서 태어나서 1894년 향시鄕試에서 장원을 하였으나 26세 되던 1903년 국운이 기울자 고향을 떠나 전국을 유람한다. 우연히 진주에서 하와이 사탕수수밭 노동자 모집 광고를 보고 그 길로 상경, 인천에서 배를 타고 하와이로 향했다. 하와이에서 농장 노동자로 잠시 일하다가 김한홍은 대한제국 영사관 서기로 발탁되어 일했다. 하급 외교관이 된 셈이다. 그러나 1905년 을사늑약으로 일본에 외교권을 빼앗기자 샌프란시스코로 건너가 장사를 하면서 3년간 미국의 문물을 섭렵하고 1908년 귀국하고는 향리에서 칩거했다.

김한홍은 희귀한 젊은 날의 경험을 토대로 471행에 이르는 서사시 형태의 기행가사 〈해유가〉를 썼다. 〈해유가〉는 4·3조 또는 4·4조 형식이며 국한문 혼용체로 쓰였다. 국가의 패망을 본 선비의 울분, 근대로 접어드는 일본과 선진 미국의 문물과 제도를 접하는 경이로움 등을 작품에 표현했다.

〈셔유견문록西遊見聞錄〉은 1902년 완성한 우리나라 최초의 한글 세계 견문록이자 기행가사다. 총 422행으로 매행 4·4조 형식으로 구성된 장편 가사인 이 작품의 무대는 일본, 중국, 싱가포르, 미국, 캐나다, 이탈리아, 콜롬보, 영국 등 유길준의 행로와 비슷하다.

작자 이종응李鐘應은 1902년 영국 에드워드 7세의 대관식에 가는 관리의 수행원이었다. 이종응은 주로 영국을 소개하고 있고 그 체험담을 작품에 담았다. 이 작품은 당시 국한문 혼용체 일색이던 시대에 순 한글로 외국의 사정을 담아냈다는 점에서 언어학적 가치가 높다.

말년의 유길준(위). 청운의 꿈은 사라졌지만 애국지사의 기상이 꼿꼿한 자세에서 배나오는 듯하다.
유길준 사후 120년 만에 거버너스 아카데미는 그에게 명예 졸업장(아래)을 발급했다.

란만장한 삶을 다시 한번 상기시킨다. 자신의 뜻과는 달리 국내·외 정세에 휘둘려 유학을 포기해야 했던 근대 유학생 1호 유길준.

　그의 삶은 서구 열강이 앞 다투어 밀려오던 19세기 말, 조선 지식인들의 고뇌와 아픔을 보여주는 상징이다. 그러나 세태의 불확실성 앞에서도 굴하지 않고 개혁을 줄기차게 추진한 유길준이야말로 시대의 선구자였다.

11 백년 만의 귀향,
북관대첩비와 《조선왕조실록》

일본 군국주의의 상징 야스쿠니 신사에서
100년 만에 우리의 품으로 돌아온 북관대첩비,
일본 도쿄대학에서 93년 만에 반환되어
완전한 모습을 찾은 《조선왕조실록》.
우리의 뼈아픈 문화재 수난사를 돌아본다.

100년 만의 귀환, 북관대첩비

2005년 10월 13일. 일본 야스쿠니靖國 신사에서 한국의 국립문화재연구소 연구원들이 지휘하는 특별한 공사가 진행되었다. 야스쿠니 신사 뒤뜰 구석에 방치되어온 북관대첩비北關大捷碑를 해체해 한국으로 데려가기 위한 공사였다. 북관은 함경도를 뜻하는 옛말로, 북관에서 일어난 전투의 대승을 기념하려고 만든 북관대첩비는 불행하게도 최근까지 일본에 있었다.

북관대첩비의 크기는 높이 187센티미터, 폭 66센티미터, 두께 13센티미터에 달한다. 북관대첩비를 환수하기 위한 해체 작업이 시작되었지만 억울하게 보낸 긴 세월의 무게 때문일까, 비석을 누르고 있는 머릿돌은 좀처럼 떨어지지 않았다. 반나절을 매달려 정과 망치, 드릴 등 온갖 기구로 애를 쓴 후에야 머릿돌이 조금씩 움직이기 시작해 드디어 비석이 1톤 무게의 머릿돌에서 해방되었다. 머릿돌을 떼어낸 후에는 하단의 콘크리트를 제거하는 작업이 시작되었다. 콘크리트 더미에 비석 몸체가 단단히

박혀있었기 때문에 이 작업 또한 정교한 손길이 필요했다. 해체 공사를 무사히 마치고 비석의 귀환을 천지신명에게 알리는 고유제告由祭가 열렸다. 한국에서 온 제관들이 야스쿠니 신사 경내에서 제사를 주관한 보기 드문 행사였다. 제관들은 조상에게 책임을 다하지 못한 것에 대해 용서를 구하고, 북관대첩비의 무사귀환을 빌었다.

임진왜란 때 함경도 지역에서 일어난 의병이 왜군과 싸워 큰 승리를 거두었다. 그 함경도 의병들의 승리를 기록한 비가 바로 북관대첩비다. 북관대첩비는 숙종 35년(1709년) 함경북도 길주에 세워진 비석으로 약 1500자의 비문이 새겨져있다.

비문 도입 부분은 함경도에서 난을 일으킨 국경인鞠景仁을 처단한 사실을 기록하고 이어서 함경도 지역에 침입한 가토 기요마사가 이끄는 왜병 2만 2000명을 정문부(鄭文孚, 1565~1624) 의병장이 무찌른 이후 왜군이 다시는 함경도 지역을 넘보지 못하였다는 내용이 들어 있다.

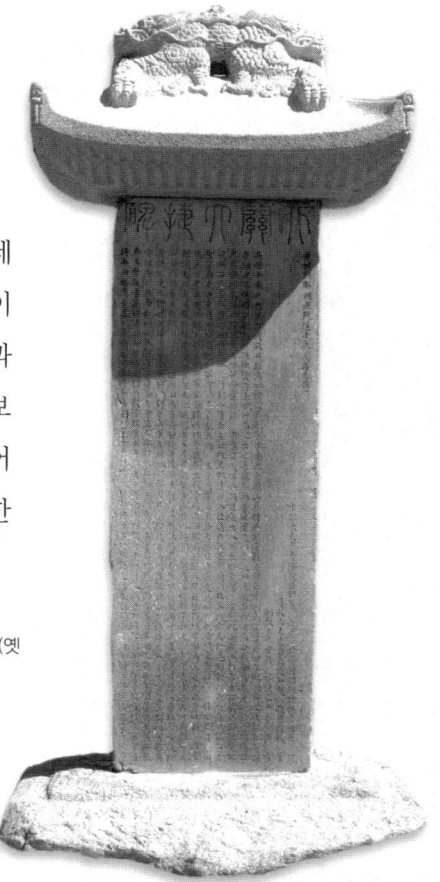

1592년 부산에 상륙한 왜군은 파죽지세로 북상해, 20일 만에 한양을 점령한다. 이에 선조는 병사들을 모으기 위해 임해군과 순화군, 두 왕자를 함경도와 강원도로 보낸다. 그러나 왜군은 상륙 두 달도 안 되어 개성과 평양마저 빼앗고 함경도로 진격한

100년 만에 고국으로 돌아와 제자리인 함경북도 김책시(옛 이름 길주)에 복원된 북관대첩비.

다. 이때 함경도에서 선조와 조정 신료들이 상상조차 못한 놀라운 사건이 벌어졌다.

1592년 7월 1일자 《선조수정실록》은 "왜장 가토 기요마사가 북쪽으로 침입하니 회령 사람들이 반란을 일으켜 두 왕자와 여러 재신을 붙잡고 적을 맞아 항복하였다. 이로써 함경남·북도가 모두 적에게 함락되었다"고 기록하고 있다.

뒷날 임진왜란의 이완용李完用이라는 평가를 받는 국경인은 회령 지역의 아전衙前이었는데, 군량과 의병을 모으기 위해 회령에 온 임해군과 순화군을 붙잡아 왜군에게 바쳤다. 가토 기요마사는 두 왕자를 바친 공로로 국경인에게 벼슬을 내려 회령을 지키도록 하고 국경인의 숙부에게는 예백 벼슬을 주었다. 이들 매국노의 행패가 왜군 못지않았다고 한다.

가토 기요마사는 지금도 일본에서 전쟁의 신으로 추앙받는 인물이다. 도요토미 히데요시의 절대적 신임을 받아, 2만 2000여 명의 일본 최강 군대를 이끌고 조선으로 출격했다. 최신 조총으로 무장한 가토 기요마사 부대는 부산에 상륙하고 한성을 지나 함경도까지 불패를 자랑하며 진격한 무적 부대였다. 불과 두 달 만에 한반도의 대부분을 점령한 그들의 막강한 위력은 누구도 당해내지 못할 듯했다. 하지만 함경도에서 의병이 일어나면서 전세는 뒤바뀐다.

함경도 의병의 빛나는 승리

고려대학교 박물관에는 18세기 초반에 제작했다고 추측되는 귀중한 그림이 있다. 바로 《북관유적도첩》이다. 함경도에서 무공을 세운 여덟 명의 행적을 그림과 글로 소개한 도첩으로, 가장 마지막 부분에 〈창의토왜도倡義討倭圖〉가 있다. 가토 기요마사의 군대와 싸웠던 함경도 의병들의

《북관유적도첩》 중 〈창의토왜도〉. 그림에서 왜군을 쫓는 의병들 위쪽 성 누각에 앉아있는 사람이 의병
장 정문부다. 그리고 왼쪽으로 임해군과 순화군 두 왕자들을 왜군에게 넘긴 국경인과 반역 무리를 참
수하는 모습도 담겨있다.

활약을 생생하게 묘사한 그림이다.

함경도에서 벌어진 일련의 전투에서 승리한 것을 북관대첩이라고 부
르는데, 임진왜란 최대의 육상전으로 꼽히는 눈부신 승리였다. 처음에
100명으로 시작한 이름 없는 의병들이 2만 2000명의 잘 훈련된 왜군을
물리친 이유가 북관대첩비에 자세히 나와있다.

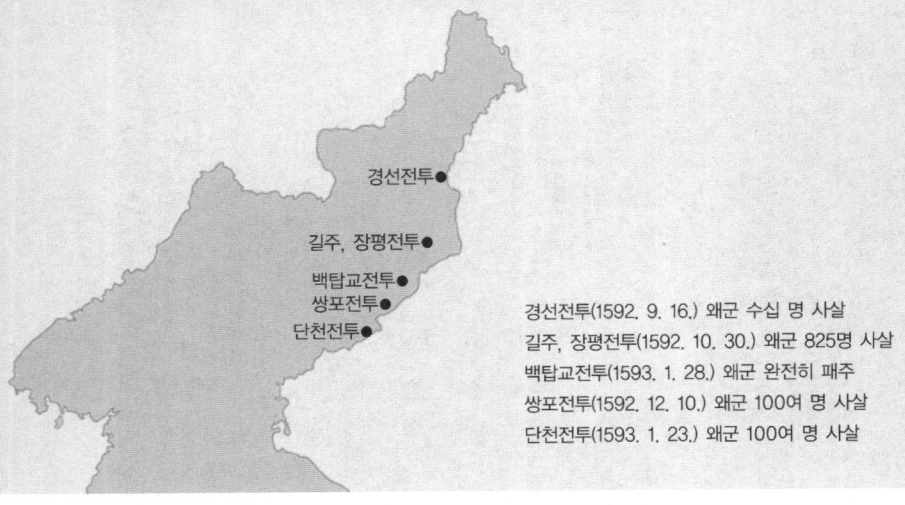

경선전투(1592. 9. 16.) 왜군 수십 명 사살
길주, 장평전투(1592. 10. 30.) 왜군 825명 사살
백탑교전투(1593. 1. 28.) 왜군 완전히 패주
쌍포전투(1592. 12. 10.) 왜군 100여 명 사살
단천전투(1593. 1. 23.) 왜군 100여 명 사살

정문부 부대의 함경도 전투. 3000명도 안 되는 함경도 의병들이 2만 2000여 명의 가토 기요마사 군단을 물리쳤다.

첫째는 능력 위주의 계급 체계다. 경성鏡城의 이붕수는 의기가 넘치는 선비였다. 전쟁 발발 소식을 듣고 최배천, 지달원, 강문우 등과 의병을 일으켰는데 여러 사람의 지위가 비슷하여 장수 삼을 이가 마땅치 않았다. 이에 백의종군으로 들어온 정문부를 추대하여 주장主將으로 삼고 종성부사 정현룡과 경원부사 오응태 등을 차장次將으로 삼아 피로써 맹세하고 100여 명을 얻었다.

이처럼 함경도 의병대는 직급이 낮아도 상관을 지휘하는 독특한 조직을 갖고 있었다. 정문부는 낮은 서열이었지만 능력이 뛰어났기에 사령관이 될 수 있었다. 애국심으로 철저히 무장한 의병과 능력 위주로 편성된 지도부였기에 일본의 정예군도 무너뜨릴 수 있었다.

둘째는 기동력이다. 의병들은 함경도 곳곳에서 왜군과 혈전을 치렀는데 병력 규모 면에서 열세다 보니 정규전보다 기습 전술과 결사대를 앞세워 적의 대열을 무너뜨리는 전법을 주로 썼다. 경성鏡城전투는 정문부가 의병장으로 추대된 후 처음 치른 전투다. 임진년 9월 16일, 의병 결사대 20여 기가 경성을 불시에 기습해 왜군을 괴멸하고 승리를 거두었다. 경성을 수복한 정문부는 왕자들을 왜군에게 넘긴 반역자 무리를 처단한다. 이 승리로 의병을 지원하는 인원이 크게 늘었다.

이후 길주, 장평전투(1592년 10월 30일)에서는 왜군 825명을 베는 대승을 거둔다. 또 쌍포전투(1592년 12월 10일)에서 왜군 100여 명을, 단천에서도 100여 명을 사살한다. 백탑교전투(1593년 1월 28일)에서 왜군은 완전히 패주한다.

셋째는 기상과 지형을 이용한 전술이다.《선조수정실록》에 기상을 이용한 전술이 어떠했는지 추측케 하는 기록이 있다.

> 눈이 내리고 추위가 심하여 적병이 모두 얼어 쓰러져 싸우지 못하였다. 해가 뜰 무렵에 수색하고 공격하여 600명의 목을 베었다. 사면으로 포위하고 그들의 땔감 공급로를 끊었다.
> —《선조수정실록》 26권, 선조 25년 10월 30일.

겨울로 접어들면서 의병들은 함경도의 추운 날씨와 험난한 지형을 이용했고, 치고 빠지는 기동 전술을 발휘했다. 결국 왜병의 최강 군단은 의병에게 상대가 되지 못하고 무너져갔다. 가토 기요마사는 더 이상 버티지 못하고 함경도에서 물러났고, 이후 왜군은 다시는 함경도에 나타나지 못했다.

가토 기요마사의 패배는 도요토미 히데요시를 비롯한 왜군 지도부에게 조선 통치가 힘들 것임을 강하게 인식시켰다. 그런 점에서 북관대첩은 왜군에게 대단한 타격을 준 싸움이었고 행주대첩, 한산도대첩에 필적하는 큰 승리였다.

정문부와 북관대첩비의 원통함

정문부는 문무를 겸비한 선비였다. 1565년 한양에서 태어난 그는 21세에 생원과 진사 시험에 모두 합격하고 성균관에서 학문을 닦았으며 24세에 문과에 급제했다. 그 후 내직을 두루 역임, 문관으로서 능력을 인정받았다. 정문부의 문집에는 여덟 살 때 지은 시도 있다.

그 누가 곤산의 옥을 쪼아다 직녀의 빗을 만들었던가,
견우와 이별한 뒤로, 시름 겨워 푸른 하늘에 던져버렸네.

무술에도 능했던 그는 27세에 함경북도 병마평사(兵馬評事, 병마절도사의 보좌관)에 자원했고 이듬해 임진왜란이 발발하자 곧바로 의병에 합류해 의병장으로 뛰어난 활약을 펼쳤다. 임진왜란이 끝난 후 정문부는 남원부사, 길주목사 등 목민관牧民官의 직책을 수행했으나 살아생전 공적을 인정받기는커녕 오히려 모함을 받아 억울한 죽음을 당했다.

정문부가 세운 모든 전공을 관찰사 윤탁연尹卓然이 사실과 반대로 조정에 보고하였고, 정문부의 부하가 수급(首級, 적군의 머리)을 가지고 마천령 이남을 지나면 모두 빼앗아 자기 군사에게 주었다. 이렇게 공적을 뺏긴 일은 비극의 서막에 불과했다.

인조 2년(1624년), 정문부는 이괄의 난에 연루되어 광해군을 복위하려 했다는 혐의로 모진 고초를 겪었다. 그해 10월에 그가 쓴 시를 왕통을 부정하고 있는 증거라며 역적으로 엮어넣은 것이다. 정문부는 사기그릇 조각 위에 무릎을 꿇려서 형벌을 가하는 가혹한 압슬형壓膝刑을 당하며 역모죄를 자백하라는 강요를 받았다. 북관대첩을 이끈 영웅이 역적이 되었다. 정문부는 여섯 번에 걸쳐 고문을 받지만 끝까지 승복하지 않다가 가혹한 형벌을 견디지 못하고 1624년 11월, 60세의 나이로 사망했다.

임진왜란 승리의 주역이 무능한 조정 신료들에게 가차 없이 짓밟힌 통한의 사건이었다. 정문부의 누명은 40년이 지난 후에야 풀린다. 현종은 그의 공적을 인정하고 좌찬성左贊成에 추증했다. 그리고 1709년 함경도민들은 길주에 북관대첩비를 세운다. 임진왜란이 끝나고 100년이 흐른 뒤였다.

억울한 죽음을 당한 정문부의 명예는 이렇듯 사후에 회복되었지만 200년 후 그의 이름이 또 한번 훼손된다. 정문부의 공적이 기록된 북관대첩비가 일본으로 끌려가고 만 것이다.

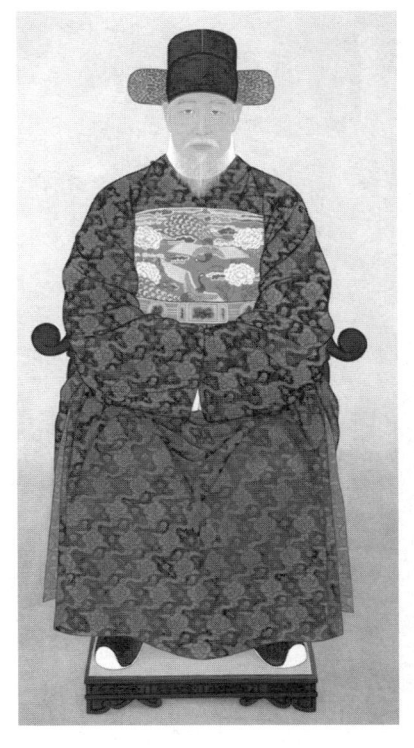

충의공 정문부.

나 정문부의 혼은 북관대첩비와 함께 100년 전에 정든 함경도 땅을 떠나 일본으로 왔다. 고향 땅에서는 내가 왜인들에 의해 강제로 옮겨지는 것을 아무도 막지 못했다. 임금도 없고 지킬 군사도 없는 망국의 시절이었으니까 이해는 한다. 하지만 나와 함께한, 나를 따라 목숨을 바친 숱한 무명용사들의 혼은 이 일을 결코 이해하지 못할 게다. 후손들을 원망하고 탓할 것이 분명하다.

왜인들은 자신들이 처참하게 패배한 북관대첩의 기억을 지워버리고 싶었을 터이다. 나는 조선의 선비이며 임금과 나라에 충성을 다했다. 그 때문에 나는 천릿길을 끌려왔다. 함경도에서 부산으로, 부산에서 일본으로, 그리고 야스쿠니 신사까지. 아무도 찾아오지 않고 누구도 관심을 가져주지 않은 채 신사의 습하고 어두운 뒷마당 비둘기 사육장 구석에서 1톤이나 되는 머릿돌을 이고 눈비를 맞아가며 100년 세월을 기다리고 또 기다렸다.

내가 정말 고마워해야 할 사람은 조소앙과 최서면이다. 그들이 머나먼 이국 땅에서 나를 찾아내주지 않았다면 나는 천년이고 만년이고 여기서 지내야 했을지도 모른다.

그러나 하늘은 무심치 않아 이제 북관대첩비와 함께 고향으로 돌아가게 되었다. 아무도 이 기분은 이해하지 못할 게다. 북관대첩비의 반환은 땅에 떨어진 내 명예와 내 후손들의 명예 그리고 무명 의병들의 명예가 회복되는 일이다. 고문과 형벌로도 꺾지 못한 내 의기를, 후손들이여, 부디 잊지 말기를.

일본은 패전의 역사가 새겨진 북관대첩비를 가져가서 2차 세계대전 일급 전범의 위패가 합사된 야스쿠니 신사에 보관했다. 왜 하필이면 야스쿠니 신사에 보관했을까?

일본 아시아 역사자료센터에서 북관대첩비에 대한 문서를 볼 수 있다. 문서에 기록된 북관대첩비 이송 사연은 놀라웠다. "비를 세운 후손을 설득하여 승낙을 받아 가지고 왔다." 일본 군대가 현지 주민들의 승낙을 받아서 이송했다는 것이다. 하지만 사실은 일본 군대가 총칼을 들이대고 빼앗은 강탈이었다.

1904년에 발발한 러일전쟁 때, 러시아와 일본 양국 군대는 한반도와 만주의 분할권을 놓고 두만강을 사이에 두고 대치했는데, 당시 함경북도에 주둔한 일본군 제2사단의 미요시 중장이 길주에서 북관대첩비를 발견하고 전리품으로 가져갔다. 일본으로서는 자존심도 회복하고 조선의 민족정기도 말살하는 효과도 노린 일이었다.

일본 군국주의의 상징인 야스쿠니 신사(왼쪽). 북관대첩비의 귀환을 알리는 고유제(오른쪽)가 일본 야스쿠니 신사 내에서 한국 제관에 의해 진행되었다.

　함경북도 길주를 떠난 북관대첩비는 대한해협을 건너 히로시마에 도착한 후 도쿄로 이송된다. 도쿄에 도착하자마자 북관대첩비는 일본 왕궁으로 보내졌다. 북관대첩비뿐 아니라 귀중한 전리품들은 일단 왕궁으로 운반했다. 전리품의 주인이 일왕이었기 때문이다.

　전리품의 체계적인 관리를 위해 일본은 전리품 정리 규정을 만들었다. 이 규정에 따라 모든 전리품을 정리하고 분배했는데 북관대첩비가 일본에 도착했을 때 이 비석을 가져가겠다고 나선 사찰이 있었다. 규슈 구마모토熊本에 있는 혼묘지本妙寺였다. 400년 전 함경도에서 정문부에게 패배한 가토 기요마사가 세운 사찰이다. 기요마사를 모시는 절이니 북관대첩비를 가져오면 패전의 기록이 사라진다고 여긴 것일까? 하지만 북관대첩비는 개인 사찰인 혼묘지가 아니라 일본 왕의 신사인 야스쿠니 신사로 옮겨졌다. 북관대첩비를 일본의 호국 영웅을 추모하고 천황제를 옹호하는 국가 신사 야스쿠니에 전시하여 임진왜란 때 조선에게 패퇴한 굴욕을 씻어버리려는 의도였다.

문화재의 수난 시대

1909년 야스쿠니 신사에서 북관대첩비를 발견한 독립운동가 조소앙.

최서면은 북관대첩비의 존재를 한국에 널리 알린 인물이다. 1978년 그는 일본 국회도서관에서 귀중한 글을 찾아냈다. 독립운동가 조소앙이 야스쿠니 신사에 조선의 비석이 유폐되었다고 호소한 글이었다. 최린, 최남선 등과 함께 황실 유학생으로 일본에 간 조소앙은 1909년 야스쿠니 신사에서 우연히 북관대첩비를 발견했다고 한다. 그리고 통한의 마음을 담아 〈대한흥학보大韓興學報〉에 북관대첩비의 소재를 기고했다.

"누가 이 사실에 분개하지 않을 것이며 북관대첩비를 빼앗긴 큰 죄를 면할 수 있겠는가?"

조소앙의 글을 읽은 최서면은 바로 야스쿠니 신사로 향했고 후미진 비둘기집 옆에서 비석을 발견한 다음 이를 곧바로 언론에 공개했다. 일본에서 북관대첩비가 발견된 일은 당시 한국 신문에 대서특필되었다. 그 때부터 반환 운동도 펼쳐졌다. 해주 정씨 종친회의 정문부 후손들은 한국에 북관대첩비의 소재가 알려진 직후부터 반환 운동에 매달렸다. 종친 모임을 열어 대책을 세웠으며 여러 차례 야스쿠니 신사를 방문해서 반환을 요구했다. 그 소망은 간절했지만 27년 동안 비석을 돌려받지 못했다.

일본에서도 반환 운동이 일어났다. 앞장 선 사람은 일본 승려인 가키누마 센신. 일본에 있는 조선인들의 귀무덤과 코무덤을 비롯해 안중근 의사의 유품 봉안을 위해 노력해온 그는 1990년부터 북관대첩비 반환 운동에 참여했다. 센신은 2000년 한국에서 뜻을 같이 하는 초산 스님을 만

정문부의 충성심

정문부는 전쟁 기간에도 한때 모함을 받아 의병대장에서 해임되었다가 복직된 적이 있었다. 그때 누군가가 차라리 사임해버리지 않겠느냐고 물었다. 정문부는 "내가 처음에 죽음을 무릅쓰고 의병을 일으킨 것은 국가를 위해 충성을 다하고자 한 일이다. 이제 죽을 곳을 얻었는데 어찌 공을 빼앗긴 사사로운 일 때문에 국가의 위급을 모른 체 할 것인가?"라고 했다. 실로 애국 명장다운 대답이다.

그는 또 "군사는 개인의 이익 때문이 아니라 충성으로 뭉쳐진 의병인 만큼 무기(활이나 창)보다는 싸워야 한다는 정신이 더 소중하다"고 역설했다. 과히 조선 선비의 애끓는 충정이 엿보이는 대목이다.

북관대첩비 반환 일지

1709년	정문부 의병장의 왜군 격퇴 공로를 기려 길주에 건립.
1905년	러일전쟁 때 일본군이 가져간 뒤 야스쿠니 신사 보관.
1979년	한국 정부, 일본에 반환 요구. 일 정부 "민간 소유라 정부 간여 곤란".
1996년	일한불교복지협의회 가키누마 센신 스님, 신사 측에 반환 촉구.
2000년	한일불교복지협의회 초산 스님, 반환운동 한일 공동추진 합의.
2004년 7월	북관대첩비 환국 범민족운동본부 발족.
2004년 12월	남북 민간단체 회담. 남측 인수 후 북측에 전달 합의.
2005년 1월	북관대첩비 환국 범민족운동본부 발대식.
2005년 3월 1일	야스쿠니 신사, 외교경로 통해 요청 있으면 반환하겠다고 약속.
2005년 10월 12일	북관대첩비 반환합의서 서명식(야스쿠니 신사).
2005년 10월 13일	북관대첩비환수추진위원회 구성.
2005년 10월 14일	북관대첩비 인수단 일본 파견.
2005년 10월 15일	야스쿠니 신사에서 철거하고 고유제 지냄.
2005년 10월 20일	북관대첩비 일본에서 100년 만에 환국.
2005년 10월 21일	국립중앙박물관 앞마당에서 환국 고유제.
2005년 10월 28일	국립중앙박물관 개관과 동시에 전시(~11월 6일).
2005년 11월 17일	경복궁서 북관대첩비 맞이 국중대회 및 공개 전시.
2006년 2월 13일	북한 개성에서 북측 인도 실무협의 타결.
2006년 2월 20일	북한 개성에서 인도 행사 관련 실무 협의.
2006년 3월 1일	북한 개성에서 인도인수식.
2006년 3월 23일	원 위치인 북한 김책시 림명리에 복원.

나 북관대첩비 민족운동중앙회를 창립했다. 양국의 승려가 끊임없이 반환을 요구했지만 야스쿠니 신사 측의 대답은 한결같았다. 본래 북한의 것이니, 남북이 합의를 이루면 반환하겠다고 했다.

2005년 3월, 남북의 불교 대표가 중국 베이징에서 만났다. 북관대첩비의 반환을 위해 남북이 모인 의미 있는 자리였다. 비를 돌려받으면 인수와 관련된 행사를 개성, 금강산에서 하고 마지막으로 함경도 길주에 보내기로 뜻을 모았다. 지난 27년 동안 끊임없이 펼쳐졌던 북관대첩비 반환 운동이 마침내 수많은 이들의 열정과 노력을 통해 결실을 맺었다. 100년 만에 북관대첩비는 뜨거운 환영을 받으면서 고국의 품으로 돌아왔다.

사라진 유적비가 과연 북관대첩비뿐이었을까? 일제강점기에 북관대첩비와 비슷한 운명을 맞은 기념비가 수없이 많았을 터이다. 우리의 소중한 문화유산들이 일본으로 강탈되었거나 파괴되어 사라져버린 것도 많다. 이성계가 전라도 남원에서 왜구를 격파한 일을 기려 세운 황산대첩비는 다이너마이트로 폭파해서 산산조각이 났다. 남원경찰서 고등계 형사가 지역 주민을 동원해 비를 파괴하도록 했는데 처음에는 글씨를 알아볼 수 없을 정도로 정으로 쪼았고 그래도 흔적이 남으니 다이너마이트를 넣어 터뜨려버렸다. 주민들은 쓰라린 역사를 되풀이하지 않기 위해 비석 조각들을 보관하고 있다.

신라 시대에 창건된 해인사에는 임진왜란 때 왜군을 격퇴한 전설적인 승병장이자 가토 기요마사와 두 차례 담판을 벌였던 고승 사명대사의 업적을 기린 석장비가 있다. 이 비석 역시 1943년에 처참하게 파괴되었다. 정확하게 네 조각이 났는데, 해방 후 해인사에서 이 조각들을 찾아내서 이어 붙였다.

임진왜란 최대의 영웅인 충무공 이순신의 유적비는 대부분 수난을

황산대첩비는 이성계가 전라도 지리산 근방 황산에서 왜구를 크게 이긴 것을 기념하기 위해 세웠다. 사진(왼쪽)은 1958년 재건한 황산대첩비다. 석장비(오른쪽)는 사명대사의 공적을 기리기 위한 것이다. 비신은 일제강점기인 1943년 합천 경찰서장 다케우라가 민족의 혼을 불러 일으킬 것을 염려하여 파손한 것을 1958년에 복원하였는데, 접합 흔적이 뚜렷이 남아있다.

당했다. 파괴되거나 철거되어 어디론가 옮겨졌는데 명량대첩비도 비극을 피해갈 수 없었다. 명량대첩비가 감쪽같이 사라지자 당시 주민들은 일제가 바다에 수장시킨 줄 알고 통탄했다고 한다. 그러나 사라진 줄 알았던 명량대첩비는 덕수궁 돌담 밑에서 발견되어 다시 돌아왔다.

이런 유적비들의 파괴는 개인에 의해 이루어진 것이 아니다. 1943년 조선총독부가 각 도의 경찰부장들에게 지시한 비밀문서를 보면 '유림의 숙정 및 반反 시국적 고적의 철거'라는 제목이 붙어있고 파괴 대상 비석 목록이 적혀있다. 조선총독부는 전국에 있는 유적비 20개를 없애거나 파괴하라고 직접 명령했다. 북관대첩비가 일본으로 끌려간 일은 일제강점기에 대대적으로 벌어진 조직적인 문화재 수탈의 시작이었다.

그러나 문화재를 빼앗은 나라만 탓할 일도 아니다. 문화재는 스스로 지킬 힘이 있는 국민들이 있을 때 더 가치가 느껴지는 법이다. 미군 부대 안에 있는 우리 문화재가 얼마나 되는지 파악조차 되지 않는가 하면, 해외에 나가 있는 문화재의 실태조차 제대로 파악되지 않고 있는 상황이다. 환수 이상으로 지금 있는 문화재를 더 과학적으로 보전하고 관리하는 것도 중요한 일이다.

(왼쪽부터) 일본 야스쿠니 신사, 서울 경복궁(복제품), 국립중앙박물관, 북한 김책시에 있는 북관대첩비.

북관대첩비의 귀환은 우리만의 축제가 아니다. 앞으로 한국과 일본, 남과 북 사이에 새로운 역사를 열어갈 초석이 될 것이다. 아직까지 중국이나 일본과의 역사 문제가 풀리지 않는 시점에서 북관대첩비의 극적 반환은 동아시아의 과거 역사 문제를 해결하고 진정한 미래를 준비할 수 있는 기틀을 마련했다.

93년 만의 귀환, 《조선왕조실록》

2006년 7월 7일 인천 국제공항, 일본에서 매우 특별한 화물이 도착했다. 수많은 취재진의 관심이 집중된 화물은 일제강점기 일본이 가져간 《조선왕조실록》(이하 《실록》) 47책이다. 2006년 4월, 한국의 종교계·학계·정계 인사들로 구성된 '《조선왕조실록》 환수위원회'가 일본의 도쿄대학교를 방문했다. 이들은 도쿄대 당국을 상대로 《실록》의 환수를 주장했다.

도쿄대는 환수위원회의 주장대로 완벽한 형태로 남아있는 《실록》을 소장하고 있었다.

환수위원회의 활발한 활동에 도쿄대는 반응을 보였고 마침내 《실록》 47책이 돌아왔다. 돌아온 《실록》은 곧장 서울대학교 규장각으로 옮겨졌다. 일본 측은 《실록》을 도쿄대에서 서울대에 '기증'하는 것이라 주장했다. 반면 우리나라는 '반환'이라는 용어를 택했다.

이미 다른 《실록》이 보관된 규장각에 도착한 오대산 사고본 《실록》, 그러나 아직은 공식적으로 도쿄대 소유였다. 도착 1주일 후, 공식 인도·인수식이 열렸고 비로소 《실록》이 우리 품으로 돌아왔다. 93년 만에 돌아온 이 오대산 사고본 《실록》은 큰 의미가 있다.

《실록》은 국보 151호이자, 유네스코가 지정한 세계기록문화유산이다. 이번 반환으로 모든 《실록》이 제자리를 찾게 되면서 인류 문화유산으로서의 그 가치는 더욱 빛나게 되었다.

《조선왕조실록》의 첫 수난은 임진왜란 때 시작되었다. 당시 《실록》은 네 벌을 만들어 춘추관, 충주, 성주, 전주의 네 군데 사고에 보관했다. 그러나 임진왜란으로 모두 불타고 전주 사고史庫만 무사했다. 전주 사고는 태조 이성계의 어진을 모신 경기전慶基殿 건물 옆에 있었다. 경기전 건물은 정유재란 때 불탔지만 태조의 어진과 전주 사고는 간신히 화를 면했다. 임진왜란 이후 전주 사고본을 바탕으로 다시 《실록》 네 벌을 만들었다.

그리고 사고를 모두 산으로 올려 보냈다. 강화도의 마니산을 비롯하여 묘향산, 오대산, 태백산 등 외적이 침입하기 어려운 곳에 사고를 짓고 《실록》을 분산 배치하도록 했다. 이후 《실록》은 또다시 옮겨 다닌다. 전라북도 무주의 적상산 사고는 묘향산 사고에 보관하던 《실록》을 후금(청)의 침입에 대비해 옮겨온 곳이다. 그리고 강화도 마니산 사고의 《실록》은 화재로 인해 바로 옆의 정족산으로 옮겼다. 일제강점기, 《실록》도

망국의 시련을 겪는다. 조선총독부는 각 사고에 분산 보관하고 있던 《실록》을 서울로 모았다. 정족산과 태백산 사고본은 경성제국대학으로, 적상산 사고본은 창경궁 장서각으로 옮겼다. 오대산 사고본만이 그 자리에 있다가 일본으로 반출된다.

국내에 남은 《실록》은 또 다른 수난을 겪었다. 1950년 한국전쟁이 터지면서 《실록》도 전쟁의 고통을 피하지 못했다. 장서각에 보관하던 《실록》이 북한으로 갔다. 평양의 인민대학습당에 한국전쟁 때 가져간 장서각 사고본 《실록》을 보관하고 있다. 그리고 정족산 사고본은 서울대 규장각, 태백산 사고본은 부산에 있는 국가기록원에서 보관중이다.

한편, 일본으로 반출된 오대산 사고본은 다시 한번 시련을 겪었다. 1923년 관동대지진으로 대부분의 《실록》이 불타고 겨우 70여 부의 책만이 전해지다가 1932년 27책이 국내로 들어왔다. 그리고 숱한 시련을 겪은 나머지 47책이 마침내 돌아왔다.

이번 반환으로 현재 전해오는 《조선왕조실록》은 모두 한반도에 있다. 《실록》은 대부분 목활자로 인쇄한 간본刊本으로 정족산 사고본의 초기 《실록》과 두 본의 《광해군일기》만 필사본으로 남아있다. 현재 남한에는 정족산 사고본 1707권 1187책과 오대산 사고본 27책, 산엽본(낱장) 등을 서울대 규장각에서 소장하고 있으며, 국가기록원 부산기록정보센터에서 태백산 사고본 1707권 848책을 보관하고있다.

세계 최고의 기록 문화

우리의 《조선왕조실록》은 모두 6400만 자에 이르는 방대한 기록물이다. 이 양을 《천자문》으로 바꾸면 무려 6만 4000권 분량이다. 《조선왕조실록》은 왕과 정치에 관한 기록뿐 아니라 각 분야의 다양한 내용을 담고 있다.

초기 2사고	세종 21년 ~ 왜란 직전	왜란 당시	왜란 이후	이괄 의 난	인조~순조	순종 이후
춘추관 사고본 (내사고)	춘추관 사고본	소실	춘추관 사고본 (1606년 재인본)	소실	일부잔존 분 병자호란시 산실	
	충주 사고본	소실	오대산 사고본 (재인본)	존속	오대산 사고본	도쿄대에 이치, 관동지진 때 소실
			태백산 사고본 (재인본)	존속	태백산 사고본	규장각 소장-서 울대학교 이관- 정부기록보존소
충 주 사고본 (외사고)	성주 사고본	소실	마니산 사고본 (묘향산 사고본)	존속	정족산 사고본	규장각 소장-서 울대학교 도서관 소장
	전주 사고본	묘향산 사고본	적상산 사고본 (재인본)	존속	적상산 사고본	구 황실문고, 장서각 보관중 6·25 때 분실

《조선왕조실록》의 수난사.

명종 1년에는 집중호우로 광주에서 80여 채의 민가가 유실 혹은 침수 되었다는 내용 등 자연재해에 대한 기록이나 그 피해 상황 등도 매우 자 세하다. 당시 사회에 큰 반향을 일으켰던 사건들도 상세히 기록했다. 영 화의 소재가 되었던 광대 공길, 드라마로 익숙한 대장금 등 다양한 신분 의 인물들도 등장한다. 또한 《조선왕조실록》은 매우 치밀하게 기록되었 다. 본문 이외의 작은 글씨로 세주細註를 달았는데 이는 각 사안에 대한 상세한 해설이다. 《조선왕조실록》의 가장 큰 특징은 '사신왈史臣曰'이라 는 사론史論이다. 이는 《실록》을 기록하는 사관들의 평가다. 사관의 평가 는 그 대상자가 왕이라 해도 매우 신랄했다.

이렇게 조선 태조부터 철종까지 472년의 역대 왕들을 엄정하고 객관 적인 시각으로 평가했다는 데 《조선왕조실록》의 우수성이 있다.

방대하고 치밀한 기록으로 조선의 정치, 생활사뿐 아니라 중국, 일본 의 역사 연구에도 귀중한 자료로 쓰이는 《조선왕조실록》은 《실록》 중의

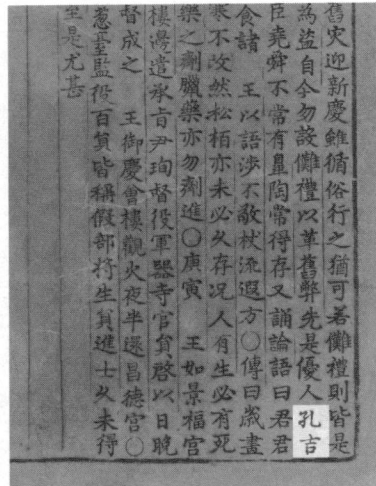

《조선왕조실록》의 기록은 방대하고 상세해서 영화 〈왕의 남자〉에 등장하는 광대 공길孔吉과 드라마 〈대장금〉의 주인공 의녀醫女 장금 長今도 확인할 수 있다.

《실록》이라 평가받는다. 《조선왕조실록》의 국역은 세종대왕기념사업회가 처음 시작했다. 1968년 처음 번역을 시작한 이후 1971년에는 민족문화추진위원회도 국역 사업에 합류했다. 한글 번역에 사용된 《실록》은 태백산 사고본이었다. 《세종실록》을 시작으로 1993년 번역이 끝난 《조선왕조실록》, 실로 방대하고 어려운 작업이었다.

북한도 《리조실록》이라는 이름으로 번역을 끝냈다. 북한은 한문을 배격한 채 순 한글로 번역했다.

인조 27년 5월 8일, 인조가 붕어崩御했다. 《실록》의 제작은 왕의 죽음과 함께 시작된다. 《인조실록》의 제작 과정은 《인조실록청의궤》에 잘 나타나 있다. 《실록》 편찬을 위해서는 먼저 실록청이라는 임시기구를 설치한다. 실록청은 영의정부터 하급 실무진까지 대부분 겸직으로 구성한다. 《인조실록》의 경우 왕이 죽은 후 5개월 만에 실록청이 열리고 1년 후부터 사초史草를 모으기 시작한다.

　사초란 무엇일까? 인조 때의 사관史官인 정태제鄭泰齊의 무덤 이장 과정에서 많은 유품이 발견되었는데 의복 등이 상당히 완벽한 상태로 남아 있었다. 유품 가운데 특히 정태제 친필 기록물이 나와 학계를 놀라게 했다. 깨알 같은 두 권의 기록물은 정태제가 기록한 사초였다. 정태제의 사초는 《인조실록》에 얼마나 반영되었을까? 사초에는 '근안謹按 충신불사이군忠臣不事二君'이라는 문장이 나온다. '근안'은 '사신왈'과 마찬가지로 사론을 뜻한다. 정태제의 이 사론은 《인조실록》에도 그대로 실려있다.

　사초 외에도 다양한 기록이 《실록》의 자료로 이용되었다. 모든 관청의 업무일지인 《시정기時政記》도 《실록》을 위한 자료로 활용되었다. 특히 왕의 비서실 역할을 하는 승정원에서 기록한 《승정원일기》는 《실록》 편찬에 가장 중요한 자료 중 하나다. 국보 303호로 지정된 《승정원일기》는 임진왜란, 이괄의 난 등으로 일부 소실되었지만 지금도 3243권이나 남아 있는 방대한 기록물이다. 또한 왕의 근황에 대해서는 새끼발가락까지 거론할 정도로 자세히 기록했다. 사관의 사초, 각 기관의 업무일지인 《시정기》, 왕의 비서실 기록인 《승정원일기》와 개인 기록 등 기초 자료를 먼저 수집한 실록청은 《실록》 편찬의 본 작업에 들어갔다. 《실록》은 세 차례에 걸쳐 수정된다. 첫 편찬본을 초초初草, 그 다음 수정본을 중초中草, 최종 수정본을 정초正草라 했다. 이 과정을 거치며 후대에 기록으로 남길 가치가 있는 기사들을 선별하면 마침내 《실록》은 완성된다.

　《인조실록청의궤》에 따르면 《인조실록》은 3년 8개월 만에 완성되었다. 《실록》 편찬으로 모든 게 끝나는 것이 아니다. 《실록》 편찬의 마지막 공정을 보여주는 그림 한 점이 연산군 때의 사관이었던 권벌의 집에 남아 전한다. 〈연산군일기 세초도〉가 그것인데 흐릿한 그림은 물가 바위에서 종이를 씻는 모습을 묘사했다. 바로 사초를 씻고 있는 모습이다. 그

왕의 비서실 역할을 하는 승정원의 《승정원일기》도 《조선왕조실록》의 자료로 활용되었다.

옆에는 잔치상까지 차려져있다. 서울 세검정 아래의 널찍한 바위 차일암遮日巖, 바로 사초를 씻던 곳이다. 바위 위에는 세초 때 차일을 치기 위해 팠던 기둥자리를 볼 수 있다. 그래서 차일암이라는 이름이 붙었다. 이곳에서 세초하는 것으로 사관들은 《실록》 편찬의 대미를 장식했다.

세초는 사초의 기초 기록(초고)을 모두 씻어내는 것으로, 《실록》 제작에 많은 종이가 필요하여 종이를 재활용하려는 목적도 있었지만 사초의 기록이 자칫 새어나가 필화筆禍 사건을 일으킬 우려를 없애는 게 목적이었다.

숨겨진 주역 사관과 보관의 과학

세계 어디에 내놓아도 손색이 없을 우리의 기록물 《조선왕조실록》. 특히 사론, 즉 사관의 평가까지 곁들여졌기 때문에 왕이나 대신들에게는 두려운 존재였다. 사관들에 의해 자신들이 어떻게 후세에 역사로 남을지 모르기 때문에 두려워할 수밖에 없었다. 《조선왕조실록》과 그 기초가 되는 사초는 임금이라도 절대로 볼 수 없었다. 최고 권력자가 자신이나 아버지, 할아버지에 대한 기록을 보는 순간 정국은 파국으로 치닫고 말 것이다.

그렇다면 사관들은 어떤 사람들이었을까? 사관의 자격은 엄격했다. 학식과 도덕성을 갖춘 인물이어야 했기에 현직 사관이 신임 사관을 추천

기밀 누설로 일어난 필화 사건

김종직(金宗直, 1431~1492)은 조선 전
기 신진 세력이던 사림파의 거두였다.
그러나 김종직은 조선 4대 사화 가운
데 무오사화戊午士禍와 관련, 가혹한
시련을 겪는다.

　　김종직의 생가 뒤에 있는 그의 무
덤에는 사화가 불러온 비극이 서려있
다. 무오사화로 무덤을 파고 목을 자
르는 부관참시를 당한 후 이장된 무덤
이기 때문이다.

　　엄청난 비극으로 확산되었던 무오
사화의 발단은 사소한 데서 비롯되었
다. 당시 사림파에 맞서는 훈구파의
거두이던 이극돈이 사림파 김일손이
쓴 사초를 우연히 보게 된다. 그런데
사초에 이극돈이 왕실의 상중喪中에

사초로 인해 김종직이 죽은 뒤에 겪은 일
은 사관직의 엄중함을 보여준 사례다.

기생과 유흥을 즐겼다는 내용이 있었다. 이극돈은 이를 사초에서 빼달라고 부
탁한다. 그러나 김일손은 삭제하지 않았다. 청탁을 거절당한 이극돈은 김일손
의 사초를 살펴 자신이 빠져나갈 묘수를 찾으려 했다. 그러다가 특별한 기록을
발견한다. 바로 김종직이 생전에 쓴 〈조의제문弔義帝文〉이었다. 항우가 초나라
희왕을 죽인 것을 빗대어 세조가 단종에게 왕위를 빼앗은 것을 비난하였다는
글이다.

　　이를 빌미로 이극돈을 비롯한 훈구파는 주로 언관직에 진출해 자신들을 비
판해온 사림파를 처단하기 위해 무오사화를 일으켰다. 김일손, 권오복 등이 처
형되었고 이미 죽은 김종직은 부관참시되었다. 사초로 인하여 사관과 그의 스
승이 당한 조선 최대의 필화 사건이었다.

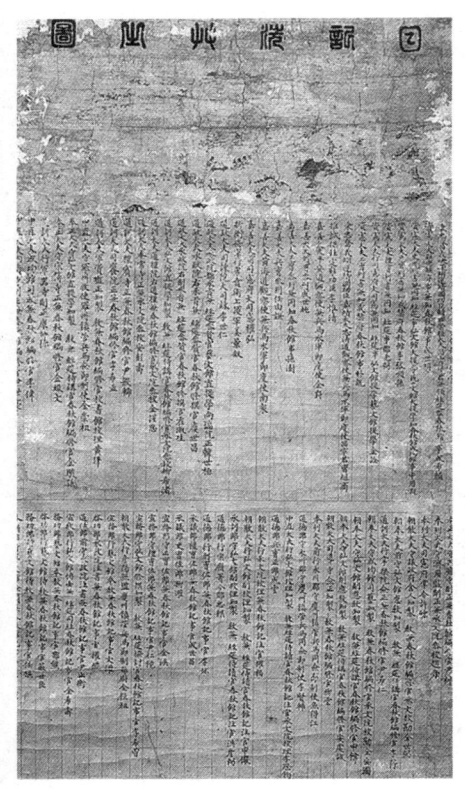
〈연산군일기 세초도〉. 사관들이 사초를 씻고 있는 것을 흐릿하게 볼 수 있다.

하도록 했다. 새 사관을 추천한 사관들은 특별한 의식을 치렀다. 향을 피우고 하늘에 고유제를 올렸다. 사필史筆을 잡는 일은 나라에서 가장 높고 무거운 일이니, 추천된 자가 적임자가 아니면 반드시 재앙이 따를 것이란 의식이 사관들에게 각인되었다.

이처럼 사관은 엄격한 자격 제한과 철저한 검증으로 선발된다. 오로지 사초만 기록하는 전임 사관은 예문관藝文館 소속으로 모두 여덟 명이다. 이들은 왕의 가장 가까운 곳에서 사초를 기록했다.

조선 왕가의 혼례 행사를 그린 〈가례도감 반차도〉를 보면 사관은 왕의 비서인 승지들 바로 뒤에 자리한다. 그러나 사관이 왕의 가까이 가기까지는 오랜 세월이 필요했다. 사관은 왕의 기피인물 1호였다. 태종太宗 때의 사관 민인생閔麟生은 문틈으로 몰래 엿들으며 임금의 일거수일투족을 기록했다고 한다. 태종은 '예禮'를 갖추지 않고 왕 근처를 따라다녔다며 민인생을 귀양 보내고 만다. 이처럼 조선 초기 사관 제도는 제대로 정착되지 못했다. 어려운 여건에서 사관들은 계단 아래에서 기록하기도 하고, 걸어가며 기록하기도 했다.

태종 4년 2월 8일, 태종이 사냥 도중 말에서 떨어진 일이 있었다. 태종은 이 일을 사관이 알지 못하게 하라고 했다. 그러나 《태종실록》에는 사관이 모르게 하라던 태종의 명령까지 기록되었다. 사관과 태종의 긴장 관계 역시 《태종실록》에 나타난다. 1401년 태종 1년 4월 29일의 기록을 요약해보자.

> 사관 민인생이 (임금이 평상시에 거처하는 편전에) 들어오려 하므로, 박석명이 주상의 명이라며 "편전에는 들어오지 말라."고 말했다. 민인생이 직접 듣지 못했으므로 그는 안으로 들어갔는데 임금이 그를 보고 말하기를 "사관이 어찌 들어왔는가?" 하니, 민인생이 대답하기를 "전일에 문하부에서 사관이 좌우에 입시하기를 청하여 윤허하셨기에 들어왔습니다." 했다. 임금이 "편전에는 들어오지 말라." 하니, 인생이 말하기를 "비록 편전이라 하더라도, 신 등이 들어오지 못한다면 대신이 일을 아뢰는 것과 경연經筵에서 강론하는 것을 어떻게 갖추어 기록하겠습니까?" 하였다. 임금이 웃으며 말하기를 "이곳은 내가 편안히 쉬는 곳이니, 들어오지 않는 것이 가하다." 하고, 또 민인생에게 말하기를 "사필史筆은 곧게 써야 한다. 비록 편전 밖에 있더라도 어찌 내 말을 듣지 못하겠는가?" 하니, 민인생이 대답하였다. "신이 만일 곧게 쓰지 않는다면 위에 하늘이 있습니다."
> ─《태종실록》 1권, 태종 1년 4월 29일.

태종이 웃기는 했지만 심사는 상당히 불편했을 것이다. "하늘이 있다"고 말한 민인생을 그해에 귀양 보낸 죄목은 "예를 갖추지 않고 엿들었다"는 것이다. 정종定宗은 요즘의 골프와 비슷한 운동인 격구를 좋아해 궁중 안에서 하는 격구에 끼어들고 싶었지만 사관들이 이를 기록할까 두려웠다. 옆에 있던 사관 이경생李敬生에게 "격구하는 일 같은 것도 사책에 쓰는가"라고 묻자 이경생은 "임금의 거동을 반드시 쓰는데 하물며 격구하는 것을 쓰지 않을 수 있습니까"라고 말했다. 이처럼 사관들의 기록 정신은 철저했다.

사관이 왕 앞에 앉아서 사초를 기록하기 시작한 것이 성종 대였으니 사관 제도가 시작된 지 100년 만의 일이었다. 이처럼 조선의 사관들은 숱한 견제와 위협을 감수하고 심지어는 목숨까지 바쳐가며 역사를 기록했다. 이들 사관들이 있었기에 《조선왕조실록》은 존재할 수 있었다.

《조선왕조실록》 가운데 노산군(단종)·연산군·광해군 시대의 기록은 《실록》이 아니라 《일기》라고 부른다. 이것은 세 임금 모두 폐위되어 왕자인 군君으로 강등되었기 때문이다. 그러나 사관의 기록은 《일기》나 《실록》이나 관계없이 엄정하고 객관적이어서 차등이 없다. 《노산군일기》는 숙종 때 복위되어 《단종실록》이 되었다. 고종과 순종 때의 《실록》은 일제강점기 일본인들에 의해 이왕직李王職에서 편찬한 것으로 왜곡된 내용이 많다고 해서 《조선왕조실록》 하면 보통 철종 때까지만 지칭한다. 한국 근세사의 기록이 《실록》에 제대로 남아있지 않은 것은 무척 아쉬운 일이다.

한편 실록사에 얼룩도 있다. 《선조실록》, 《현종실록》, 《경종실록》은 만족스럽지 않은 면이 있다고 하여 후에 수정修正 혹은 개수改修하여 2종씩 편찬하기도 하였다. 이렇게 된 이유는 당파 싸움에서 승리한 집권 세력이 자신들에게 유리하게 《실록》의 내용을 보완하려고 했기 때문이다.

오대산 월정사, 이곳은 반환된 《조선왕조실록》과 인연이 깊은 사찰이다. 월정사 성보박물관에는 반환된 《실록》과 관련된 사찰 기록이 남아있다. 이 기록에 따르면 월정사는 《실록》을 지키는 사찰로, 조선 조정에서 땅을 하사했다고 한다. 조정은 또한 병란이 일어나면 즉시 군사를 동원할 수 있는 밀부密符를 월정사 주지에게 내렸다. 월정사는 바로 위쪽에

조선 왕가의 혼례 행렬을 그린 〈가례도감 반차도〉. 사관이 왕의 비서인 승지들 바로 뒤에서 임금을 따르고 있다.

있는 오대산 사고史庫를 지키는 업무를 맡았다. 이처럼 사고마다 수호 사찰이 있었다.

《조선왕조실록》을 보관하는 오대산 사고를 보면 사고를 빙둘러 담이 있고 건물은 마치 누각처럼 높은 기둥 위에 지어졌다. 처마도 길쭉하게 나와있고 2층에는 창도 여러 개 있다. 통풍과 보안이 사고의 기본 설계원칙이었다. 사고의 바닥은 지면과 떨어져있다. 습기 방지를 위함이다. 창은 모두 이중창으로 이 역시 환기와 온도를 적절히 유지하기 위한 장치다. 사고를 둘러싼 이중담은 산불로부터 사고를 보호하기 위해 만들었다.

《실록》은 그 제작도 중요하지만 후세에 그대로 전하는 것도 못지않게

강원도 평창군 진부면에 있는 월정사는 오대산 사고를 지키는 《실록》 수호사찰이었다.

중요하다. 《실록》 가운데 유난히 노란색을 띠는 것이 있는데 바로 《세종실록》 정족산 사고본이다. 이 《실록》에는 밀랍칠이 되어있다. 방충과 방습을 위한 조치다. 그런데 조선 초기에 제작되던 밀랍본은 어느 순간 중단된다. 밀랍본의 보존 상태가 오히려 좋지 않다는 것을 안 것이다. 밀랍 사이의 화학 작용이 보존에 악영향을 끼쳤다. 중기 이후의 《실록》은 밀랍본 대신 생지본이다.

　　《실록》 보관에는 과학적인 기술이 동원됐다. 《실록형지안》은 《실록》의 보관 관리를 기록한 책인데 보관하는 방법이 자세히 나와있다. 《실록》은 특별 제작한 나무 궤짝 안에 보관했다. 궤짝 안에는 《실록》만 넣은 것이 아니었다. 책과 책 사이에는 서로 달라붙는 것을 방지하기 위해서 최고급 종이인 초주지草主紙를 두 장씩 넣었다. 그런 다음 비단보자기에 싸고 방부·방충 효과가 있는 천궁과 창포 등을 함께 넣었다. 이렇게 한 궤짝에 열두 권에서 열세 권씩 넣어 보관했다.

　　나무 궤짝을 사고에 보관하는 것으로 끝나는 게 아니다. 《실록형지

《조선왕조실록》 오대산 사고본이 93년 전 일제에 의해 반출되었다. 사고는 실록의 보관을 위한 과학적 설계를 통해 지어졌다. 지금의 오대산 사고는 1992년 복원한 것이다.

안》에는 포쇄曝曬를 했다는 기록이 보인다. 보관 중인 《실록》을 꺼내 바람에 말리는 작업이다. 세종 이후 3년에 한 번씩 철저하게 지켜졌다. 그늘에서 말리면서 벌레와 습기를 막았다. 지금까지 온전히 우리에게 전해지는 《조선왕조실록》은 이처럼 수많은 사람의 노고와 목숨을 건 노력의 결과로 전해진 문화유산이다.

전라도 정읍의 남천사에는 두 사람의 위패가 모셔져있다. 안의安義와 손홍록孫弘祿, 이들이 바로 목숨을 걸고 《실록》을 지킨 이들이다. 임진왜란으로 다른 사고가 모두 불타고 전주 사고마저 위험해 처하자 전주 지방의 유생이던 두 사람은 사람들을 모아 전주 사고의 《실록》을 내장산 깊숙한 은봉암으로 옮겼다.

실록을 보관하는 나무궤짝.

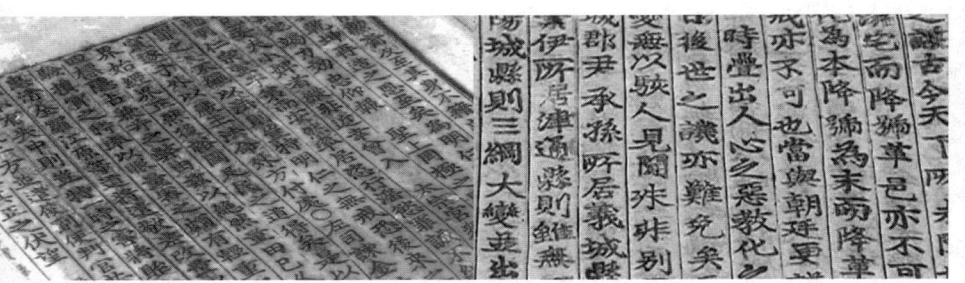

《세종실록》이 유난히 노란색을 띠는 것은 밀납을 칠했기 때문이다. 밀랍본은 보존 상태가 좋지 않아 이후 생지본으로 실록을 제작했다.

임진년 가을, 왜군은 전라도를 차지하기 시작했다. 위기를 느낀 안의와 손홍록은 《실록》을 더 높은 곳인 용굴로 옮겼다. 안의가 남긴 《임계기사》를 보면 두 사람이 《실록》을 지키기 위해 번갈아 동굴에서 밤샘으로 지켰다는 기록이 있다. 370일간 내장산에서 버티던 두 사람은 왜군의 위협에서 완전히 벗어나지 못하자, 급기야 《실록》을 함경도 해주에 있던 임금에게 갖다 바친다. 정읍에서 해주까지 천리가 넘는 길, 수백 명의 백성과 관원들이 나서 전주 사고의 《실록》을 구해낸 것이다.

동아시아 삼국의 실록들

구분 및 시기 저자	특징 및 내용	비고
《명실록》 중국 명나라	2964권, 한 면이 10행 20자. 1600만 자의 기록. 《조선왕조실록》이 유성에 대해 644회 기록한 데 비해 겨우 13번을 기록. 황제사 중심.	완본 전해지지 않음. 왕의 간섭 있었음.
《청실록》 중국 청나라	4404권, 한자·몽골어·만주어로 기록, 삽화 게재로 내용이 빈약. 청 태조부터 3대까지는 그림을 함께 수록하여 《만주실록》이라 부르기도 함. 청나라 태조(누르하치)로부터 광서제에 이르는 11대 황제의 《실록》.	양적으로 동아시아에서 가장 방대함. 왕의 간섭 있었음.
《삼대실록》 일본 901년 스가와라노 미치자네가 왕의 명령으로 편찬.	3대 천황(淸和·陽成·光孝, 858~887) 시대 역사를 편년체로 기록. 약 30년의 일을 기록한 사서로 빈약한 내용.	왕의 간섭 있었음.
《문덕실록》 일본, 871년 스가와라노 미치자네가 편찬.	육국사六國史의 하나. 10권. 《속일본후기》의 뒤를 이은 역사서. 몬토쿠왕 1대의 사적을 한문으로 기록한 사서.	1대만 기록한 것으로 《실록》의 의미 퇴색.
《연려실기술》 조선 영조 대, 이긍익이 약 30년 동안에 걸쳐 완성.	조선의 대표적 야사. 필사본. 59권 42책. 400여 가지에 달하는 야사에서 자료를 수집·분류하고 원문을 기록. 태조 이래 현종까지 283년간(1392~1674) 각 왕대의 주요 사건을 인용한 책을 밝혀 기록. 객관적인 기사본말체記事本末體로 기록. 사건이 조금도 가해지지 않은 공정한 필치로 엮음.	사건과 야사 수록.
《조선왕조실록》 조선	조선 시대 왕의 사후 사관들이 역대 왕적을 평가한 책. 편년체, 정치·경제·역사·문화·생활사 등 모든 분야를 망라.	6400만자에 달하는 방대한 기록. 왕의 간섭 절대 배제.

연도	한국사	세계사
16세기		
1506년	중종반정으로 연산군 퇴위.	1507년, 스페인, 신대륙을 아메리카로 명명.
1510년	삼포왜란 발발.	
1519년	기묘사화, 조광조 등 처형.	1511년, 교황 독일, 프랑스를 중심으로 신성동맹 결성 유도.
1543년	최초의 사액서원인 백운동서원 건립.	1513년, 마키아벨리 《군주론》 완성.
1554년	비변사 설치.	
1559년	임꺽정의 난 발발.	1543년, 포르투갈인 일본에 표류.
1592년	임진왜란 발발. 이순신 최초의 거북선 사용. 명은 조선에 파병.	
1597년	정유재란 발발. 이순신이 12척으로 144척의 왜선 대파하는 명량대첩의 쾌거를 올림.	1560년, 일본 오다 노부나가가 이마가와씨 멸함.
1598년	노량대첩 승리와 이순신 사망.	1590년, 도요토미 히데요시 일본 천하통일.
1600년	조선에서 명나라군 철수.	1598년, 프랑스, 낭트 칙령 발표.
17세기		
1609년	조선과 일본, 국교 회복.	
1623년	인조반정으로 광해군 퇴위.	1616년, 후금의 누르하치가 칸에 오름.
1657년	후금이 조선의 향명배금 정책에 반발해 정묘호란 발발.	
1628년	네덜란드인 벨테브레(박연), 제주도 표착.	1628년, 영국 권리청원 제정.
1636년	후금이 국호를 청으로 바꾸고, 조선에게 군신의 예를 요청하였으나 거절하자 병자호란 일으킴.	1657년, 이탈리아, 피렌체 과학아카데미 창립.
1653년	네덜란드인 하멜, 제주도 표착.	1662년, 명나라 완전 멸망.
18세기		
1712년	조선과 청, 백두산정계비 건립.	
1725년	영조, 탕평책 실시.	
1762년	사도세자 사망.	
1765년	홍대용, 《연행록》 편찬.	1740년, 오스트리아 왕위계승전쟁(8년간) 발발.
1776년	정조, 규장각 설치.	1765년, 영국, 제임스 와트가 증기기관 발명.

연도	한국사	세계사
1780년	박지원, 《열하일기》 발표.	1766년, 영국, 애덤 스미스의 《국부론》 출간.
1784년	이승훈의 천주교 전도.	
1796년	정조, 수원성 건설.	

19세기

연도	한국사	세계사
1805년	박지원 사망, 안동 김씨 세도정치 시작.	1809년, 나폴레옹, 오스트리아 침입.
1811년	홍경래의 난 발발, 천주교 금지령 내림.	1815년, 영국, 워털루 전투에서 나폴레옹 격파.
1818년	정약용, 《목민심서》 완성.	
1861년	김정호, 〈대동여지도〉 제작.	1848년, 마르크스, 〈공산당 선언〉 발표.
1863년	고종이 즉위하면서 흥선대원군 집권.	
1865년	흥선대원군, 비변사를 폐하고 의정부에 합침.	1851년, 영국, 런던 세계박람회 개최.
1866년	천주교도 탄압을 이유로 프랑스 함대 침입(병인양요).	1861년, 미국, 남북전쟁 발발.
1871년	강화도를 침입한 미국 함대를 물리침(신미양요).	1863년, 미국, 링컨 대통령 〈노예해방 선언〉 발표.
1876년	강화도 조약으로 부산 개항. 한·일수호조약 체결.	
1882년	임오군란 발발. 서구와 통상조약 체결.	1882년, 독일, 오스트리아, 이탈리아 삼국동맹 수립.
1884년	우정국 설치, 갑신정변 실패.	
1889년	전국 호구 조사, 651만 명.	1884년, 청·불전쟁 발발. 영국, 그리니치천문대 기준으로 자오선 확립.
1894년	동학농민운동의 결과로 갑오개혁 수립되고, 청일전쟁 발발했다가 일본 승리.	
1895년	을미사변으로 명성황후 시해됨.	1889년, 일본, 제국헌법(명치헌법) 발표.
1896년	독립협회 설립, 아관파천.	1895년, 청나라, 광저우의거 실패로 손문 일본 망명.
1897년	대한제국 성립.	1898년, 퀴리 부부 라듐 발견

20세기

연도	한국사	세계사
1905년	을사늑약.	1903년, 라이트 형제 첫 비행 성공.
1907년	국채보상운동 전개, 헤이그 특사 파견 실패로 고종 황제 퇴위하고 조선군 해산. 신민회 설립.	1905년, 아인슈타인 '특수 상대성이론' 발표.
1909년	안중근, 이토 히로부미 사살.	
1910년	국권 피탈.	1908년, 포드 자동차 판매

찾아보기

HD역사스페셜 5
실리인가 이상인가, 근대를 향한 역사의 선택

원작 KBS HD역사스페셜
해저 박기현

2007년 2월 5일 초판 1쇄 발행
2011년 6월 30일 초판 5쇄 발행

펴낸곳 효형출판
펴낸이 송영만

등록 제406-2003-031호 | 1994년 9월 16일
주소 413-756 경기도 파주시 교하읍 문발리 파주출판도시 532-2 | **전화** 031-955-7600
팩스 031-955-7610 | **웹사이트** www.hyohyung.co.kr | **이메일** info@hyohyung.co.kr

ISBN 978-89-5872-038-6 04910
ISBN 978-89-5872-019-5 (세트)

값 8,800원